Les alcooléens

DU MÊME AUTEUR

Les hommes politiques n'ont pas d'enfant, en collaboration avec J. Baguenard et L. Métayer, PUF, 1983 (épuisé).

Les thérapies familiales, en collaboration avec L. Métayer, PUF, « Que sais-je ? », Paris, 1986, 2e édition 1994.

Le crépuscule de la raison, Centurion, Paris, 1989 pour la première édition, Bayard Éditions, Paris, 1992 pour la deuxième édition et 1996 pour la nouvelle édition augmentée.

L'idole et l'objet, Bayard Éditions, Paris, 1995.

La fabrique des exclus, Bayard Éditions, Paris, 1997.

JEAN MAISONDIEU

Les alcooléens

Nouvelle édition
revue et augmentée

1ère
être conscient de ses propres
page 41 représentations et préjugés par rapport
à l'alcool.
2ème être conscient que la personne alcoolique
a les siennes représentations et préjugés

Bayard Éditions

Les observations cliniques rapportées dans cet ouvrage correspondent à des cas réels. Certains détails ont cependant été modifiés afin de rendre impossible l'identification des personnes concernées.

ISBN 2-227-13765-7

3, rue Bayard, 75008 Paris

Remerciements

Je tiens à remercier Mme Élisabeth François, chargée de mission, secrétaire de rédaction d'*Alcool ou santé,* qui a toujours répondu avec beaucoup d'amabilité et de compétence à mes demandes de documents.

Je suis particulièrement reconnaissant à mon ami Léon Métayer d'avoir accepté de remplir une nouvelle fois le rôle aussi ingrat qu'utile de premier lecteur et de critique du manuscrit. Ses remarques et ses suggestions m'ont été précieuses.

À tous ceux qui ne se voient pas quand ils ont bu.
Dans l'espoir qu'on ne les montre plus du doigt.

Introduction

Au début, il y a la honte

En France, aujourd'hui, deux millions de personnes (dont six cent mille femmes) seraient incapables de se passer d'alcool. Ce sont des buveurs dépendants. À cette population, déjà substantielle et qui constitue le noyau central du groupe des personnes directement en danger à cause de l'alcool, s'ajoute un nombre au moins aussi élevé de buveurs excessifs, c'est-à-dire de femmes ou d'hommes qui, théoriquement capables de s'abstenir de boire s'ils le désirent, absorbent régulièrement des quantités d'alcool trop importantes par rapport aux possibilités d'assimilation de leur organisme [1]. Comme les précédents, ces sujets sont menacés par les complications de l'alcoolisme chronique et, en plus, peuvent devenir dépendants à force de boire trop (sauf, peut-être, au tout début de l'intoxication, les buveurs dépendants sont en même temps des buveurs excessifs).

---

1. En 1945, l'Académie de médecine avait fixé la limite à ne pas dépasser à 1 gramme d'alcool pur par kilo de poids corporel et par jour, soit environ 3/4 de litre de vin à 10° pour un homme de poids moyen et 1/2 pour une femme. Malgré de notables variations individuelles, ce chiffre reste relativement fiable pour fixer un ordre de grandeur.

Ces deux groupes représentent l'ensemble de ceux que l'on appelle des alcooliques [2], soit plus de quatre millions de personnes.

Aussi approximatives soient-elles, du fait des difficultés de collecte des renseignements sur les habitudes réelles de consommation d'alcool des Français, ces évaluations restent suffisamment fiables pour accréditer l'idée que, chez nous, l'alcoolisme est un problème de bonne envergure.

Ce constat n'est pas un scoop, il permet tout juste de rappeler le fait que le « pays du bien-boire » est aussi le pays du trop-boire. Comme le signale le rapport général du Haut comité de la santé publique sur la santé publique en France, paru en novembre 1994 : « L'importance de la consommation moyenne d'alcool par habitant est une spécificité française : en 1990, elle était de 16,2 litres par personne de plus de 15 ans (source INSEE), plaçant la France au premier rang dans le monde. Mais l'importance de la décroissance de la consommation (– 34 % en trente ans) est également une particularité : en 1965, la consommation annuelle d'alcool par habitant de plus de 15 ans était de 24 litres, en 1980 son niveau était de 20,6 litres. Pour la première fois en 1993, la France serait placée, selon des estimations provisoires, derrière le Luxembourg et l'Allemagne (21) [3]. »

Dans un pays donné, il y a un lien direct entre le nombre d'alcooliques et le chiffre de la consommation moyenne par habitant [4], sans qu'il soit possible de déterminer dans quelle mesure l'offre influe sur la consommation moyenne (et donc sur le nombre des alcooliques) ou se soumet aux exigences de la demande (et en particulier de celle des alcooliques). On sait cependant qu'à l'échelon d'une nation la consommation moyenne tend à baisser si le prix des

---

2. Dans cet ouvrage, sauf avis contraire, les termes « buveur excessif » ou « alcoolique » seront équivalents, car les raisons de boire des uns et des autres sont identiques.

3. Les chiffres entre parenthèses renvoient à la bibliographie se trouvant en fin d'ouvrage.

4. Le rapport général du Haut comité de la santé publique notait également que : « Même si la "loi de Lederman", qui établissait une corrélation entre la consommation moyenne et la consommation excessive, est aujourd'hui contestée, il est certain que ces deux variables ne sont pas indépendantes (21)... »

alcools augmente (41) ; à l'inverse, pour un sujet donné, il y a un lien significatif entre le chiffre de sa consommation habituelle et la somme qu'il pense pouvoir consacrer à l'achat d'alcool dans son budget : plus il boit, plus il est prêt à payer (25).

Quoi qu'il en soit, le constat d'une baisse du chiffre de la consommation moyenne en France est plutôt satisfaisant. Néanmoins cette diminution est lente, et la question de l'alcoolisme chronique demeure préoccupante.

Par ailleurs, les usages se modifient : chez les plus jeunes, la recherche délibérée de l'ivresse à intervalles plus ou moins rapprochés (ivresse du week-end) tend à se substituer à l'imprégnation régulière et quotidienne, à l'occasion des repas surtout, qui reste la règle chez la majorité des hommes adultes (dans la façon de boire, la dimension toxicomaniaque tend à l'emporter sur celle d'une mauvaise hygiène alimentaire) ; à la consommation traditionnelle du vin s'ajoute celle de la bière et des alcools forts (whisky par exemple) ; certaines tranches de la population qui, jusqu'alors, étaient relativement protégées par les préjugés régnants ne le sont plus autant ; c'est le cas des femmes notamment. Autant de modifications qui ne vont pas dans le sens d'une atténuation des risques d'usage immodéré des boissons alcooliques.

Parallèlement, la France est devenue l'un des pays dans le monde où la consommation moyenne de tranquillisants par habitant est la plus élevée, tandis que depuis quelques décennies les toxicomanies sévissent, chez les jeunes plus particulièrement. Si l'on ajoute que, ces dernières années, le taux des suicides a augmenté, l'optimisme qui pourrait naître en constatant la décrue progressive de la consommation d'alcool doit être solidement tempéré, même s'il faut se garder d'amalgamer des données statistiques dont les liens restent pour la plupart à démontrer. L'accroissement du chômage, par exemple, joue sans doute un rôle non négligeable dans la genèse de ces différentes conduites, tout comme il peut favoriser le recours à l'alcool. En outre, il est fauteur d'exclusion, et cette dernière entraîne facilement ceux qu'elle atteint à une surconsommation d'alcool pour la supporter. Si, grâce aux effets psychotropes de l'éthanol, ils peuvent tenter de réduire leur stress, oublier momentanément la précarité de leurs conditions d'existence et le mépris de leurs contemporains mieux nantis, ces mêmes effets les rendent moins entreprenants et moins efficaces dans leurs tentatives de réinsertion, surtout lorsqu'ils sont en plus fatigués et dégradés par les complications somatiques de l'alcoolisme chronique, par les carences alimentaires engendrées par la misère et par l'alcool, sans oublier les maladies diverses et les traumatismes variés qu'entraîne la vie dans les squats ou dans la rue. À terme, devenus des « épaves », abrutis d'alcool et écrasés par une vie en forme de survie au jour le jour, ils n'essaient même plus d'entreprendre quoi que ce soit pour réintégrer le monde du travail.

En tout état de cause et pour ce qui le concerne, l'alcoolisme reste un grave problème de santé publique. Douloureux et inquiétant, il est plus souvent esquivé que franchement abordé. Le mot tabou est sans doute excessif, mais il vient à l'esprit lorsqu'il s'agit d'essayer de comprendre ce silence relatif.

La question fondamentale de savoir et de comprendre pourquoi et comment un individu, apparemment sensé le plus souvent, se laisse entraîner à boire excessivement, au point de nuire gravement à sa santé et à son entourage, est une question très embarrassante pour beaucoup. Certains, c'est-à-dire plus de quatre millions, se sentent directement concernés, car – au moins confusément – ils se rendent compte qu'ils n'ont pas que des rapports épisodiques et parfaitement libres avec les boissons alcooliques. D'autres, leurs parents en particulier (conjoints, enfants, ascendants), mais aussi leurs amis, voire leurs employeurs, se désolent d'assister à une conduite aussi désastreuse dont ils subissent les contrecoups. Ils ne savent pas comment intervenir et se culpabilisent éventuellement de leur impuissance et de l'agressivité qu'ils peuvent ressentir à l'égard de personnes qui leur sont parfois très chères.

En définitive, une bonne partie de la population française souffre d'alcoolisme ou à cause de l'alcoolisme d'un ou plusieurs proches, ce qui rend difficile l'abord serein de ce problème. Dans ces conditions, tous sont tentés de se taire. Les alcooliques pour ne pas attirer l'attention sur eux. Les autres pour ne pas risquer d'envenimer la situation par des interventions maladroites auprès des premiers.

Souvent, lorsqu'il est impossible à esquiver, le débat glisse vers des prises de position passionnelles et polémiques, dans lesquelles la mise en accusation remplace la réflexion. Dans ce cas, il ne s'agit plus de s'adresser directement à telle ou telle personne, c'est trop difficile, mais d'interpeller des groupes qui semblent pouvoir être mis en cause sans risques majeurs. Tantôt, ce sont « les alcooliers » qui sont visés : ils sont responsables de l'offre d'alcool, c'est leur faute s'il y a des problèmes. Tantôt, c'est la masse anonyme des « alcooliques » dans son ensemble qui est incriminée comme étant à l'origine des conséquences désastreuses d'une demande excessive.

« Les alcooliers » vivraient égoïstement de la fabrication et du commerce des boissons alcoolisées. On leur reproche d'intoxiquer leurs contemporains et de les pousser à boire par cupidité en faisant miroiter les avantages des breuvages qu'ils mettent sur le marché sans trop s'attarder sur leurs inconvénients. Individus sans scrupules, ils ne penseraient qu'à l'argent et seraient réunis en puissants *lobbies* plus ou moins occultes tenant les hommes politiques en leur pouvoir, faisant voter les lois qui les arrangent et tournant celles qui les dérangent grâce à des complicités secrètes indépendantes des clivages partisans traditionnels.

Malgré son aspect caricatural, ce type de prise de position est fréquent. Son outrance, qui le disqualifie partiellement, ne doit pas faire oublier cependant qu'au moins trois millions et demi d'emplois concernent des activités liées à l'alcool et que des intérêts économiques importants sont en jeu. Si les quelque quatre millions de buveurs excessifs se décidaient à réduire leur consommation quotidienne, ne serait-ce que de l'équivalent d'un demi-litre de vin, le marché serait réellement perturbé.

Les discours concernant les alcooliques, ces assoiffés insatiables, sont à peu près du même acabit, mais plus sévères encore. Tout ce qui va mal est de leur faute : ils mettent la Sécurité sociale en déficit, rendent les routes dangereuses et font déborder les prisons, sans compter qu'ils donnent le mauvais exemple à la jeunesse.

Dans ces réquisitoires, l'alcoolique et son fournisseur, comme le toxicomane et son *dealer,* forment des couples perturbateurs dont la présence est une nuisance majeure pour les braves gens : tous ceux qui ne sont ni alcooliques ni toxicomanes, ni pourvoyeurs de drogue. Cependant, à la différence du toxicomane dont les sources d'approvisionnement, illégales, sont en dehors des circuits commerciaux classiques, l'alcoolique a les mêmes fournisseurs que les buveurs « normaux », c'est-à-dire une bonne majorité de la population adulte qui considère qu'elle boit « raisonnablement ». De plus, les viticulteurs sont des gens estimables qui contribuent au rayonnement de la France ; et où pourrait-on se réunir pour commenter le dernier match de football ou se rafraîchir après une partie de pétanque si ce n'est au café du coin dont le patron est tellement sympathique ?

Un malaise perce à travers l'outrance des propos ; il est lié au fait qu'en matière de consommation d'alcool la frontière entre le bien et le mal, le permis et le défendu, est imprécise et variable.

La mise hors la loi des circuits de la drogue et de ceux qui les manipulent pour en tirer des profits énormes sans se préoccuper des conséquences pour les autres est la solution logique pour beaucoup. En revanche, à peu près personne ne souhaite la fermeture des débits de boissons ou, plus généralement, la prohibition de l'alcool. Même le poivrot le plus accroché à l'alcool accepte le principe d'une réglementation du marché et ne voit pas d'inconvénients majeurs à l'affichage dans son bistrot favori du texte concernant la répression de l'ivresse publique et manifeste, à condition toutefois que ce dernier ne s'applique pas à lui.

À ce malaise concernant les limites du bon usage s'ajoute une gêne plus profonde et qui contribue plus largement encore à enflammer les débats. Elle est en rapport avec le fait que dans le recours à l'alcool il y a des motivations secrètes que tout le monde connaît, mais dont personne ne parle.

On peut dire des généralités sur l'alcool et l'alcoolisme ; il y a en revanche une zone d'ombre concernant les conduites d'alcoolisation excessive chez tel ou tel individu. Pourtant, beaucoup d'adultes et bon nombre d'adolescents connaissent par expérience personnelle les effets de l'éthanol sur le psychisme. Il est troublant de constater que cette science intime ne fait pas l'objet d'un partage. Une curieuse pudeur recouvre d'un voile de non-dit un usage qui, s'il est individuel, est cependant répandu.

Certes, il y a des récits d'ivresse plus ou moins romancés, des souvenirs communs de cuites qualifiées de « mémorables », car elles donnent l'occasion d'en ressasser ensemble les détails dans une célébration qui n'en finit plus de ce qui fut un grand moment de fête. Mais il est rare de se laisser aller à reconnaître que sans l'alcool et l'ivresse il n'y aurait pas eu de fête, faute de pouvoir sortir de sa réserve ou de ses complexes. Il est trop difficile d'admettre que l'alcool est utilisé (surtout ?) pour effacer la gêne et lever les inhibitions.

Acteurs et chanteurs (mais pas seulement eux) peuvent exhiber leur ébriété et se vanter de boire trop et trop souvent. S'ils savent s'y prendre, ils sont admirés plutôt que conspués. Familiers des frontières entre l'art et la parodie de l'art, ils peuvent s'aventurer dans la zone floue qui sépare le bien-boire du trop-boire.

Boire pour rire et s'amuser, tout le monde peut en parler. Vivre, simplement vivre et avoir besoin de l'alcool pour le faire, c'est le sujet qu'il est inconvenant d'aborder. Pourtant, parfois le clown est triste derrière son nez rouge et, souvent, malgré sa jovialité de surface, l'alcoolique est désespéré derrière sa trogne enluminée.

L'alcool dans son usage festif, le seul dont on parle, apporte un souffle de liberté joyeuse dans la banalité de l'existence. Pendant un temps plus ou moins prolongé, l'ébriété permet d'échapper aux contraintes, de rêver sans se préoccuper des limites et de communier dans la complicité d'une insubordination relativement contrôlée. C'est ce qui, au-delà de la qualité de leur saveur, fait l'attrait des boissons alcoolisées.

Peut-être y a-t-il des alcoolismes qui correspondent à un goût prononcé pour la noce ou la gastronomie. Je doute qu'ils soient fréquents, car je n'ai jamais rencontré de buveurs excessifs chez lesquels ces seules raisons pouvaient expliquer l'usage immodéré de l'alcool. Les alcooliques ne sont pas des gourmands ni, malgré les apparences parfois, des joyeux lurons. Souvent, il est vrai, ils ont commencé à boire pour faire la fête et ils y ont pris goût. Mais de leurs confidences il ressort beaucoup plus de tristesse, d'angoisse et de peur que de franche rigolade.

Au début de l'alcoolisme il y a la honte, « ce sentiment pénible de son infériorité, de son indignité ou de son humiliation devant autrui, de son abaissement dans l'opinion des autres... » (46). Je ne connais pas un alcoolique chez lequel manque cet affect douloureux. Toujours, à un moment ou à un autre des entretiens, quand il aura dépassé sa... honte d'avouer qu'il est honteux, il y fera référence.

Alors il admettra sans coup férir que c'est pour vaincre cette peur de l'autre et de son jugement, et pour atténuer son impression de ne pas être à la hauteur de ses semblables, qu'il s'est mis à boire. D'abord il a bu plus ou moins délibérément, ensuite sans plus pouvoir vraiment contrôler la situation. Engoncé dans sa honte, il s'est fié à l'alcool jusqu'à ne plus pouvoir s'en passer et jusqu'à avoir honte d'être devenu ce qu'il est devenu : un alcoolique.

L'alcoolisme est toujours une tragédie pour celui qui le vit comme pour ceux qui en subissent les effets par contrecoup. Il a la réputation justifiée d'être difficile à soigner, mais l'obstacle majeur à sa curabilité réside dans l'existence d'un phénomène spontanément irrépressible : la honte d'un individu entraîne le mépris de son entourage et réciproquement. Malgré nous, et le plus souvent à notre insu, nous les « alcoologues », qui faisons profession d'aider les alcooliques, sommes piégés comme leur entourage dans cette spirale infernale. Au moment où nous mettons notre compétence au service de la souffrance du buveur excessif, nous sommes toujours en danger de lui faire honte et de le renvoyer vers l'alcool dont il voudrait apprendre à se passer.

Le malaise perceptible chez qui est embarrassé a un effet urticant sur la confiance en eux des témoins de sa gêne. Intense, il les trouble et les fait basculer à leur tour dans la confusion. Discret, il les rassure excessivement et les incite à la pitié avec son pesant de dégoût hautain. Lorsque ces mouvements affectifs opposés et complémentaires sont à peu près conscients pour ceux qui les vivent, la situation n'est déjà pas simple à gérer ; mais, lorsqu'ils sont refoulés ou ignorés, ils font des ravages relationnels. De plus, tous les efforts entrepris pour lutter aussi bien contre la honte que contre le mépris aboutissent à en amplifier les effets, car – paradoxalement – ils soulignent ce qu'ils ont pour but de cacher.

Le couple honte-mépris est quasi indissociable, il pervertit les rapports humains d'une façon redoutablement efficace.

Qui est honteux se sent méprisable et perd l'assurance permettant d'aller de l'avant sans trop se préoccuper du qu'en-dira-t-on. Aux aguets, dans la crainte de laisser percevoir qu'il n'est pas tranquille, il essaie de se composer un personnage et, comme « rien n'empêche tant d'être naturel que l'envie de le paraître », il perd ses moyens, se raidit davantage dans son personnage de composition, au point d'être ridicule et de se faire remarquer, c'est-à-dire mépriser. Malheureux, il est tenté de boire pour échapper à son malaise.

Qui est méprisant souhaite rarement le dissimuler lorsqu'il en est conscient. S'il ne s'en rend pas compte, il émane de lui une condescendance hautaine, désagréable et humiliante, qui génère la rage de l'interlocuteur, mais aussi et surtout sa honte lorsqu'il sent que ce dédain n'est pas délibéré. Le mépris sans méchanceté, le mépris qui prend le masque de la bienveillance et de l'humanité est le sentiment qui, né chez une personne, est le plus à même de faire germer la honte chez une autre.

La honte n'a pas de consistance, si cuisante soit-elle ; elle est impalpable. Pourtant elle existe et a des effets délétères. Comparse inséparable du mépris (mépris de soi ou mépris des autres), elle pollue l'atmosphère entre les êtres au point de la rendre parfois irrespirable. Sa présence parmi nous est liée à une malencontreuse erreur d'estime de notre part. Mi-anges, mi-bêtes, nous avons trop d'imagination, ce qui nous donne des idées de grandeur.

Nous n'hésitons pas à parler du « génie de l'humanité » pour célébrer la moindre de nos inventions un peu brillante, mais nous préférons oublier que nous sommes humains, rien qu'humains, et nous renions volontiers notre part d'animalité.

Nous n'aimons pas penser qu'*homo sapiens* n'est qu'un animal pensant à durée de vie limitée, et nous perdons nos moyens dès que nous réalisons l'absence d'efficacité des mots contre la mort (elle nous tue silencieusement, quoi que nous disions) et que nous constatons qu'ils ne nous protègent pas davantage de nos semblables.

Si proches et si lointains en même temps, les femmes et les hommes, déjà inquiets d'être des mortels, vivent en plus dans l'angoisse des jugements qu'ils portent les uns sur les autres. Dans cette lutte de tous les instants, l'alcool est (souvent) utilisé comme une arme secrète pour diminuer l'angoisse et acquérir de l'aisance. Avouer recourir à ce stratagème – donc en reconnaître le besoin – serait avouer être défaillant – donc vulnérable. Nous préférons nous taire. Dans cette façon de procéder rien ne permet de distinguer le buveur « normal » du buveur « excessif ». C'est bien pourquoi, si le silence s'instaure chez le premier, le second, qui s'est fait prendre en flagrant délit de dépasser visiblement la norme, est montré du doigt.

Au début il y a la chair et les sens. Quoique baignant dans un flot de signifiants et emmailloté dans le réseau symbolique qui précède sa venue au monde, le nouveau-né que nous avons tous été appréhende d'abord ce qui l'entoure par ses sens. Il est « bête », mais il est naturel, c'est ce qui fait son charme.

Dès qu'il respire pour la première fois, il est placé dans la couveuse culturelle mise en marche bien avant sa conception. Cela afin de le parfaire, puisque, prématuré à la naissance, le petit d'homme a en lui la potentialité de s'arracher à sa condition de bête pour s'élever au sommet de la hiérarchie des êtres vivants.

« Animal dénaturé » depuis plusieurs millénaires, l'homme civilisé n'en revient toujours pas d'être intelligent. Il garde une mentalité de nouveau riche, et rien ne permet d'espérer qu'il soit en marche vers plus de sérénité et de modestie. Il cultive son esprit et malmène son corps en voulant le soumettre, au lieu de composer avec lui, au risque d'être décontenancé par sa révolte avant de se décomposer totalement dans la mort. C'est ce combat intime, cette guerre intestine qui fait le lit de la honte. Elle est la marque indélébile de la dysharmonie fondamentale entre le corps et l'esprit et témoigne du divorce entre nature et culture. Il y a là une césure douloureuse, une déchirure insupportable. Aucun mot ne peut en rendre compte, car elle est précisément... indicible. Hors langage, elle se nourrit de l'écart entre les mots et les choses. Elle est l'abîme qui sépare la sensorialité du sens. Tous nos efforts pour la réduire à néant butent sur cet incontournable obstacle : l'écart entre la *psyché* et le *soma*. À la place laissée vacante, à la jonction ratée entre le verbe et la chair gît la honte, cette compagne indésirable de l'homme qui le suit comme son ombre et dont l'alcool lui donne parfois l'illusion qu'il arrive à la vaincre.

De fait, l'alcool est le produit qui, engourdissant l'esprit, est capable de faire perdre la tête, au point de faire disparaître la honte le temps de son action. C'est pourquoi son usage est aussi répandu, c'est pourquoi également l'étude de sa consommation excessive est si délicate : les motivations secrètes des buveurs « normaux » ne sont pas fondamentalement différentes de celles des buveurs excessifs, ces alcooliques vilipendés comme lie de la société. Un silence gêné plane sur cette évidence, car il est difficile d'accepter la réalité d'une communauté d'intention entre ceux qui se conduisent bien et les autres.

Cet ouvrage n'est pas un traité d'alcoologie. Il se propose de mettre en évidence la complexité du phénomène d'alcoolisation excessive et surtout de montrer que la honte est l'affect essentiel expliquant le recours à l'alcool, tandis que le mépris qu'elle engendre provoque l'échec trop fréquent des efforts entrepris pour vaincre l'alcoolisme.

À partir d'observations cliniques et de confidences de patients alcooliques, en analysant les discours sur le problème, en considérant les usages sociaux des boissons alcoolisées et en repérant comment l'alcool intervient dans la vie des individus, les relations entre les hommes et les femmes et le fonctionnement des familles, il est possible de suivre la trace de cette honte et d'affirmer sans... vergogne qu'elle fait le lit de l'alcoolisme.

Non contente de gâcher la vie de certains, la honte est un véritable virus relationnel. Elle a des effets d'autant plus désastreux que sa contagiosité est extrême. Toujours tue, elle subvertit tout ce qu'elle touche. À cause d'elle, les bonnes intentions tournent court et les programmes thérapeutiques les mieux élaborés ont des résultats catastrophiques. Invisible, elle rebondit des uns aux autres, infiltre les regards et les gestes pour en déformer les messages. Silencieuse, elle fait jaillir la haine et la rivalité là où on attendait l'amour et la solidarité.

S'il n'y avait pas la honte, il n'y aurait pas d'alcoolisme.

1

Première rencontre

Lors de la première rencontre avec une personne dont la consommation d'alcool fait problème, patient et médecin savent tous deux la nécessité de parler de cette chose-là ; pourtant ils hésitent l'un et l'autre à axer la discussion sur le sujet.

L'ambiguïté du terme « alcoolique », mi-diagnostic, mi-injure, se complique de l'imprécision du concept d'alcoolisme pour rendre malaisée la manipulation de ces mots et faire peser sur la conversation une contrainte certaine. Comment aborder le problème ? Les deux interlocuteurs n'ignorent pas que les vocables qui permettraient de formuler les questions sont pollués par des sous-entendus désobligeants ; pire, ces derniers viennent à l'esprit de qui songe à utiliser ces maudits signifiants. La crainte d'être jugé pour l'un, celle d'être blessant pour l'autre font naître la tentation de rester muet sur le sujet et de rendre inutile une consultation pourtant nécessaire et déterminante pour l'avenir du buveur.

Dans cette rencontre humaine particulière, le verbe n'est pas magique, il est maléfique. Il ne sert pas la communication, il lui fait obstacle. Au-delà des mots, une attitude chaleureuse, la complicité d'un sourire, mais aussi le respect de la pudeur du consultant sont des nécessités absolues pour rendre possible l'émergence d'une demande d'aide pénible à formuler. Selon les circonstances, l'initiative de parler d'alcool viendra tantôt d'un côté, tantôt de l'autre.

Première rencontre avec un homme

Un aveu empoisonné

Pour ce qui concerne les hommes, il arrive (cela n'est pas très fréquent) que le patient motive spontanément sa démarche par une inquiétude concernant sa consommation d'alcool ou les conséquences néfastes de cette dernière sur sa santé, voire en évoquant un retentissement désagréable de ses habitudes de boisson pour son entourage.

Lorsque l'intéressé ose agir de cette manière directe, on perçoit rapidement combien est factice le détachement avec lequel il aborde son problème. On note également qu'il souligne sa « volonté de s'en sortir », mais qu'il minimise la gravité de la situation. La suite de la conversation permettra de découvrir que la demande de soins n'est pas aussi spontanée qu'elle le paraissait de prime abord. Elle n'est pas tant dictée par une prise de conscience personnelle que motivée par une véritable mise en demeure de la part d'un tiers. Ici, l'épouse a mis le divorce en balance. « Si tu ne te fais pas soigner, je te quitte avec les enfants. » Là, c'est une comparution prochaine devant le tribunal pour conduite en état d'ivresse qui pousse à solliciter une cure de désintoxication et surtout un certificat authentifiant la mise en place d'un traitement, dans l'espoir de bénéficier de l'indulgence des juges. Ailleurs se profile une menace de licenciement ou une remise en question de l'aptitude à un poste de sécurité par le médecin du travail.

Je n'ai en mémoire qu'une poignée de patients chez lesquels la décision de venir consulter en mettant en avant la question de l'alcool pouvait être considérée comme authentiquement personnelle.

Ainsi ce quadragénaire qui, après quinze ans d'une union sans grands nuages, s'était permis de gifler sa femme à la suite d'une banale dispute et pour la toute première fois. Il avait immédiatement fait le lien entre ce geste et l'alcool dont il usait réellement plus qu'il ne fallait, mais sans être jamais visiblement ivre. À la suite de son acte il avait été atterré « d'être tombé si bas ». Il s'était précipité chez le médecin pour demander un traitement énergique afin de retrouver la paix dans son ménage et surtout l'image de bon époux, que l'alcool, en fait, lui avait permis d'assumer jusqu'alors en l'aidant à refouler son agressivité vis-à-vis d'une conjointe autoritaire. L'union n'était pas aussi idyllique qu'il voulait bien le dire, et la désignation de l'alcool comme unique cause du scandale était une tentative de ne pas y regarder de trop près afin d'éviter une inquiétante remise en question du fonctionnement du couple...

Quelques malades, parfois, non seulement parlent d'alcool avant d'y avoir été invités, mais de plus brandissent leur alcoolisme comme un véritable trophée. Dès cette première consultation, à laquelle ils ne se présentent pas nécessairement à jeun, ils étalent leur intempérance avec complaisance et pleurent sans retenue sur les souffrances qu'ils infligent aux leurs... Aux premières loges pour observer leur inconduite, ils la soulignent et l'exhibent. Cette confession geignarde entrecoupée de hoquets et de sanglots dont on ne sait s'ils relèvent de l'ivresse, de la tristesse ou des deux, est une tentative d'exprimer une souffrance authentique tout en essayant d'évacuer la responsabilité. La crainte d'être traité en coupable amène la surenchère histrionique. L'objectif est d'avouer un maximum de fautes pour être davantage pardonné. Parce que rien n'est laissé dans l'ombre d'une situation, souvent catastrophique, parce qu'il se dénigre avec une telle férocité, le buveur espère que le médecin ne lui tiendra pas rigueur de ses vilenies et qu'il comprendra qu'un individu aussi lucide sur ses faiblesses ne peut être l'artisan volontaire de son propre malheur. Quiconque bat si sévèrement sa coulpe ne peut être aussi mauvais qu'il le prétend.

Un tel repentir est de nature à émouvoir le thérapeute, à condition que l'excès de la plainte ne l'indispose pas et ne le pousse pas à rompre avec un importun qui en fait trop pour être honnête. Lorsque le suppliant sait bien jouer de la corde sensible, l'alcoologue apprenti sorcier, touché par l'humilité de l'appel au secours, risque de ne pas percevoir la provocation nichée dans la demande d'aide. Prié avec insistance de mettre sa compétence au service d'un buveur repentant qui affirme se placer complètement entre ses mains, n'écoutant alors que son cœur ou, plus exactement, laissant libre cours à son narcissisme flatté par l'abaissement de ce client en perdition et confondant bonté et orgueil, il risque de ne pas voir que le misérable qui avoue son échec personnel face à l'alcool jette le gant en même temps qu'il lance son SOS.

Ébranlé par une histoire dans laquelle les rechutes succèdent aux rechutes, celui qui écoute le récit accrédite facilement la version des faits rapportés, d'autant plus que sont généralement mis en scène des intervenants antérieurs, parfois prestigieux, mais qui n'avaient pas la capacité d'accueil de ce nouveau médecin avec lequel le buveur est sûr que cela va marcher. Appâté par le challenge d'autant plus excitant que le cas semble difficile, berné par la poudre aux yeux de compliments faciles, le « nouveau », qui se prend pour un sauveur, ne sait pas qu'il est déjà inscrit au tableau de chasse de ce client pas comme les autres et qui a besoin de l'insuccès de celui auquel il demande de l'aide pour atténuer son propre sentiment d'échec. Sa main qui se tend pour mendier une alliance permettant la défaite de l'alcool s'arc-boute en réalité contre la main secourable dans une partie de bras de fer dont il y a fort à parier que seul l'alcool sortira vainqueur.

Ici le désir de s'arrêter de boire est parasité par l'envie inavouable de continuer à boire. La quête des meilleurs spécialistes à faire passer le goût du vin est aussi impérieuse qu'est nécessaire leur déroute. La poursuite acharnée d'un projet d'abstinence signe la bonne volonté du buveur, tandis que l'impossibilité d'obtenir un résultat durable traduit la gravité de sa « dépendance ». Déculpabilisé d'avoir tout essayé, innocenté par l'échec des professionnels, il porte sa croix d'alcoolique et trouve une raison supplémentaire de boire trop sous le prétexte qu'il endure un alcoolisme ravageur et... incurable !

Dans de tels cas, si l'alcool est un vrai et sérieux problème, ce n'est pas LE problème. Ce dernier réside dans une souffrance psychique qui ne peut se reconnaître, et encore moins se dire. Sans négliger l'urgence médicale, parfois vitale, il faut savoir repérer la place centrale de la boisson dans la vie des buveurs avant de songer à leur en faire passer le goût. L'alcool est symptôme et viatique d'un mal-être radical, qu'il soulage et entretient en même temps. Ces patients difficiles sont surtout torturés. Ils n'arrivent pas à vivre sans souffrir de vivre. Ils se sentent si petits, si désarmés parmi leurs semblables qu'ils n'osent s'affirmer à jeun. Malheureux d'être, et pourtant accrochés à la vie, ils se cramponnent à l'alcool pour pouvoir subsister, quitte à se détruire à force de boire.

Quiconque ne peut les aborder sans les humilier ne peut prétendre les soigner. Or, pour eux, avoir besoin de se soigner est déjà une humiliation insupportable. Ils s'en vengent couramment en privant le thérapeute de leur guérison. Ils l'encensent d'abord pour mieux jouir de sa déconvenue lorsque, après des débuts prometteurs sur la voie de l'abstinence, ils chutent et rechutent. Malgré sa science et sa générosité, le soignant se retrouve déconfit et piteux, nul !

Dans la défaite commune qui a goût de mort, le petit homme qui boit trop et le grand médecin qui lui donne des forces pour qu'il change ses habitudes, ces deux-là sont momentanément égaux, réunis par la même impuissance. Il est exceptionnel que cette promiscuité plaise au spécialiste. Il a vite fait de se démarquer et de se détourner d'un client décidément trop peu « motivé » pour pouvoir tirer bénéfice de sa solide compétence. Il sait par expérience que sans « motivation » de la part du buveur l'échec est assuré. Il a beaucoup trop de travail pour continuer à perdre son temps avec un ivrogne invétéré. Il ne s'attarde pas à s'interroger sur son absence de « motivation » personnelle pour poursuivre la mise en place du traitement. Triomphant à ce triste jeu de qui-perd-gagne, le buveur n'a qu'à repartir en titubant à la recherche d'un nouveau praticien dont il pourra se jouer, à moins que celui-ci, enfin, accepte d'admettre qu'un alcoolique vaut bien un alcoologue, refuse de se laisser griser par une déférence factice et joue le jeu de la rencontre authentique, et donc égalitaire.

Hormis les deux types de situations qui viennent d'être évoqués, la seule puissante raison qui amène quelqu'un à parler de son alcoolisme en son nom propre, sans réticence et sans exagération, est la peur de mourir. Le même qui a pu dire : « L'alcool tue lentement, je le sais, je ne suis pas pressé », ce buveur qui plastronnait déchante lorsqu'il réalise un beau jour son incapacité à supporter l'alcool dont il ne peut plus se passer. À n'importe quel prix, sans pudeur et sans faux-semblants, il est prêt à tous les aveux pour qu'on le sorte de cette mauvaise passe.

Quand les tremblements matinaux ne cèdent plus à la bière qui tient lieu de petit déjeuner ou que le vin est vomi dès qu'il est absorbé, il n'est plus question de nier ou de persifler. « Sauvez-moi, je n'arrive plus à boire. » Toute honte bue, la demande d'aide se fait pressante. Prêt à collaborer à tous les examens, attentif à obéir à toutes les prescriptions, l'alcoolique qui a vécu sa fin devient un patient ordinaire. Il ne plaisante plus avec sa santé, il veut sauver sa peau. Sur son lit d'hôpital, il ne joue plus les trompe-la-mort. L'illusion d'être plus fort que les lois, les normes ou la faucheuse s'effondre dans la panique du rappel à l'ordre par son organisme. Juste avant de trépasser, l'humain qui se cachait sous le masque du buveur exhibe enfin ce qu'il est réellement, un pauvre homme, pitoyable de n'arriver à exister qu'au moment de ne plus être.

Il s'en faut de beaucoup que la gravité de la situation suffise à régler définitivement le problème. Passée l'urgence vitale, tandis qu'une fois encore la mort s'éloigne, l'alcool revient. Le même qui jurait ses grands dieux de ne plus y toucher et prétendait avoir fait vœu de se mettre à l'eau ne voit plus de bonnes raisons de s'arrêter de boire ; au contraire, il mesure tous les inconvénients d'une vie sans pouvoir trinquer. En plus, qu'est-ce que diraient les copains !

Les malentendus et la rupture qui peut en résulter sont liés au fait que le buveur demandait des soins parce qu'il ne supportait plus l'alcool. Il ne désirait pas s'en passer définitivement, pas du tout ! Ce qu'il souhaitait était une remise en état de son organisme devenu intolérant afin de retrouver ses habitudes. Pour lui, l'abstinence justifiée par le délabrement des organes, la désintoxication d'un corps qui n'en peut plus tellement il est éprouvé ne sont pas des objectifs à long terme. Il ne s'agit que de marquer une pause pour repartir dans de meilleures conditions.

De même que le bateau qui fait eau passe au carénage, l'alcoolique se met au régime sec le temps de calfater sa carcasse pour pouvoir retourner s'abreuver à sa guise au comptoir de son bistrot favori. Après la cure, malgré les mises en garde et les conseils d'abstinence, il arrosera sa sortie pour tester son corps remis à neuf. Il verra dans sa capacité à boire de nouveau le signe heureux de la guérison, alors que les soignants dépités parleront de rechute...

Un aveu déguisé

Dans l'immense majorité des cas, ce n'est pas le consultant qui évoque le premier ses rapports à l'alcool ; souvent il n'est pas venu précisément pour cela.

Des douleurs aux mollets, une fatigabilité, un amaigrissement et des renvois matinaux, des cauchemars, une nervosité marquée sont les signes d'appel qui obligent le médecin à s'intéresser de près aux habitudes de boisson de son patient, d'autant que son aspect et l'examen clinique plaident en faveur d'une imprégnation alcoolique. Ailleurs, c'est à la suite d'un *delirium tremens* apparu à l'occasion d'une hospitalisation pour une autre cause. La liste n'est pas exhaustive de ces situations où le praticien doit s'enquérir de la façon la plus précise de ce que l'homme qu'il a en face de lui ingurgite habituellement en matière d'alcool. « Je bois comme tout le monde » est la réponse invariable qu'il reçoit.

Énoncée sans commentaires ou entourée de considérations sur les libations de tel collègue de travail dont on ferait bien de s'occuper, elle est souvent accompagnée de l'aveu d'un tabagisme qui, lui, est spontanément revendiqué et quantifié sans hésitation sur simple demande du médecin.

Cette phrase stéréotypée qui marque la première rencontre avec un homme alcoolique témoigne de la volonté de faire immédiatement tourner court le dialogue. En orientant l'attention vers les autres ou vers un travers mieux admis socialement, le patient s'efforce d'interdire l'accès au jardin secret de ses rapports avec l'alcool. Il sait très bien que dans l'imaginaire collectif le goût pour le tabac est une petite faiblesse sans rien de comparable avec le penchant pour la boisson. Marqué par les représentations sociales, tout autant qu'il est intoxiqué par l'alcool, il donne l'avouable pour mieux celer l'inavouable. D'un côté, l'affiche publicitaire du cow-boy viril au visage buriné par la vie au grand air et qui allume sa cigarette pour reprendre son souffle après l'effort (qu'importent les poumons...!), de l'autre, la silhouette peu ragoûtante du clochard crasseux traînant dans les couloirs du métro, le kil de rouge à la main. La mise en avant du tabagisme offert comme preuve de la mâle assurance d'un sujet capable d'admettre ses limites est littéralement un écran de fumée afin de dissimuler la peur de n'être pas pris pour un homme, un vrai, qui n'a pas besoin d'être plein pour garder sa contenance.

« Je bois comme tout le monde » ; ces quelques mots prononcés et la façon dont ils sont énoncés transforment d'emblée la rencontre en affrontement. Ce qui devait être une investigation banale dans un climat de confiance réciproque devient une épreuve de vérité. La défiance s'associe à la falsification pour créer une atmosphère peu amène, inconfortable pour les deux protagonistes.

Ou bien le médecin accepte ce qui lui est affirmé et néglige les résultats de son examen et des tests de laboratoire qui évoquent une alcoolisation excessive, ou bien il se fie davantage à ces données objectives qu'à l'affirmation de son patient. Dans les deux cas, l'insatisfaction est au rendez-vous, la discordance entre les mots et les faits crée en lui un malaise désagréable dont il ne perçoit pas toujours l'origine.

De son côté, le patient serait bien mal avisé de se confier à un thérapeute suffisamment peu perspicace pour entériner l'affirmation d'une consommation « normale » contre toute évidence ou, au contraire, trop dédaigneux pour écouter et encore moins tenir compte de ce qui lui est dit.

Dans cette situation, la plus fréquente, et de loin, le soupçon est à l'œuvre d'entrée de jeu. Il rend aléatoire l'établissement d'une relation thérapeutique basée sur la confiance. Impossible et inutile de déterminer qui a commencé. La classique mauvaise foi de l'alcoolique est la projection sur lui de notre mauvaise foi collective concernant l'usage chimiothérapique de l'alcool. Nous ne voulons rien en savoir. Dans ce non-dit, le mensonge et le jugement s'engouffrent. Ils interdisent toute parole authentique. L'alcoolique ne peut pas dire la vérité sur son besoin d'alcool, car il appréhende le mépris de celui qui sera dans la confidence. L'alcoologue ne peut pas croire son client, puisqu'il sait que celui-ci va déguiser les faits ou du moins les minimiser.

On ne peut faire confiance à un alcoolique ; cette assertion est connue de tous, y compris de ceux qu'elle vise. Lieu commun élevé à la dignité de vérité d'évidence, elle fait des ravages relationnels.

À cause d'elle, le mensonge est le compagnon obligé de la relation thérapeutique, sans espoir de pouvoir l'en déloger. Pour que la confiance indispensable apparaisse, l'alcoolique ne doit pas être alcoolique. S'il est réellement alcoolique, il doit dissimuler qu'il boit trop pour être crédible, et donc il doit mentir pour être cru, ce qui prouve bien que l'alcoolique est un menteur... qu'il ne faut pas croire !

Connu depuis Épiménide le Crétois, ce type de paradoxe n'a pas ici que valeur anecdotique. Dans la pratique alcoologique, il brouille les pensées des partenaires en présence : ils ne se comprennent pas, et très vite la discorde s'installe entre eux, au point qu'ils ne se parlent plus. L'un boude les questions que bientôt l'autre ne pose plus, trouvant davantage de satisfaction à l'interrogation des prélèvements humoraux de ce client récalcitrant. En moins de temps qu'il ne faut pour le dire, une rencontre interhumaine s'est métamor phosée en consultation vétérinaire.

Pour lever le malaise, il nous faut à chaque instant (ré)apprendre à croire l'alcoolique. S'il dit « je bois comme tout le monde », il dit juste, même si sa formule est spécieuse. En jouant sur le « comme », il biaise pour éluder la question. Il utilise le mot dans son premier sens : « de la même manière », ce qui, par un jésuitisme astucieux, lui permet de laisser dans l'ombre la dimension quantitative qui fait problème, en mettant en avant la façon de boire qui, de fait, n'est pas fondamentalement différente de celle des autres.

Une réponse est fournie, elle est correcte mais dilatoire. L'interlocuteur se sent généralement floué : il escomptait un chiffre au moins approximatif et voit rouge en entendant ce « comme tout le monde » que sa formation et son attente lui font décoder en « je bois au même degré que tout le monde ». Il en résulte chez lui une aigreur certaine. En plus du sentiment de se faire rouler, difficile à accepter, il entend qu'il n'y a pas de différence entre sa propre consommation et celle de l'ivrogne qui est en face de lui, ce qui est proprement scandaleux... Il reçoit comme une gifle l'identification que son client semble lui imposer par son « comme tout le monde ». Être mis froidement dans le même sac que lui par ce sac à vin répugnant est une familiarité grossière qui lui prouve la mauvaise foi des buveurs auxquels on ne peut décidément pas faire confiance. Leur sang, lui, ne sait pas mentir, surtout s'il n'est pas bon avec ses hématies volumineuses et ses enzymes perturbées. C'est à lui qu'il s'adressera désormais.

Rester sur l'impression désagréable d'avoir affaire à un menteur, provocant de surcroît, est le plus sûr moyen d'être incapable d'aider l'alcoolique à sortir de son pétrin. Au lieu de l'accuser, il est plus fécond de reconnaître dans l'irritation qu'il fait naître la part revenant au refus inconscient de se mettre à sa place. Sa revendication d'une similarité qui passe à travers le « comme » est à la mesure de sa crainte de la différenciation. Sa réponse, quoique imparfaite, vaut mieux qu'un silence, et elle contient le maximum de ce qu'il peut dire de lui sans se taire ni mentir. Il est vrai qu'il boit de la même façon que tout le monde, quoiqu'il consomme davantage que certains.

Intimement convaincu de n'être pas « comme » les autres, mais moins bien qu'eux, tellement désireux de passer pour leur semblable et de cacher une différence vécue comme une infirmité, l'alcoolique boit trop dans l'espoir de se mettre au bon niveau ou à tout le moins pour oublier son sentiment d'infériorité. Il se bourre d'alcool au-delà du raisonnable pour être dans l'ambiance, au diapason du groupe. Comment pourrait-il dévoiler une consommation hors norme alors qu'elle lui sert à croire et à faire croire qu'il est dans la norme ?

Interrogé sur ce qu'il boit, l'alcoolique est à la torture ; ses excès servent à donner le change, et il devrait avouer le trucage ? Inenvisageable. C'est pour éviter d'être catalogué comme anormal, handicapé ou, pire, fou qu'il se bat et se débat dans l'alcool.

Dès la question posée, il anticipe l'humiliation de l'aveu et vit par avance le rejet qui, il en est sûr, suivra. Le questionneur a beau se vouloir compréhensif et se montrer sympathique, l'alcoolique a une si piètre opinion de lui-même qu'il ne peut croire à l'absence de dédain à son égard. Que l'interrogation ne soit pas formulée sur un ton réprobateur, qu'elle ne soit accompagnée d'aucun froncement de sourcil ne suffit pas à le rassurer. Dès lors qu'elle existe, c'est qu'il y a un doute, et ce doute est insupportable. L'impassibilité n'est-elle pas seulement de façade et la bienveillance n'est-elle pas une feinte ? L'alcoolique n'est pas sot, il n'ignore pas le mépris qui entoure les ivrognes. C'est pour l'éviter qu'il répond comme il le fait.

Cet assoiffé de considération qui boit trop pour être acceptable est coincé au moment de répondre. Pris entre l'envie de fournir les renseignements demandés, ne serait-ce que pour se faire bien voir, et le désir de les celer pour ne pas se montrer sous un mauvais jour, il trouve en compromis le « comme tout le monde ». Sa réponse est une issue à un inconfortable dilemme et non une contre-vérité. C'est comme cela qu'il faut la décoder sous peine de renvoyer le buveur à ses errements.

L'art de l'alcoologue est de savoir mesurer la souffrance de son client au baromètre de sa propre humeur. Il est logique que le buveur excessif répugne à se reconnaître alcoolique, et il est humain que son subterfuge agace. Admettre qu'il se moque moins de son interlocuteur qu'il n'a peur de l'ironie de ce dernier est ce qui permet à l'alcoologue de devenir thérapeute. Au lieu de se laisser déborder par son irritation, il doit comprendre que sa colère n'est que l'écho de la honte de son patient. Le rouge de la honte et celui de la colère sont en miroir.

Plus il se sent agressé par la phrase, plus le médecin doit faire preuve de bienveillance. Transformer la rage en patience n'est pas une partie de plaisir, c'est un travail ingrat. C'est le prix à payer pour que le mot « comme » soit un mot de passe, et non une injure. Instantanément, de fin de non-recevoir il se transmue en sésame qui permet à l'alcoolique de déballer sa misère et à l'alcoologue d'entrer dans ce monde de souffrance. Acceptant d'être bon entendeur, il arrive à transformer l'ébranlement émotionnel provoqué par la petite phrase en signal d'un désir de rencontre, tel le choc du heurtoir sur une porte. Il n'a rien à changer à ses propos, c'est son attitude qui se modifie, la rancœur devenant compréhension. L'atmosphère change imperceptiblement, et les mots accompagnés d'un je-ne-sais-quoi de chaleureux savent toucher l'alcoolique qui dès lors parle à cœur ouvert. L'échange est devenu possible entre un sujet souffrant et un sujet savant qui se reconnaissent mutuellement comme des semblables, semblablement humains. Là gît le secret de la réussite. Tant que l'identification réciproque entre le désigné ivrogne et le prétendu sauveur n'est pas acceptée, rien de constructif ne se produit. Ils n'entrent en communication que s'ils admettent tous deux que ce qui les rassemble est plus fondamental que ce qui les sépare.

Qu'on ne s'y trompe pas : l'art du retournement d'un mouvement affectif en son contraire relève du prodige, compte tenu de l'aptitude remarquable de l'alcoolique, cet expert en vilenie humaine, à débusquer le moindre défaut d'une générosité apparemment sans faille. Avant de lui confier son secret, le buveur a non seulement besoin de tester les limites de son confident en le poussant à bout, mais en plus son désir de se rehausser au niveau de celui qui le questionne, pour parler sur pied d'égalité, se mêle à la volonté de le rabaisser pour jouir de son humiliation à devoir descendre de son piédestal d'homme arrivé et à se reconnaître dans l'épave qu'il interroge.

Habituellement, le noble sauveur enrage que l'ignoble buveur ne s'écrase pas devant lui, mais prétende être « comme » lui. De cette rage il a honte, elle le prend en flagrant délit de rejet. S'il en admet la réalité, au lieu d'évoquer la mauvaise foi de son client comme explication de son mouvement d'humeur, il découvre que les bons sentiments ne servent pas à grand-chose dans le traitement de l'alcoolique. C'est de la malveillance qu'il doit tenir compte, non pas chez celui qui souffre, mais chez lui qui prétend soigner.

J'ai connu un alcoolique qui ne supportait pas le jugement des autres. Ne plaisantant qu'à moitié, il prétendait ne pouvoir se détendre que lors de promenades dans les cimetières, assuré que les occupants de ces lieux, dont il affirmait « jalouser » la tranquillité, ne le regarderaient pas de travers... Il avait tellement peur d'être pris en défaut qu'il n'avait jamais osé passer son permis de conduire, craignant d'être interpellé un jour ou l'autre par les gendarmes à l'occasion d'une entorse, même bénigne, au code de la route. Cuisinier de son état, il ne supportait la présence de personne à ses côtés pendant qu'il travaillait, n'acceptant de montrer ses plats que lorsqu'ils étaient terminés, c'est-à-dire présentables.

Cet homme, tenaillé à tous les instants de son existence par ce besoin impérieux d'être irréprochable, buvait pour soulager les angoisses liées à un idéal de perfection aussi tyrannique. L'alcool lui permettait également d'estomper sa conscience du regard des autres sur lui. L'abus de boisson était aussi le signe de sa révolte impuissante contre cette règle de vie accablante. Devenu quasi-clochard, objet de la réprobation des siens, il vivait sa déchéance dans la souffrance, mais elle lui servait paradoxalement à préserver cette idée d'une perfection totale, d'une pureté absolue. En incriminant l'alcool comme cause unique de son échec, il s'autorisait à garder l'illusion que, s'il n'y avait pas eu cette maudite boisson pour gâcher sa vie, il aurait été quelqu'un d'extraordinaire. Sous l'habit du poivrot se cachait un vrai seigneur, inconnu de tous mais dont lui savait l'inestimable valeur, la sienne, jamais mise à l'épreuve de la réalité, puisque toujours dissimulée derrière l'ivresse.

Cet homme avait un rêve. Il imaginait qu'on l'arrêtait à la douane d'un quelconque pays. Suspecté d'être fraudeur malgré ses affirmations de n'avoir rien à déclarer, il était soumis à une fouille sévère. Dans son fantasme, les gabelous ne trouvaient rien, car il n'y avait rien à trouver. Lui prenait plaisir à leur déconvenue et se régalait de leurs excuses. Ne pas être cru, puis être totalement innocenté, tel était le sommet de sa jouissance.

N'avoir strictement rien à se reprocher, et que la chose soit proclamée et reconnue, il n'y a pas un alcoolique qui ne cultive cette chimère au fond de son esprit. Penser qu'il n'est pas sans défauts, il n'y a pas un alcoolique qui ne crève de honte à cette idée. Le « comme tout le monde » qu'il jette dans la conversation ramasse dans sa banalité la déchirante souffrance d'un écartèlement quotidien entre rêve et réalité. C'est comme cela qu'il doit être reçu, nonobstant les intentions outrageantes qui l'accompagnent. Elles sont l'inévitable sanie qui suit l'ouverture de l'abcès. Le chirurgien dispose de gants pour opérer dans un champ stérile. L'alcoologue travaille à cœur nu. Il doit apprendre à contrôler son écœurement face à un client repoussant dont la plaie est dans l'âme et qui, plus pitoyable que haïssable, ne supporte ni la pitié ni la haine qu'il s'ingénie à susciter dans sa crainte de ne pas être apprécié.

Les alcooliques de sexe masculin peuvent facilement affirmer boire comme tout le monde, car dans leur esprit tous les hommes, les vrais, boivent. Eux et eux seuls représentent tout le monde. Sans insister sur le machisme élémentaire de cette prise de position, il est évident qu'elle est facilitée et entretenue par le caractère unisexué de l'univers du bistrot. En ce lieu la femme, à moins d'être tenancière ou serveuse, est au mieux tolérée, le plus souvent absente, sauf dans les conversations.

Première rencontre avec une femme

Une maladie honteuse

Le culte de la boisson est une affaire d'hommes dont sont écartées les femmes, les vraies : celles qui savent bien se tenir, c'est-à-dire justement à l'écart de l'alcool qu'elles ne « tiennent » pas et auquel elles sont éduquées à ne pas « tenir », à la différence des garçons.

La médecine affirme, à juste titre sans doute, qu'elles ne peuvent pas boire les mêmes quantités que leurs compagnons sans risquer leur santé. Ne serait-ce que du fait de leur morphologie plus fluette, elles ne « font pas le poids ». D'autre part, les preuves abondent pour contre-indiquer l'alcool pendant la grossesse, eu égard à ses effets nocifs sur le fœtus.

Seules les vilaines filles et les mauvaises mères boivent ; les autres, les filles bien et les bonnes mères, sont exceptionnellement invitées à trinquer pour les fêtes. À ces occasions, elles sont autorisées, comme les enfants parfois, à boire l'apéritif ou un « petit » verre de bon vin. Au jour le jour, la sobriété est le lot qui leur est dévolu, l'abstinence faisant figure chez elles de vertu, et non d'anomalie comme chez les hommes.

L'inégalité biologique devant l'alcool, quelle qu'en soit la réalité, n'est pas aussi importante que l'inégalité sociologique face au produit dont elle ne devrait pas être le prétexte. À la base de cette opposition dans les manières de boire ou de ne pas boire on trouve une remarquable collection de préjugés qui se rassemblent en un seul : l'alcool est bon pour les forts, les hommes, il ne l'est pas pour le sexe faible, sexe sans consistance, pour ne pas dire sans existence...

Les choses changent, l'égalité prônée entre les femmes et les hommes entraîne des modifications réelles dans les façons d'user ou d'abuser de l'alcool. Plus libres de consommer en public, pouvant s'approvisionner sans se faire remarquer dans les grandes surfaces où le caddie est chargé de bouteilles pour la consommation familiale, les femmes sont de plus en plus nombreuses à recourir à l'alcool pour tenter de résoudre leurs problèmes existentiels. L'évolution récente des mœurs n'empêche pas que les préjugés restent vifs et que l'alcoolisme féminin soit particulièrement stigmatisé.

Comme me le signalait une jeune femme que son apparence délicieusement fragile et sa malice tenaient à mille lieues de l'image traditionnelle de la pocharde, malgré une descente quotidienne digne d'un Munichois ventru à la fête de la bière, il lui était impossible de boire plus d'un demi dans un même lieu de peur de passer pour une ivrognesse. Elle faisait très attention à éviter ce scandale et changeait systématiquement de café à chaque verre pour donner l'impression de se désaltérer en passant. Elle trouvait très injuste d'être obligée d'écluser son bock à la sauvette et de comptoir en comptoir, alors que, si elle avait été un homme, elle aurait pu s'attabler confortablement et renouveler régulièrement les consommations jusqu'à obtention de l'euphorie désirée, avec en prime la chaleur conviviale du troquet. Elle ne pouvait pas boire chez elle, son mari s'y opposant avec des arguments frappants et parce qu'elle n'aimait pas la solitude.

Aujourd'hui encore les praticiens ont une notable réticence à interroger leurs clientes sur leurs rapports avec l'alcool [dans une enquête, 65 % d'entre eux estimaient cela plutôt difficile (22)]. Cette gêne, qui traduit une adhésion inconsciente aux représentations collectives, est sans commune mesure avec celle des buveuses qui partagent les mêmes préjugés et connaissent en outre par expérience le poids du mépris vis-à-vis de la femme alcoolique.

Quand on est femme et que quelqu'un ose vous interroger sur votre consommation et, plus encore, quand on est femme alcoolique et qu'il faut parler de sa consommation, la question relève de l'obscène. Dans un tel contexte, comment vaincre la pudeur qui se cache sous les apparences du respect humain ? Le recours au « je bois comme tout le monde » aurait un sens opposé à celui souhaité, il soulignerait l'alcoolisme au lieu de le dissimuler. La grande majorité des femmes alcooliques n'arrivent pas à dire les choses spontanément. Beaucoup nient en bloc, certaines se laissent aller à un aveu en forme de provocation. Toutes sont mal à l'aise et mettent mal à l'aise celle ou celui qui voudrait bien leur venir en aide et ne sait pas comment.

Une négation forcenée

La négation, plus habituelle chez les plus âgées, est catégorique et sans appel. Bien que parfois lourdement marquées par l'imprégnation et impressionnantes par la gravité de ses complications, ces femmes affirment avec une détermination farouche qu'elles n'ont pas de rapports avec l'alcool, ou des rapports si épisodiques qu'il n'est pas nécessaire d'en parler. Aucune objurgation ne les fait changer de point de vue. Les preuves de leurs excès peuvent être étalées devant elles et la précarité de leur santé démontrée, elles restent fidèles à leur dénégation. Plutôt la mort que le déshonneur d'avouer.

La consultation tourne au fiasco complet, l'aide proposée est rejetée catégoriquement. C'est là qu'on mesure avec une dramatique impuissance le caractère mortifère des préjugés. Dans une telle occurrence, il faut d'urgence renoncer à la question torturante pour tenter de sauver la relation avant que la malade ne tourne les talons. Elle doit sinon entendre, du moins deviner que son refus d'avouer est respectable et sera respecté. Le message est difficile à formuler. Il ne consiste pas à faire croire à la négatrice que l'on accrédite sa version, mais de lui faire savoir qu'elle a le droit de s'y accrocher si elle ne peut supporter une vérité trop accablante pour être reconnue devant témoin.

La marge de manœuvre est minuscule, l'échec fréquent. L'entretien doit être guidé par l'idée de préserver à tout prix une place de sujet à cette femme hantée par la certitude de ne rien valoir et de n'être qu'un objet de mépris peu digne de vivre parmi ses congénères. Au quotidien, elle ne peut tenir son rang sans l'alcool, qui pourtant ne lui permet pas d'être elle-même, puisqu'il la saoule, alors qu'elle en abuse pour se sentir quelqu'un ! Son secret en forme de paradoxe est totalement inavouable : devenue alcoolique pour essayer d'être femme, elle ne peut être femme si elle est alcoolique. Acculée à « casser le morceau », elle trouve son salut dans la dénégation, plutôt que de voir quelqu'un révéler la supercherie qui lui permet de vivre et dont le dévoilement la tuerait.

« Je ne bois pas » : ces quatre mots ramassent en une formule concise la seule affirmation de soi qui lui reste face à l'inquisition.

Il faut être assez humain pour s'en contenter, sans pour autant renoncer à soigner celle-là, pour qui vivre n'est supportable qu'en se tuant à l'alcool.

Il est toujours délicat d'affirmer l'existence d'un problème là où la personne concernée au premier chef assure qu'il n'y en a pas. Faire fi de sa parole, c'est la traiter implicitement de menteuse ; s'en tenir à son déguisement des faits revient à se voiler la face. Le risque est grand d'opter pour l'acharnement à extorquer la vérité au nom de l'intérêt de la patiente et pour asseoir un projet thérapeutique qui obtienne son adhésion. Il y a fort à parier qu'une telle attitude n'apportera pas la réponse souhaitée, qu'elle provoquera la rupture et poussera la buveuse à se remettre de ses émotions en allant boire un coup tout en se jurant de ne plus revenir.

Il n'y a aucune bonne recette pour résoudre le problème d'amener à se soigner quelqu'un qui refuse de se reconnaître intoxiqué, et pourtant il faut respecter le désir de respect contenu dans l'affirmation « je ne bois pas », sous peine de n'obtenir qu'une pseudo-adhésion au traitement, avec la rechute à la clef, ou la fuite sans espoir de retour. Cependant une analyse plus fine de la situation peut donner au thérapeute des éléments qui lui dicteront son attitude et l'aideront à trouver les mots adéquats pour convaincre la patiente que son besoin d'estime, aussi considérable soit-il, ne saurait passer avant les nécessités les plus fondamentales de sa survie.

Deux objectifs sont à viser en permanence par le praticien, qui doit être au clair avec chacun d'eux sans jamais les confondre, alors qu'ils sont très proches dans la réalité du moment. Le premier est d'empêcher la mort de la buveuse ; c'est le rôle médical par excellence. Le second, tout aussi important pour obtenir ce résultat, est de l'aider à vivre, à vouloir vivre ; il relève du registre psychothérapique.

Distinguer ces options voisines : lutter contre la mort, lutter pour la vie, n'est pas qu'une vue de l'esprit. C'est se fabriquer un instrument précieux afin de garder la tête froide face à la dénégation. La discordance entre le « je ne bois pas » et les signes de l'examen clinique qui évoquent fortement l'alcoolisme est littéralement affolante. Elle crée la confusion dans l'esprit du médecin qui ne sait plus où donner de la tête entre la parole de sa patiente et ce que lui révèlent ses propres sens et sa science. Déchiré entre le désir de croire ce qui lui est dit et la certitude que cela n'est pas vrai, il ressent la réponse comme une agression : au mieux, on se paie sa tête ; au pire, on veut la lui faire perdre. Les préjugés s'amalgament pour aggraver le désarroi et la colère. À la mauvaise foi de l'alcoolique s'ajoute la perfidie des filles d'Ève...

Pour dépasser sa contrariété et rester efficace, le thérapeute doit admettre que sa cliente ne cherche nullement à lui nuire, mais qu'elle est elle-même dans la contradiction. L'alcool qui la tue lui sert à vivre, c'est un poison vital pour elle au point qu'elle ne vit plus que pour lui et qu'elle est sûre de mourir si on le lui retire. Dans cette conjoncture, il est sans espoir et donc sans grand intérêt de la convaincre qu'elle boit trop, et surtout de l'obliger à le dire. Il est plus opératoire de l'amener à cesser de le faire, avec ou sans aveu.

Elle ne veut pas parler de cette chose-là, soit ! Parlons d'autre chose. Il est impossible de sauver le corps si la mort est dans l'âme. Lorsque l'alcool sert à réchauffer le cœur, lorsque le cœur ne bat plus que pour la bouteille, il est interdit de forcer les défenses sous peine de mort, celle de l'alcoolique bien sûr !

Parfois l'urgence commande, il faut sauver d'abord et discuter après si vraiment le pronostic est catastrophique au point de ne laisser aucune place pour la négociation, toujours lente. Il est rare que la patiente tienne rigueur de l'empressement thérapeutique. Le plus souvent cependant, un espace de temps se révèle disponible pendant lequel la femme peut être invitée à parler de ses difficultés, de ce qui la dégoûte en elle et autour d'elle. Celles qui boivent ne s'y trompent pas, elles savent quand les mises en garde sont faites pour les intimider et quand elles relèvent d'une réelle inquiétude pour elles. Dans le premier cas, elles sentent le mépris de celui qui trompe en abusant de son savoir, elles le lui rendent bien en refusant de l'écouter : même avec de bonnes intentions, il ne faut pas essayer de faire peur, cela ne sert à rien qu'à briser la confiance. Dans le deuxième cas, elles perçoivent la sollicitude du professionnel et sont à même de faire le « bon choix ». Elles n'ignorent pas que leur vie est menacée à plus ou moins long terme par leurs libations, mais elles ne supportent pas le chantage, et sauver leur vie leur importe moins que sauver leur dignité.

Les jeux de l'amour s'accommodent volontiers de la duplicité complice de ceux qui se courtisent. D'un commun accord, ils font semblant d'ignorer ce qui les guide l'un vers l'autre. La coquetterie et la parade, ces leurres de la séduction, permettent de prolonger l'attente en détours et méandres dont les buts ne sont pas que d'accroître le plaisir, mais aussi de chercher l'harmonie et l'accord des désirs. Faire la cour, c'est respecter l'autre, tester son attente, guetter son approbation, lui permettre de dire non, de se reprendre ou de s'abandonner. Ici le non-dit du désir n'est pas hypocrisie, il est discrétion en forme de censure pudique, entrecoupée d'agaceries qui la contredisent. Ce délicat artifice est à l'opposé du viol, dont il lève l'hypothèque. Il permet à chacun, sans paroles trop précises et dans la dénégation souriante d'une quête sexuelle, d'aller ou de ne pas aller jusqu'aux derniers... outrages, sans violences ni malentendus, alors que des invites trop crues se révèlent souvent offusquantes, plus propices à la rupture qu'au rapprochement.

Cette référence au marivaudage permet d'illustrer la possibilité d'aller au-delà des mots sans outrepasser les bornes, de deviner les secrets derrière les dénégations verbales, d'accepter la dissimulation et d'admettre le vrai de l'autre sans entériner pour autant sa parole comme une vérité absolue. Toutes ces nuances dans l'appréciation des faits sont nécessaires à l'élaboration d'une stratégie de rencontre dans laquelle le tact et la délicatesse sont les armes les plus efficaces pour établir une relation que la honte rend problématique.

L'alcoolique qui affirme « je ne bois pas » dit en même temps « je ne suis pas celle que vous croyez ». Elle réfute par avance toute suspicion de mauvaise conduite de sa part. Elle a trop l'expérience du jugement sévère de ses semblables à son égard pour penser qu'elle gardera le respect du spécialiste s'il connaît son secret. Elle se veut respectable et désire être respectée. Elle tait la vérité pour obtenir ce résultat. À lui de comprendre que, pas plus qu'une femme « bien » ne se donne au premier venu sous prétexte qu'il le lui demande, une alcoolique ne s'ouvre de son malheur au praticien qui l'interroge sans prendre le temps de savoir quelles sont ses intentions et ce qu'il pensera d'elle... après. À lui d'être patient et attentionné. Il y va de la survie de celle dont l'état de santé précaire lui fait craindre le pire et le pousse trop souvent à agir dans la précipitation et sans considération pour sa dignité de femme.

L'important n'est pas que l'alcoolique avoue sa faiblesse, mais qu'elle ne cherche pas le salut de son honneur dans la fuite. À la séduction par l'alcool il faut opposer celle de la rencontre interhumaine, ce qui est loin d'être évident.

Une affirmation troublante

Il ne faudrait pas croire que la tâche soit plus aisée lorsque la femme, généralement jeune dans cette conjoncture, annonce son alcoolisme presque sans y avoir été invitée. Qu'elle ait pris sur elle-même de venir ou qu'elle y ait été vivement incitée par son entourage, elle est plus pitoyable encore que son aînée qui se réfugie dans la dénégation. Tremblante à la fois de cette révélation et du manque d'alcool (elle a cessé d'en prendre quelques heures avant la consultation en gage de bonne volonté), elle « avoue » avec un mélange paradoxal de honte et de superbe qu'elle est une grande buveuse de whisky ou de vodka, mais aussi de bière ou de vin, blanc ou rosé plutôt que rouge. Elle énumère ses cures, ses postcures, ses chutes et ses rechutes, mais proclame aussi sa conviction que tout cela est fini.

Bien nippée et parfumée, maquillée pour cacher l'infiltration de son visage sous l'effet de l'alcool, malgré ou à cause de ses apprêts elle donne une vive impression de fragilité que souligne sa minceur d'intoxiquée anorexique. Elle sait qu'elle boit, à quoi bon le cacher, dit-elle, puisque de toute façon elle s'est arrêtée. Vient-elle demander du secours ou n'a-t-elle pu éviter de venir ? Offre-t-elle le spectacle de la repentie pour mieux nier l'utilité de la consultation ? Difficile de le savoir.

Prendre pour argent comptant l'aisance avec laquelle elle déballe les multiples aspects de sa déchéance et dévoile les ruses qu'elle déploie pour assouvir sa passion solitaire, c'est risquer de la blesser en se laissant fasciner, bouche bée devant autant d'humilité. Il faut l'arrêter à tout prix dans sa frénésie d'aveux. Si elle en dit trop, elle ne reviendra pas, honteuse à en mourir de s'être livrée sans retenue devant un étranger dès la première rencontre. Sa confession, dont l'authenticité ne fait pas de doute, est comme le vomissement incontrôlé d'une nausée insupportable. Dans son effort pour « tout dire », « tout sortir », elle souille son image de façon irréparable à ses yeux. Elle ne pourra plus reparaître devant celui qui maintenant la connaît sous son vrai jour, ou plutôt qui a eu malencontreusement accès à la face cachée de son personnage, sans avoir la pudeur de détourner la tête. La tentation de profiter de cette étonnante décharge de confidences pour en savoir plus encore doit être contrebattue avec énergie, ce qui n'est pas facile... Pour une fois qu'une alcoolique parle !

La patiente saura gré à celui qui aura su dominer sa curiosité (son voyeurisme) ; peut-être reviendra-t-elle. Lui prouver une capacité à ne pas abuser d'elle, de son angoisse, c'est ouvrir la voie à sa confiance. Résister à ses provocations qui s'alimentent à sa crainte d'être mal jugée, c'est lui offrir le respect dont elle manque tant et dont elle a tant besoin.

Entre ces extrêmes de la dénégation têtue et de l'aveu effréné, toutes les variantes sont possibles. Des vieilles alcooliques disent spontanément et sans vergogne leurs habitudes de gros rouge, tandis que des jeunes femmes déjà flétries et déformées par l'ascite affirment ne boire que de l'eau. Parfois c'est une crise excito-motrice à l'acmé d'un pugilat conjugal qui fait découvrir une intoxication soigneusement cachée par le couple. Ou bien c'est une quinquagénaire qui est retrouvée comateuse, bourrée de tranquillisants et de porto ; esseulée parce que les enfants ont grandi et sont partis de la maison et que le mari s'intéresse davantage à son travail qu'à sa femme ou l'a quittée pour une rivale plus jeune. Dévalorisée et honteuse d'être délaissée, elle tue le temps pour s'évader de ses journées interminables, et se tue à petit feu pour ne pas mourir d'ennui ; l'alcool est son dérivatif dont les médicaments renforcent l'effet.

Le secret des mauvaises rencontres

Jamais, quelles que soient les circonstances, la première rencontre avec une femme ou un homme alcoolique n'est naturelle. Que le thérapeute soit du même sexe ou non ne change rien. Les préjugés sont identiques chez tous. Nous vivons dans la même culture, nous avons des références identiques que nous véhiculons avec nous, au-delà des mots, à travers nos attitudes. La puissance des clichés est d'autant plus grande que, incrustés dans la trame de nos pensées, ils limitent et organisent notre vision du monde et nous rendent aveugles à toute autre perception, à moins d'un substantiel effort, toujours à refaire et souvent insuffisant.

Ceux qui boivent excessivement partagent les convictions de ceux qui arrivent à modérer leur consommation. Les uns comme les autres se font une représentation péjorative de l'alcoolique. Une rencontre sereine est impossible à moins qu'ils n'arrivent à s'arracher de la position, haute ou basse, dans laquelle les placent d'office les rôles qu'ils interprètent : celui qui boit est le mauvais, celui qui l'aide à s'arrêter est le bon, l'alcool est le traître. Cette distribution permet de jouer un mélodrame qui ne finit jamais, si ce n'est par une catastrophe. Pour aller sur la voie de la guérison, il convient de substituer à cette machinerie une répartition égalitaire des beaux et des mauvais rôles.

L'alcoolique est source de peine, il est aussi sujet souffrant. Au-delà du désordre qu'il sème et dont il se plaint comme les autres, il est aussi l'indicateur de ce qui ne doit pas se faire. Lui qui dépasse la limite nous apprend qu'il y a une limite à ne pas dépasser. Qu'on cesse de le considérer comme un individu abject, un vicieux, voire un malade, et la crainte se fait jour de voir le chaos s'installer. Le traiter comme un semblable, l'introduire dans la société des gens bien serait, pensons-nous, faire entrer le loup dans la bergerie et ouvrir la porte à tous les excès.

Alcooliques ou non, nous avons besoin de séparer l'ivraie du bon grain. Nous voulons des frontières claires. À l'intérieur résident nos frères, à l'extérieur vivent des étrangers suspects, des perturbateurs potentiels dont il faut se méfier et se défendre. Notre culture marche à l'alcool, et l'alcoolique y sert à baliser la limite entre la norme et l'anormal, entre le bien et le mal, entre le permis et le défendu. Ce système social, comme les autres, sécrète des individus dont la fonction est de faire respecter les règles qui permettent à l'ensemble de tourner à peu près correctement. Dans la mouvance de l'alcool, les uns, les alcooliers, fournissent le produit, la majorité le boivent de façon considérée comme « raisonnable », et les alcoologues et les alcooliques s'empoignent pour que chacun puisse prendre conscience de la nécessité de rester dans la limite des « trois verres », sinon gare aux dégâts... Dans ce montage, les alcooliques ne sont pas moins respectables que les autres. La vraie question n'est pas tant pourquoi ils boivent trop, mais pourquoi, nous tous, nous avons besoin d'alcool et d'alcooliques ? Quel est le secret qui justifie l'existence d'une alcoologie ?

C'est en interrogeant les alcooliques, plus directement concernés, que nous aurons le plus de chances d'approcher la vérité. À partir de la phrase clé des hommes « je bois comme tout le monde » et de l'affirmation des femmes « je ne bois pas », nous pourrons entrevoir la place de l'alcool entre ces deux sexes et dans l'économie psychique des femmes et des hommes, avant de découvrir que, placés différemment de part et d'autre du tonneau, ils sont cependant dans le même sac, en proie à la même souffrance. Au préalable, il convient toutefois d'examiner de plus près la notion d'alcoolisme. Sensiblement moins transparente qu'il n'y paraît de prime abord, elle se révèle riche d'enseignements, plus d'ailleurs par ce qu'elle laisse dans l'ombre que par ce qu'elle montre en pleine lumière. Qui se frotte aux alcooliques ne s'y pique pas nécessairement, mais risque fort le coup du mépris !

2

Alcoolisme : diagnostic ou jugement ?

Dérapages verbaux

Il y a quelques années, les médias de notre pays amplifièrent un étonnant débat lexical sur l'appellation qu'il convenait d'utiliser pour désigner les victimes du sida.

Monté au créneau parmi les premiers, M. Jean-Marie Le Pen en tenait pour le terme « sidaïque » et, n'étant pas à un néologisme près, se déclarait partisan, avec son acolyte le Dr Bachelot, de l'usage du « sidatorium » pour isoler, soigner et mettre hors d'état de nuire les sujets contaminés par le virus.

Cette intéressante (!) prise de position entraîna immédiatement un tollé de la part de ceux pour qui l'idéal de fraternité proclamé dans la devise de la République était incompatible avec une telle chirurgie sociale. Afin de marquer leur réprobation et de se démarquer de leurs adversaires politiques, ils attachèrent une grande importance à faire prévaloir le terme « sidéens » pour parler des patients concernés par l'épidémie naissante. « Après avoir pris de nombreux avis, y compris celui de l'Académie française, le Commissariat général de la langue française a retenu, parmi différentes propositions, le terme SIDÉEN, en sa séance du 25 novembre 1987 [1]. » Beaucoup ont considéré que ce choix indiquait que la volonté de solidarité l'emportait sur celle d'exclure.

En 1849, le Dr Magnus Huss, un médecin suédois, avait forgé le mot « alcoolisme », « désignant sous ce terme le commun dénominateur de cette pathologie si diverse dont l'alcool éthylique était l'agent pathogène univoque » (41). Jusqu'en 1885, comme le signale le *Petit Robert,* le mot est resté isolé. À partir de cette date, il a été assorti du substantif « alcoolique » afin de désigner ainsi la personne atteinte d'alcoolisme. Il n'y a pas eu de discussion publique sur cette option. Le vieil adjectif « alcoolique » (« qui contient de l'alcool ») a fait l'affaire sans qu'il ait paru nécessaire d'ameuter les foules.

Autres temps, autres mœurs ; à notre époque, où l'accent est mis sur la communication, même la grammaire se transforme en instrument politique et les problèmes de santé en enjeux politiciens. Provocantes, les prises de position du leader d'extrême droite pouvaient faire craindre que la détermination à entreprendre l'éradication énergique du virus ne soit accompagnée de l'exclusion, sinon de l'élimination, des porteurs de germes. Solution radicale, qui par les homonymies suggérées ne pouvait pas ne pas ramener en mémoire la sinistre « solution finale ».

L'appellation « sidaïque » n'aurait rien eu de particulièrement heurtant si elle n'avait été chargée d'un tel poids d'histoire... honteuse. Parce que l'équivoque était dans toutes les têtes, ces quelques semaines de jeux de mots au milieu d'apostrophes plus ou moins véhémentes démontrèrent de façon exemplaire, sinon caricaturale, l'importance des désignations comme véhicules idéologiques ou comme vecteurs de préjugés.

À cette occasion chacun put apprécier une vérité trop méconnue : toute dénotation s'accompagne d'une connotation qui situe immédiatement l'individu ou la chose nommée sur une échelle de valeurs

1. Renseignements aimablement fournis par Mme M.-N. Desbrosses, directeur du service du dictionnaire à l'Académie française.

quelque part entre le noble et l'ignoble, le pur et l'impur, le digne et l'indigne, etc. Dès l'énoncé du mot, un jugement est porté. Il nuance la neutralité du signifiant par une appréciation nichée dans les syllabes.

La dimension péjorative des « gros mots » est évidente. Celle que dissimulent parfois les mots savants est difficile à débusquer, tant le mythe de l'objectivité scientifique pèse lourd dans notre culture. Sous son couvert, particulièrement dans les sciences humaines, des intentions moralisatrices ou des prises de position normatives peuvent s'infiltrer dans les termes techniques. Dans ce contexte, la stigmatisation s'installe sans qu'il soit possible d'en prendre conscience ou de la dénoncer, car, collée aux mots, elle est prise dans la trame du discours. Cachée, elle envenime les discussions et empoisonne les relations. La science, que l'on voulait placer au-dessus de la mêlée, se retrouve au milieu d'un conflit qu'elle entretient d'ignorer. La précision technique qui devait affiner la compréhension devient source de malentendus, car, sous le vernis du néologisme docte, l'injure triviale n'est pas absente.

Glissements de sens

De L'Assommoir...

Le terme « alcoolique » témoigne typiquement de ce glissement de la désignation savante à la dénomination humiliante par le biais d'une surcharge idéologique latente, acquise discrètement au fil des années et qui explique pour une bonne part les difficultés de la première rencontre.

Déjà dans l'édition de 1863 du *Littré,* alors que l'alcoolique n'est pas encore officiellement né, on peut lire cette définition dont la neutralité est pour le moins discutable : « Alcoolisme : terme de médecine. Alcoolisme chronique, maladie caractérisée par une détérioration graduelle de la constitution et par des accidents nerveux ; elle s'observe surtout dans les pays froids où les travaux pénibles exigent l'emploi de boissons alcooliques de la part des ouvriers ; ce qui en conduit beaucoup à abuser de ces boissons » (33).

Nous savons aujourd'hui que l'alcool est plus nuisible qu'utile dans la lutte contre le froid, mais la référence à cette dernière comme cause de l'intoxication est dans la logique de l'époque. Elle s'inscrit dans la lignée de la tradition séculaire attribuant au produit une vertu réchauffante. Parce que le cordial brûle les lèvres et que le remontant embrase l'estomac, l'alcool qu'ils contiennent ne peut qu'avoir des propriétés calorifiques. De là à faire de sa consommation une exigence pour qui effectue des travaux pénibles, il y a une substantielle marge. Pourtant c'est sans hésitation que le dictionnaire prescrit l'utilisation du breuvage dans cette indication. L'audace de l'affirmation se complète en outre d'une belle tartuferie. Les conditions de travail justifient l'alcool, mais c'est l'ouvrier qui est responsable de son alcoolisme en abusant du remède !

La promotion d'une constatation banale (l'absorption d'alcool donne une sensation de chaleur) au rang de vérité scientifique est l'occasion de pousser les travailleurs à boire et en même temps de reléguer l'alcoolisme au rang de vice prolétarien. En quelques années, le mot fabriqué par le savant venu du froid et qui désignait une pathologie est devenu porteur d'un tout autre message.

L'Assommoir, paru en 1877, s'inscrit dans la lignée de cette pseudo-science et de ce moralisme partisan. Par exemple, Goujet, le forgeron décrit par Zola, a appris la sobriété à la suite du suicide de son père dans la prison, où il était incarcéré pour un meurtre commis « un jour d'ivresse furieuse ». Sa mère n'hésitant pas à lui rafraîchir la mémoire en le traînant devant le portrait de feu son géniteur quand par hasard, oublieux de la leçon, il se laissait aller à quelques excès. Grâce à cet événement tragique et à cette éducation, « Goujet ne buvait plus qu'à sa suffisance, sans haine pourtant contre le vin, car le vin est nécessaire à l'ouvrier » (50).

Le message est on ne peut plus clair : le travailleur doit boire pour accomplir sa tâche. Quelles que soient les intentions du romancier, son talent de peintre du petit peuple se trouve, de fait, au service de l'idéologie dominante dans la société industrielle naissante.

Le faire boire étant un excellent moyen pour tenir en main celui dont on veut profiter, après l'abolition de l'esclavage, définitivement acquise en France le 4 mars 1848, l'asservissement par l'alcool vient à point nommé pour assurer le relais dans l'exploitation de l'homme par l'homme. Le joug n'est plus officiel, il se fait discret, alléchant, dissimulé au fond de la bouteille prescrite, ici, à la classe ouvrière : « Arrachée de son milieu social et familial, cette classe ouvrière, transformée en machine à produire, n'a trouvé qu'une seule forme d'accueil, le débit de boisson, le seul endroit où l'homme pouvait chercher à oublier ses misères » (47). Il est à remarquer qu'à cette époque l'essor industriel s'accompagne d'une augmentation très importante de la production des boissons alcoolisées, comme si le système se mettait à fonctionner à l'alcool devenu le carburant de l'homme-machine. Au moment où les usines remplacent les cathédrales désertées par les masses laborieuses, le vin, cette boisson sacrée de la tradition chrétienne, se démocratise et se banalise, sa consommation se fait pluri-quotidienne. Boire est la nouvelle religion du peuple dont l'alliance n'a plus lieu à l'église avec le ciel, mais au cabaret entre damnés de la terre. En même temps que le travail se dégrade en labeur, l'usage de l'alcool perd partiellement son caractère festif. À l'estaminet, sous les apparences d'une convivialité bruyante, la célébration de l'alambic est au service de l'abêtissement collectif. « L'assommoir » n'a pas pour fonction de stimuler la créativité, l'esprit-de-vin y est consommé pour tuer l'esprit de l'homme, qui vide ses verres dans l'espoir de faire le vide dans ses pensées et qui détruit son cerveau à force de s'enivrer.

Dès sa description, le lien entre alcoolisme et condition ouvrière est immédiatement établi et admis. Très vite cependant il devient évident que la maladie s'observe dans les autres classes de la société. Par exemple, le Dr Grasset, dans une conférence prononcée en 1889 sur « l'alcoolisme insidieux et inconscient », se propose de parler « seulement de l'alcoolisme dans le monde, de l'alcoolisme en veston, en redingote ou en habit noir, voire même (vous me le pardonnerez, mesdames) de celui qui se cache sous la robe de la femme du monde » *(sic)* (20).

Dès l'aube du XXe siècle, personne n'ignore que l'abus d'alcool n'est pas l'apanage des masses laborieuses ; et pourtant, de nos jours encore, malgré son ubiquité, il reste relié à ses origines plébéiennes. Alors que l'adjectif « mondain » s'impose à qui veut parler de l'alcoolisme des classes aisées, dans le discours savant l'alcoolisme ouvrier est le prototype de tous les autres, l'adjonction du qualificatif ferait figure de pléonasme.

L'accent implicitement mis sur la spécificité prolétarienne de l'intoxication est lié à des préjugés qu'il contribue également à entretenir discrètement. De basse extraction, l'alcoolisme ne peut pas être une maladie noble. Cela entache son diagnostic éventuel d'une connotation de vulgarité, peu propice à une approche respectueuse.

Sans récuser l'intérêt et la valeur de l'étude sociologique de cette pathologie, sans nier le poids des facteurs économiques et des choix politiques dans la genèse et le développement de l'épidémie à partir des classes modestes, force est de reconnaître que l'habitude de référer tacitement aux milieux moins favorisés ce qui se retrouve dans tous les autres n'est pas totalement innocente. Maladie du peuple, l'alcoolisme a droit de cité, mais il n'a pas pignon sur rue. Toléré lorsqu'il ne dérange pas ou parce qu'il arrange, il est vilipendé dès qu'il sème la pagaille ou qu'il provoque des accidents. Fléau au même titre que le cancer ou les maladies cardio-vasculaires, il ne mérite pas la sollicitude des foules. Jamais de quêtes publiques afin d'obtenir des fonds pour lutter contre ses causes ; demander leur obole aux passants avec un tel projet serait incongru, pour ne pas dire provocant...

Il convient cependant de noter que le buveur excessif a échappé à une stigmatisation aussi cruelle que celle qui frappait le vénérien puni par sa maladie « honteuse ». La référence à la dureté du travail a au moins servi à cela. Celui qui s'adonne à l'alcool ne cherche pas seulement le plaisir ; il désire aussi soulager une souffrance ou accroître ses forces. À la différence du noceur qui n'a que ce qu'il mérite, l'ivrogne n'est pas totalement coupable de ce qui lui arrive. Malgré ses inconvénients, le présupposé qui rattache l'alcoolisme aux conditions d'existence a permis d'atténuer la sévérité du jugement porté sur le buveur excessif.

... à la dépendance

Nous sommes assez avares de commisération. Pour que notre générosité puisse s'exprimer sans réticence, il faut que les patients soient des victimes innocentes (le succès des téléthons organisés pour les maladies génétiques est à cet égard exemplaire). Les alcooliques sont trop suspects d'une certaine complaisance avec leur mal pour pouvoir bénéficier d'une sympathie sans réserve.

Notre appétit de justice est féroce. Nous prétendons à la fraternité, mais nous aimons plus encore nous ériger en censeurs des écarts de nos concitoyens par rapport à nos normes. Malgré les apports des sciences et le recul des explications magico-religieuses, le droit des malades à échapper au procès en responsabilité n'est qu'un droit de grâce dont nous usons avec parcimonie. Il n'y a d'absolution que pour celui dont le mal est indiscutablement indépendant de la volonté. Ce n'est pas le cas pour une maladie acquise à force de pousser la porte du bistrot. Dès lors, comment compatir à la souffrance du cirrhotique qui a malmené son foie sur le zinc ? Prévenu des risques, il n'a pas « attrapé » son atteinte hépatique, il a couru après !

Comment ne pas juger l'ivrogne déchu dans son intelligence et dans son apparence lorsque, pendant des années, il a négligé les conseils de tempérance, montrant son plaisir à boire et cachant sa détresse ? Il a eu ce qu'il méritait ! Cette pensée vient très facilement à l'esprit. Pour éviter qu'elle entraîne la tentation d'abandonner le coupable à son destin, pour s'obliger à le soigner sans trop d'hostilité, le bon Samaritain qui sommeille en chacun de nous a inventé la notion de manque de volonté. Grâce à cette pirouette explicative, l'inconduite délibérée du buveur impénitent se transforme en carence de sa volition. L'alcoolique cesse d'être un fautif pour devenir un faible incapable de se contrôler. Il est de notre devoir de l'aider, même si c'est en ronchonnant à la pensée du coût de l'opération pour la Sécurité sociale à laquelle nous cotisons (comme lui d'ailleurs !).

On ne dira jamais assez tout ce que cette théorie simpliste dissimule de mépris ni ce qu'elle autorise comme sadisme dans l'apostolat de l'abstinence. Elle provoque dans la société un clivage malsain entre ceux qui savent boire parce qu'ils savent se dominer et ceux qui, dominés par l'alcool, ne savent pas s'arrêter à temps. Les premiers sont forts, les autres sont faibles. Les premiers peuvent faire la leçon, les autres n'ont qu'à apprendre à bien se tenir.

En référant ainsi l'alcoolisme à une sorte de faiblesse de constitution, il devient paradoxal de continuer à le considérer comme caractéristique du travailleur de force. En outre, plus particulièrement sous l'influence de la pensée marxiste, le prolétariat a acquis un réel droit à la dignité. On ne pourrait plus écrire l'envolée de Michel Peter désireux, en 1903, de stigmatiser l'alcoolique mondain. « Si le souci, le chagrin, est la cause la plus fréquente de son alcoolisation, parce qu'étant plus instruit, plus affiné, il est plus sensible et qu'il souffre de peines morales inconnues de l'homme du peuple, plus grossier, il devrait être assez intelligent pour comprendre vite que boire ne console pas, au contraire ; or, et ceci prouve bien que l'alcoolisme est une maladie de la volonté, il ne réagit pas plus que son frère moins instruit... » (44).

Il a fallu innover pour conserver l'indispensable halo de mépris entourant le terme « alcoolique » et si nécessaire pour garder à distance... respectueuse celui que l'absence de contrôle de soi rend indigne de considération. Parce qu'il boit trop, il se tient trop mal pour que les gens raisonnables que nous sommes puissent le considérer comme un semblable, et pourtant c'est au nom de la fraternité que nous nous sentons obligés de lui venir en aide. Pour supporter ce paradoxe, il a fallu la coopération des alcoologues du monde entier.

La référence explicite à la condition ouvrière dans la genèse de l'intoxication ayant été supprimée, tout en étant maintenue dans les brumes des sous-entendus, la notion de manque de volonté, trop nettement moralisante, ayant été écartée, nous avons inventé le concept de dépendance grâce auquel, en paroles, l'alcoolique est considéré comme un semblable handicapé ayant droit à notre sollicitude, alors qu'en réalité il est aliéné par un mot qui transforme la relation d'aide qui lui est offerte en mainmise sur sa liberté.

Dans le droit fil des recommandations de l'Organisation mondiale de la santé, la dépendance est devenue le maître symptôme de l'alcoolisme, autour duquel se sont organisés le système de soins et la recherche. C'est ainsi que le docteur P. Fouquet, pionnier de l'alcoologie contemporaine, avait proposé en 1951 une définition qui reste encore une référence pour tous ceux qui peu ou prou sont concernés par le sujet : « Il y a alcoolisme lorsqu'un individu a, en fait, perdu la liberté de s'abstenir de boire » (17).

Depuis la Seconde Guerre mondiale, le statut de l'alcoolique est clairement défini. Ce n'est plus un pauvre travailleur, c'est un pauvre type ! Il n'est plus l'esclave du capital, il est celui d'une passion morbide liée à une tare personnelle. En un peu plus d'un siècle, le terme savant est devenu une injure. Cette dérive sémantique, capable de transformer une description anatomo-clinique en une appréciation péjorative, ne peut être acceptée comme une avancée scientifique. Au contraire, parce qu'elle atteint l'homme alcoolique dans sa dignité d'homme, elle lui apporte une raison supplémentaire de boire. Blessé par un diagnostic qui l'outrage, le buveur excessif le conteste régulièrement. Il se refuse à admettre ses problèmes de boisson et nie contre toute évidence l'importance de ses libations.

Grâce à cette opposition entre l'alcoolique et l'alcoologue qui fait foin de l'amour-propre de son client, le terrain est préparé pour que naisse un nouveau signe d'alcoolisme : la mauvaise foi. Non seulement l'alcoolique boit trop, mais en plus il ne l'admet pas, ce qui est proprement révoltant pour ceux qui se consacrent à le remettre dans le droit chemin de la sobriété, voire de l'abstinence.

De fait, débusquer la mauvaise foi de ces malades pas comme les autres a été et reste encore une des grandes préoccupations des soignants. Le dispositif thérapeutique s'organise autour de l'aveu. Il se fonde logiquement sur cette vérité que la reconnaissance de l'excès est un préalable indispensable pour y mettre fin ; mais trop souvent nous oublions que ce qui est décrit et vécu comme une faiblesse est source de honte et donc inavouable. La mise à la question du buveur empêche sa remise en question et le pousse même à boire davantage, par tristesse d'être incompris, par révolte d'être accusé et par vengeance de se sentir méprisé.

La connotation péjorative du terme « alcoolique » a transformé la relation d'aide en travail inquisitorial. Dès la première rencontre, la dénégation ou la minimisation deviennent inéluctables de la part de celle ou de celui qui reçoit le diagnostic comme une agression et l'amorce d'un rejet. Ils sont prêts à beaucoup pour ne pas être catalogués comme des individus appartenant à la lie de la société des gens bien qui, eux, savent boire correctement.

Toutes les cartes étant biaisées, nous offrons aux alcooliques une invraisemblable partie de poker menteur. Celle ou celui qui refuse d'avouer qu'il boit trop est considéré comme un alcoolique sous ce prétexte qu'il ne se reconnaît pas coupable des excès qui lui sont imputés ! Où la spontanéité d'une rencontre sans arrière-pensées aurait été nécessaire, c'est le soupçon de l'alcoologue qui affronte la défiance de l'alcoolique en un combat pénible dont l'objectif thérapeutique officiel est vite perdu de vue par les deux partenaires devenus adversaires. Dans cette ambiance où le désir de vaincre l'emporte sur celui de (se) soigner, nul doute que l'échec est souvent au rendez-vous, d'autant plus dramatique que, non exceptionnellement, il y aura mort d'homme.

La souffrance de celui qui boit trop est réelle (quelle que soit par ailleurs la peine qu'il inflige à son entourage, de façon souvent cruelle et répréhensible) ; elle est mixte : il boit trop parce qu'il souffre, il souffre parce qu'il boit trop ; et, surtout, elle est soigneusement dissimulée, car vécue dans la honte.

Ajouter à la gêne du buveur l'humiliation du label « alcoolique » accroît son sentiment d'infériorité et le pousse au mensonge. Faute d'un respect suffisant pour celui qui a trébuché sous le poids d'un respect humain excessif, l'alcoologie a pris une orientation désastreuse.

Elle s'est muée en instrument d'appréciation de la valeur humaine, oubliant que là où réside le jugement ne peut siéger le soin. Dès lors, l'habitude et l'entraînement tiennent lieu d'explications, la biologie est appelée à la rescousse pour trouver les causes de la faiblesse, tandis que le déni des excès par celui qui les commet interdit l'exploration de causes plus intimes.

Propos mensongers : relations empoisonnées

La chasse à l'humain

Celui qui boit trop a toujours des raisons de le faire. Qu'elles soient bonnes ou mauvaises ne concerne pas le thérapeute dans l'exercice de ses fonctions. Il est, en revanche, indispensable qu'il les connaisse et donc qu'elles puissent être exprimées sans réticence. L'alcoolique est un expert en mépris. Hypersensible à l'appréciation des autres, il a un flair remarquable pour dépister le dédain et plonge son nez dans le verre dès qu'il sent qu'il y a du jugement dans l'air.

Être quelqu'un de bien, sûr et maître de lui est le rêve inaccessible du buveur excessif qui ne trouve son bien-être que dans l'alcool. Écrasé par un idéal de perfection, il ne supporte pas la moindre de ses défaillances. Incapable de s'accepter comme un homme normal, avec ses limites et ses faiblesses, il préfère rouler dans le ruisseau, accablé par sa vilenie et abruti par l'ivresse chargée de l'atténuer, plutôt que de mettre de l'eau dans son vin en renonçant à son modèle de surhomme totalement inhumain.

En dehors des mélancoliques, je ne connais pas beaucoup de juges plus terribles pour eux-mêmes que les alcooliques et les conjoints d'alcooliques. Unis pour le pire, ils vivent l'enfer au quotidien faute de se pardonner de n'être pas des anges. Malheureusement, au lieu de savoir plaider la souffrance de ces gens et de leur apporter le réconfort de sa compréhension, la science alcoologique, trompée par les apparences et contaminée par l'opinion publique, s'est laissé attirer dans le camp des accusateurs.

Délaissant clandestinement et à son insu la robe de l'avocat pour la toge du procureur, l'alcoologue d'aujourd'hui fait des cadeaux empoisonnés à ceux qu'il a mission d'aider. Il leur offre deux vocables malsains : la dépendance et la mauvaise foi. Dire la vérité sur ses imperfections n'est possible qu'en ayant la conviction du respect de son confident et la certitude de conserver son estime après s'être mis à table. Si à la honte qui fait boire s'ajoute la honte de boire, le buveur ne peut pas parler de son attirance pour l'alcool et de ce qui la motive. Condamné à se taire sur sa passion, il n'a qu'à la vivre jusqu'à ce que mort s'ensuive, exposé à la réprobation générale sur le pilori d'un diagnostic humiliant.

Au lieu de s'ouvrir comme un espace de parole, le champ alcoologique s'est transformé en enclos où la commisération laisse place à la traque. Là se rencontrent celui que son orgueil empêche de parler et celui à qui son orgueil interdit d'entendre. À cette occasion, alcoolique ou alcoologue, nous sommes complices malgré nous dans un non-dit désastreux. Nous nous accordons pour occulter ce que nous avons en commun et qui pourtant nous sépare, le narcissisme, avec son lot de vanité et de méchanceté. Nous avons beau faire, nous sommes des jaloux impénitents.

Limité par nature mais capable d'imaginer l'illimité, l'homme se gargarise de sa grandeur pour mieux cacher sa petitesse et s'imposer aux autres ; à moins que, trop conscient de sa médiocrité pour pouvoir s'illusionner, il ne boive pour retrouver sa morgue et rabaisser ceux qui l'entourent en leur montrant par ses turpitudes que, semblables à lui, ils ne valent pas grand-chose.

En chacun de nous l'écart qui sépare l'ange de la bête, cette déchirure brûlante où gît notre conscience d'être, est pour notre amour-propre le lieu d'une douleur exquise, le repaire secret dans lequel nous mesurons inlassablement notre valeur. À l'abri dans cet enfer délicieux, nous ouvrons l'œil. D'un regard torve nous épions nos semblables pour nous situer par rapport à eux. Juge et partie, nous soupesons leurs faits et gestes en les comparant aux nôtres, trichant si besoin pour mieux les dénigrer et nous rehausser d'autant. Dans le même temps, nous essayons de deviner comment ils nous apprécient, tout en cherchant à dissimuler nos faiblesses afin d'esquiver leur propre critique.

Parce que nous marchons à l'estime, estime de soi, estime des autres, nous sommes condamnés au tribunal à perpétuité. Simultanément inculpés et témoins, avocats et procureurs, confondant tous les rôles, nous vivons au jugé, inaptes à nous abstenir de condamner, tant l'innocence nous est étrangère.

Avec sagesse, la tradition associe l'amour et l'eau fraîche. Elle a compris que seul l'éblouissement amoureux rend aveugle sur les défauts de l'élu(e). À l'inverse, lorsque la haine et la mésestime sont au rendez-vous, mettre du vin à la place de l'eau est un moyen efficace pour troubler le jugement. Grâce à l'artifice, la conscience obscurcie est moins sensible aux imperfections, tandis que l'esprit, grisé, découvre la bienveillance.

Pour son malheur, l'homme sait qu'il a des limites. Narcisse au petit pied, son drame est de ne pouvoir se satisfaire de sa seule admiration. Pour être sûr de lui, il a besoin de l'appréciation de ses semblables, bien que son manque d'assurance lui fasse appréhender leur jugement. Il désire un verdict de clémence, mais, connaissant sa propre dureté de cœur, il redoute que les faiblesses qui l'obligent à solliciter l'avis de ses pairs ne lui soient pas pardonnées. Nous sommes tous (plus ou moins) concernés par ce jeu de cache-cache dans lequel la volonté de savoir est contrée par la peur de la vérité. La demande d'estime qui le sous-tend n'y est que l'avatar d'une demande d'amour, d'autant plus pressante qu'elle est plus incertaine d'être entendue.

Comment être aimé sincèrement sans se montrer sous son vrai jour ? Mais comment être aimable lorsque les défauts sont en pleine lumière ? Ce douloureux dilemme, qui nous rend si timides dans nos relations, peut trouver un certain apaisement dans la boisson. En effet, l'alcool permet de se moquer de l'opinion d'autrui. En altérant la conscience, l'ivresse apporte l'euphorie. Les perceptions y sont atténuées, le monde paraît moins dangereux et l'imagination morbide perd de sa férocité. Plein d'alcool, le buveur voit disparaître ses complexes, il se sent bien. « Rond »..., il ne laisse aucune prise à la souffrance, il ne se rend plus compte de rien, pas même que sa conduite lui fait courir le risque de devenir la risée de ceux qui peuvent vivre en s'abstenant de s'enivrer ou qui le font boire afin de mieux le dominer. Piégé par la solution qu'il a trouvée, celui qui a bu pour éviter les quolibets de son entourage risque d'être obligé de ne pas dessoûler s'il ne veut pas entendre leurs sarcasmes lorsqu'il titube.

La vraie dépendance est celle qui nous lie les uns aux autres ; quant à la mauvaise foi, elle est sans conteste partagée par tous, buveurs ou non buveurs. L'alcoologie a élaboré une clinique indigente pour avoir oublié qu'avant d'être fraternelle la relation à l'autre se vit dans la rivalité. Au nom de la science et pour sauver la solidarité, elle a enfoui la haine qui altère la fraternité en la recouvrant de la pseudo-neutralité de bonnes paroles savantes, et dissimulé la rivalité sous le manteau de la dépendance. Cette erreur a permis au refoulement de régner en maître. Il a aigri les rapports et perverti les conduites, d'autant plus sûrement que l'alcool, habituellement partagé pour sceller une amitié, est devenu l'enjeu d'une compétition entre celui qui voudrait le boire et ceux qui désirent le lui confisquer... pour son bien.

Aujourd'hui, tous les ingrédients sont réunis pour que l'hostilité s'installe entre ces deux-là : l'alcoologue qui méprise l'alcoolique de ne pouvoir se contrôler et l'alcoolique qui trouve l'alcoologue puant de vouloir lui apprendre à vivre. Ni l'un ni l'autre ne peuvent prendre vraiment conscience de ces affects négatifs, faute de pouvoir en parler, faute de mots pour les dire. Alors, sous les apparences trompeuses d'une commune volonté d'aboutir à la guérison de la « maladie », le tenant de l'excès et l'expert en sobriété se livrent à un duel à fleurets non mouchetés pour mieux mesurer leurs limites respectives et s'imposer mutuellement leur loi. Le premier dépasse les bornes que l'autre n'ose pas franchir, et tous deux ferraillent à qui mieux mieux dans le désir de vaincre, à défaut de convaincre. L'inconduite du buveur dérange le soignant qui l'agace de ses conseils, le provoquant ainsi à boire encore plus par peur, par bravade et pour ne pas céder. Dans cet affrontement celui qui boit peut aller jusqu'à la mort : en le privant de sa guérison, il évite de servir de faire-valoir au bon apôtre qui s'efforce de l'empêcher de se détruire.

Cette vision des choses peut sembler exagérément pessimiste et relever d'une volonté de dénigrement systématique. Il n'en est rien. Tout le monde sait que les conséquences de l'alcoolisme sont graves, et il ne servirait à rien de noircir un tableau déjà fort sombre. Il serait malhonnête de dramatiser les faits et inconvenant de calomnier ceux qui, nombreux, se débattent avec dévouement pour lutter contre le fléau.

L'impression désagréable d'outrance est en rapport avec l'élargissement de la perspective. Si l'attention est moins focalisée sur le seul alcoolique, il devient possible de le sortir de la position de bouc émissaire dans laquelle il se place et où nous le maintenons. Du même coup, nous perdons sans joie ce qu'il gagne en humanité, mais nous pouvons admettre que plus grande est notre humilité à son égard, moins nous l'humilions et moins il a de raisons de continuer à boire. Respecter l'alcoolique est aussi indispensable que difficile.

Son aptitude à flatter notre orgueil par l'exhibition de sa bassesse en fait un résonateur puissant de nos secrètes recherches de satisfactions narcissiques. L'évidente noirceur d'âme de ce sans-cœur, uniquement préoccupé d'assouvir sa passion dégradante, camoufle remarquablement sa candeur et sa soif de tendresse ; aussi, sans trop d'hésitation, nous l'en supposons démuni. Il offre un portrait si caricatural de l'humain qu'il nous est impossible de nous reconnaître en lui. Miroir déformant, il enjolive notre image en gardant à son compte tout ce que nous n'aimons pas en nous et que nous trouvons facilement chez lui. Il est le négatif à partir duquel nous pouvons tirer une photographie de nous assez bien retouchée pour que notre valeur ne fasse aucun doute. Bref, il est laid, nous sommes beaux, voilà toute la différence, celle à laquelle il est difficile de renoncer.

L'ivresse ignorée

Tant que le discours scientifique servira à tenir l'alcoolique avec des pincettes pour ne pas salir une certaine idée de la grandeur de l'homme, il sera inopérant. L'alcoologue partage la même illusion que son client. Il rêve d'un humain parfait, sans faiblesse, et il se collette avec un spécialiste de la défaillance pour mieux se rassurer sur sa propre force. La valse de mort qu'ils dansent tous deux autour de la bouteille leur sert à vérifier qu'il est indispensable d'être maître de soi pour éviter de graves ennuis. Retrouver la neutralité nécessaire à l'efficacité thérapeutique impliquerait de renoncer au mythe volontariste qui imprègne la pensée alcoologique depuis son origine. Voir dans l'alcoolisme la conséquence d'un manque d'hygiène alimentaire, rattacher l'abus au manque de volonté ou encore subsumer les deux hypothèses dans le concept de dépendance, c'est toujours croire à une même chimère : la possibilité d'être plus fort que l'alcool grâce à la volonté. Cette erreur, qui réduit le fait de boire excessivement à une simple question quantitative en faisant totalement l'impasse sur la question de l'ivresse, engage tous ceux qui sont concernés dans une voie sans issue.

Le désir de s'enivrer est au centre des conduites d'alcoolisation excessive, et il est regrettable de se contenter de les considérer comme des (mauvaises) habitudes. La non-prise en compte de la recherche de l'ébriété qui résulte de cette perspective limitée est à l'origine de bien des échecs. Par définition, l'ivresse est perte du contrôle de soi, c'est cela que désire celui qui se saoule. Tabler sur sa bonne volonté pour qu'il se mette à boire raisonnablement traduit une totale incompréhension de l'enjeu et, en outre, place le buveur dans une situation folle. Pour lui, boire, c'est boire trop, afin de ressentir les effets de l'alcool. La sobriété n'a aucun intérêt, il ne peut même pas la concevoir. Dès lors le malentendu est complet. Le discours qui prône la modération le fait au nom de la santé physique et du savoir-vivre, il ne dit rien des effets agréables de l'alcool, mais insiste lourdement sur les conséquences désastreuses de la consommation excessive. La publicité, de son côté, offre une vision *soft* et brillante de la convivialité favorisée par l'alcool. Il y est passé sous silence, mais largement montré, que l'aisance dans les relations visualisée dans les clips correspond à la levée des inhibitions provoquée par l'alcool. Seule une phrase terne en petits caractères vient légalement jouer les rabat-joie en énonçant la nécessité de ne pas abuser des bonnes choses.

Un véritable consensus censure l'idée d'une ivresse désirée. Elle ne peut être qu'un accident inopiné, et non l'objectif à atteindre coûte que coûte. Cette façon de présenter les faits est dangereuse, car grâce à elle peut germer le concept absurde d'une ivresse contrôlable. Dans ce contexte, celui pour qui boire « normalement » s'accompagne obligatoirement d'un certain degré d'ébriété est amené à supposer que les gens « normaux » peuvent « tenir » l'alcool au lieu d'être débordés par lui. Il s'imagine que la volonté leur permet d'être plus forts que l'alcool, alors qu'ils ne font que s'abstenir de s'enivrer. Vexé de son insuffisance supposée, désireux d'être comme tout le monde, il boit et reboit en essayant de dominer l'ivresse qui l'envahit dans l'espoir de contrôler l'incontrôlable perte de contrôle qu'il aime se procurer. Toujours étonné d'échouer dans cette tâche impossible, toujours prêt à recommencer après l'échec, il s'épuise et nous épuise dans ce défi paradoxal. Verre après verre, de beuverie en beuverie, il poursuit sa quête absurde d'une victoire sur l'alcool jusqu'à la déroute finale.

Entre le « pas assez » de ceux qui limitent leur consommation pour ne pas être à la merci de l'alcool et le « trop » de ceux qui jouissent d'être enivrés, la marge est imprécise. C'est un presque rien aussi peu perceptible que la nuance qui permet de distinguer un verre à moitié vide d'un verre à moitié plein. C'est une différence insignifiante lorsqu'elle est référée à une quantité d'alcool, c'est une nuance significative lorsqu'elle est comprise comme ce qui oppose le refus d'être dépossédé de soi au désir de l'être.

Si l'abus de boisson de l'alcoolique n'est pas perçu comme le résultat d'une envie d'être autre que celui qu'il est à jeun, sa soif ne peut être comprise que comme un dérèglement de la volonté... Qu'elle soit surtout soif de reconnaissance et d'amour échappe totalement.

L'alcoolique n'est ni un gourmand ni un désobéissant, c'est un complexé. Il ne transgresse que pour mieux se sentir dans la norme. Les aides qui lui sont apportées, les conseils qui lui sont prodigués ne peuvent être efficaces s'ils ne tiennent pas assez compte de cette volonté de boire trop, plus forte que la crainte de la maladie ou que la peur du gendarme. Enseigner l'hygiène alimentaire au buveur excessif, lui expliquer que pour prolonger sa vie il doit être sobre est notoirement insuffisant dès lors que, mal dans sa peau, il utilise l'alcool pour survivre au milieu des autres.

Il est urgent que cessent le mensonge et l'hypocrisie d'un discours qui réduit l'alcoolisme aux conséquences médico-sociales de l'excès. Centré sur les abus, il sert à éviter le questionnement sur les us. Il n'y a pas que l'alcoolique à être concerné par l'alcool, nous le sommes tous. On le sert partout : à table, au café, dans les fêtes, aux buvettes... Boire ou s'abstenir, offrir à boire ou empêcher de boire, prendre de l'alcool ou des jus de fruits sont des choix qui engagent chacun de nous, et nos réponses aux sollicitations nous situent par rapport à l'alcool et vis-à-vis de nos concitoyens. Pour tenter de comprendre quelque chose à l'alcoolisme, il ne suffit pas de s'interroger sur les motivations de l'alcoolique, sa structure psychique ou ses particularités biologiques ; il convient de s'enquérir également de nos relations avec lui et des tiraillements qui se font jour entre les personnes dès que l'alcool est présent.

Ce n'est pas le rat de laboratoire rendu artificiellement dépendant qui nous apprendra tout ce qu'il y a de désespoir, de colère et d'impuissance, mais aussi d'orgueil et de démesure, non seulement chez celui qui exaspère ou terrorise par ses cuites, mais également chez ses partenaires habituels : parents, conjoints, enfants, policiers, juges, médecins, anciens buveurs, assistantes sociales, etc. Il est inadéquat de se cantonner dans la perspective étroite d'un trouble individuel rattaché à quelque faiblesse plus ou moins constitutionnelle, voire héréditaire pour certains ! Isolé au nom d'un hypothétique handicap, celui qui est désigné comme alcoolique n'a plus qu'à le rester en buvant à la santé de sa tare supposée et pour se consoler de l'avoir. Dire alors qu'il fait trinquer les autres est une formule populaire parfaitement éculée. Elle a cependant le mérite de rappeler une évidence : l'alcoolisme ne concerne jamais une seule personne.

L'alcool accusé

Dans une maladie créée de toutes pièces par l'homme et pour l'homme exclusivement, il est totalement surréaliste d'omettre les humains qui entourent le buveur. Que le savant dissèque les cellules hépatiques, qu'il étudie les modifications du métabolisme sous l'effet de l'alcool est tout à fait utile, mais ce n'est pas l'essentiel. L'essentiel est de savoir à quoi nous jouons avec ce produit qui ne nous est en principe absolument pas nécessaire pour vivre et qui souvent nous complique sérieusement l'existence.

L'alcool ne laisse personne indifférent et son abus déclenche les passions : celles du consommateur emporté par son ivresse, celles des témoins malmenés et scandalisés par ses outrances dès qu'elles cessent de les faire rire. On le sait depuis Dionysos, l'alcool est source de désordre. Psychotrope actif, il dérange l'esprit de celui qui l'absorbe et modifie son comportement au point de semer la pagaille autour de lui. Perturbé, le buveur excessif est un perturbateur. La confusion qui règne dans son cerveau est contagieuse. Si un seul boit, tous s'excitent alentour. Celui qui est grisé donne le vertige aux autres ; comme lui, ils n'arrivent plus à distinguer les valeurs, les limites et les rôles. Sage ou démoniaque, abruti ou déchaîné, pitoyable et haïssable, l'alcoolique est déroutant, il fait perdre la tête à ceux qui s'intéressent à lui. Mal à l'aise, ils agissent de façon inadaptée et contribuent sans s'en rendre compte à rendre inextricable une situation souvent compliquée.

La prise de conscience que l'alcoolique n'est pas seul à l'origine de sa maladie et des malheurs qui l'accompagnent entraîne assez généralement une mise en accusation de l'alcool, plus facile à accepter qu'une remise en cause du collectif social ou du groupe familial. Il est vrai que c'est un produit extraordinaire, dont les usages sont variés, même si on se limite à le considérer comme constituant de certaines boissons.

Consommé pour le plaisir, il permet de faire la fête. En réduisant les distances par la familiarité qu'il suscite, il favorise les rapprochements, les barrières sociales s'estompent et la promiscuité sexuelle est plus facile.

Utilisé comme médicament, il atténue la souffrance d'une trop grande lucidité par rapport à des travers intimes ou des situations affectivement ou matériellement pénibles. Il permet de supporter la réalité, mais fait naître le risque de recourir au moindre souci à ses vertus anesthésiantes.

Absorbé comme une drogue, il autorise l'évasion de cette même réalité avec le grave inconvénient de perte du contrôle de la situation dans une fuite en avant mortifère qui s'auto-entretient des désastres qu'elle provoque et qui la rendent plus nécessaire et plus dangereuse.

Refusé comme poison, il est l'ennemi juré de tous ceux qui voient leur salut dans la clarté d'esprit. L'ordre, le refus du laisser-aller, alias la maîtrise de soi, sont les valeurs qu'ils défendent, confondant parfois rigueur et rigidité, sang-froid et frigidité.

L'alcool n'est pas un bon ou un mauvais produit, seul son mésusage peut créer des problèmes. S'il existe des sociétés prohibitives où il est quasiment absent, comme celles dans lesquelles l'islam domine, chez nous l'interdiction ne peut être sérieusement envisagée comme moyen de prévention. Elle a fait long feu aux États-Unis, et le bon vieux principe « pas d'alcool, pas d'alcoolisme » ne peut constituer la base d'un projet thérapeutique digne de ce nom. « Il faut se méfier des formules lapidaires, et de celle-ci en particulier, car le pendant obligé de la phrase : "Pas d'alcool, pas d'alcoolisme", c'est : "Pas d'alcoolique, pas d'alcoolisme." Une telle formulation, celle qui guide les soins, réalise implicitement le meurtre du sujet alcoolique. Il n'est pas entendu en tant que tel, il devient l'objet de la sollicitude thérapeutique. Sournoisement se glisse le risque que le désir de l'alcoolique ne soit pas entendu, lui interdisant à tout jamais de se situer par rapport à lui » (7).

Pas plus que l'alcoolique ne doit être traité en coupable ou en paria, l'alcool ne peut être le bouc émissaire de ce qui ne va pas dans notre société. Le mouvement de bascule qui met en première ligne la boisson plutôt que le buveur ne sort pas l'alcoologie de son impasse. Elle reste bloquée dans une perspective bipolaire et isole artificiellement le sujet qui boit et son objet d'élection sans tenir compte de ce qui se passe autour d'eux.

L'incrimination de l'alcool permet, il est vrai, d'être moins sévère pour le buveur. Ce n'est plus un ivrogne vicieux, ce n'est plus un faible, c'est la victime d'un breuvage maléfique. Partiel, ce type d'explication reste surtout très partial, dans la mesure où les autres acteurs ne sont même pas appelés à témoigner. Le duo alcoolique-alcool doit être étudié, c'est évident, mais il est indispensable de s'intéresser également au chœur des divers intervenants qui s'agitent sur la scène du drame et à ceux qui, plus discrets encore, tirent les ficelles en coulisse.

L'alcool joue un rôle, son rôle d'objet convoité ou repoussé. Il a une action particulière, celle de modifier les comportements, mais, s'il n'est pas dénué d'effets spéciaux, il est totalement passif dans l'élaboration de la mise en scène. Les gens qui se l'offrent, se le disputent, le boivent ou le cachent, sont aussi importants que lui. Ce sont eux qui ont les partitions et orchestrent les relations, eux qui fabriquent activement l'alcoolisme.

L'alcoolique expulsé

Quand l'alcool fait problème, ceux qui le vénèrent et ceux qui le détestent, tous sont impliqués. Victimes ou bourreaux, victimes et bourreaux, ils sont complices, unis et déchirés par l'alcool. Qu'ils l'absorbent avec frénésie ou qu'ils crachent dessus, ils n'arrivent pas à s'en détacher, il est l'amer piment de leurs existences. La dépendance n'est pas le fait d'un seul, elle est collective lorsque cet alcool, ami de toutes les fêtes, se transforme en ennemi qui empoisonne le corps de certains et la vie des autres. L'idée vient alors (quoi de plus normal ?) de mettre le trouble-fête hors d'état de nuire. Dans notre pays, c'est généralement l'alcoolique qui est expulsé. Sacrifié sur l'autel de l'alcoolisation nationale grâce à laquelle nous demeurons parmi les premiers buveurs du monde, il est sommé d'aller chez les alcoologues afin de subir une cure de désintoxication. Condamné à l'eau à vie, il est mis à l'écart des gens « normaux » qui ont su se soumettre à la règle devenue célèbre : « Un verre, ça va, trois verres, bonjour les dégâts », ou qui sont assez habiles pour ne pas se faire remarquer.

Le problème posé aujourd'hui en France à l'alcoologie pourrait être énoncé de la façon suivante : comment vaincre l'alcoolisme tout en gardant l'alcool et sans rejeter l'alcoolique ? L'alcoolisme ne peut sévir qu'avec la complicité de chacun de nous. Ce n'est pas une maladie qui vient d'ailleurs, nous sommes nous-mêmes à l'origine de la pandémie et nous l'entretenons. Si nous ne sommes pas tous atteints, nous sommes tous porteurs de germes. Accepter ce point de vue permettrait à l'alcoolique de ne plus être un ilote dans la république des bons buveurs. Réintégré dans sa dignité de citoyen à part entière, il pourrait nous offrir la surprise de cesser de boire avec excès, son désir de reconnaissance étant pris en compte malgré son art pour le camoufler.

Dans un pays où tout le monde boit, celui qui boit trop ne doit plus être considéré comme un mauvais sujet, (inconsciemment ?) renié au nom de sa différence de comportement, mais comme un semblable qui exagère. Son exagération n'est perçue que comme dépassement d'une norme, pourtant elle est aussi le soulignage des penchants intimes de chacun. Plus qu'un étranger qui heurte notre xénophobie spontanée, l'alcoolique est un révélateur de nos limites et de la fascination qu'elles exercent sur nous. Être excessif, il grossit des traits que nous avons en commun avec lui. Il montre de façon outrancière à quoi sert l'alcool et ce qu'il provoque. Comme toutes les bonnes caricatures, il est un portrait hurlant de vérité, tellement que nous n'osons pas entendre son message ni nous reconnaître en lui. Nous décrétons que c'est un monstre qui n'a rien à voir avec nous : un alcoolique, quoi !

Chez tout le monde l'alcool noie le chagrin, apaise la douleur, efface les mauvais souvenirs et chasse les peurs. Là où il y a beaucoup d'alcool, il y a beaucoup de chagrin, de douleur, de mauvais souvenirs et de peurs. L'alcoolique n'est pas fou ; s'il boit déraisonnablement au point de jouer avec sa vie et celles des autres, c'est pour soulager sa peine. Preuve encore vivante pour un temps des méfaits de l'alcool, il est aussi le témoin de ses effets bienfaisants, ceux que nous cherchons à obtenir en buvant. Il est un indiscret, et cela ne lui est pas pardonné. Source de gêne, ce consommateur goulu est un indicateur de souffrance : la sienne, la nôtre également. Comme tous les indics, il a mauvaise presse. Jouant sur les deux tableaux du normal et de l'anormal, tantôt correct à jeun, tantôt insupportable lorsqu'il a bu, il est le tricheur peu fréquentable qui livre sur la place publique les secrets dont l'humanité a honte et qu'elle croyait bien dissimulés par la course au paraître dont elle fait son activité principale.

Boit-sans-soif déchu, l'alcoolique interpelle sans vergogne notre soif de considération. Le clochard est une insulte pour le bourgeois qui ne supporte pas sa familiarité répugnante, et l'ascète indispose le poivrot par son comportement qu'il trouve trop mesuré. Semblables, nous ne sommes pas indifférents à la différence, car elle nous fait toucher du doigt le manque à être, qui est notre lot commun si pénible à accepter.

L'alcoolique est l'incarnation tragique du désespoir de l'homme anéanti par le jugement sans complaisance qu'il porte sur l'homme. Plus que de l'alcool, il est dépendant de l'amour-propre, celui qui tient lieu d'amour lorsque la volonté de séduire l'emporte sur celle d'aimer et que la peur de déplaire est plus forte que le désir d'être aimé. Il est le raté dans un monde où Narcisse supplante Éros, celui que l'on montre du doigt afin de mieux s'en démarquer. À moins qu'on ne l'ignore purement et simplement.

L'alcoologue ne sait pas bien préserver sa science de la dérision que lui inspire le buveur excessif. L'alcoologie, avec ses grilles d'évaluation qui permettent de faire le diagnostic à la tête du client, avec son arsenal de dosages chimiques variés, par sa prétention à l'objectivité, a réussi à escamoter le sujet alcoolique pour n'étudier que son alcoolisme.

On ne souhaite pas voir l'alcoolique ; de son côté, il se cache. La rencontre est impossible si personne ne fait le premier pas. Le buveur est découragé de s'adresser à des gens qui ne l'écoutent pas, et ces derniers ne peuvent pas s'intéresser à ses propos, car ils sont lassés jusqu'à l'écœurement de son discours rendu insipide par la peur de se trahir en parlant. De part et d'autre, c'est l'évitement, et l'alcoolique se retrouve au centre d'un vide. Physiquement présent, il n'existe pas réellement pour son thérapeute, qui préfère donner sa confiance aux certitudes trompeuses des examens de laboratoire plutôt que de se fier aux tromperies certaines de ce client pas comme les autres. Entre eux la communication est interrompue.

L'alcoolique et les mots

L'alcoolique n'a pas de parole et les mots le désertent. Parce que son discours est affadi par ses banalités ou falsifié par ses mensonges, il n'est pas écouté. Il ne lui reste que les gestes et les actes pour se faire comprendre, ou l'alcool pour délier sa langue. Il lève le coude en échangeant des tournées avec les copains de bistrot dont les plaisanteries oiseuses tiennent lieu de conversation. Il fait le coup de poing avec les forces de l'ordre chargées de le réduire au silence lorsque, éméché, il sort de sa réserve pour vociférer sa rage d'humilié et sa solitude d'exclu.

Il a fallu attendre 1959 pour qu'un psychanalyste, J. Clavreul, dans un texte fameux intitulé *La parole de l'alcoolique,* s'interroge sur le silence de ce patient. En partant de la réflexion de ses collègues, « les alcooliques, ça ne me dit rien », il a réussi le premier à faire un brin de lumière sur cette conspiration du silence d'autant plus difficile à déjouer qu'elle nous concerne tous. « Il est tout à fait clair, écrivait-il, que c'est la subjectivité du groupe social, son attitude non seulement devant les alcooliques, mais surtout devant les membres défaillants, alcooliques ou non, de ce groupe, qui jouent le rôle le plus déterminant sur la fréquence et la forme de l'alcoolisme » (10).

Même s'il reste surtout attaché à découvrir ce qui chez l'alcoolique donne sens à sa conduite, Clavreul, par son coup de projecteur du côté des thérapeutes, a fait émerger la profondeur de leur contre-transfert. « Les alcooliques, ça ne me dit rien. »... Tout est dit !

Parce que l'alcoolique ne nous plaît pas, nous ne lui parlons pas. Parce qu'il se tait, il ne nous attire pas. Parce qu'il ne se sent pas séduisant, il n'ose pas parler. Dans cette chaîne d'interactions circulaires gît l'essentiel du mystère de sa maladie, et surtout de sa pérennisation, malgré les efforts de tous pour la faire cesser.

L'aide que les soignants veulent apporter aux buveurs est contrariée par la répulsion que ces derniers provoquent. L'approche thérapeutique recouvre en fait un véritable vide sanitaire qui la stérilise. En alcoologie, plus souvent qu'à son tour, le baiser au lépreux est un baiser de Judas malgré la bonne volonté consciente affichée par les intervenants. Personne ne peut ni ne doit être accusé. La répugnance ne se commande pas, mais elle doit être reconnue afin que l'on puisse prendre ses effets en considération. Les bonnes paroles ne servent à rien contre la révolte des sens, surtout lorsqu'elle s'enracine au plus profond de l'inconscient ; au contraire, elles accroissent le malaise interindividuel du poids de leur condescendance et augmentent la confusion par la discordance qu'elles introduisent entre les propos et les gestes.

En France les psychanalystes sont, parmi les spécialistes, les seuls qui ont su faire un petit geste en direction de ce patient isolé par le cordon sanitaire du mépris érigé autour de lui sous couvert de neutralité scientifique et d'objectivité afin de ne pas être contaminé par son mal-être. À la suite d'un simple regard porté sur eux-mêmes et sur leur pratique, ils ont découvert le continent de l'abjection où l'alcool coule à flot. S'ils ne s'y sont guère aventurés, ils ont eu le mérite d'en dessiner les contours et de le relier à leurs propres réactions. Cependant leur démarche reste précautionneuse. Les experts de la libido habitués aux inquiétantes surprises que réserve l'exploration de l'inconscient ont une étrange réticence à s'installer dans le territoire éclairé par le coup de projecteur de Clavreul, comme s'il leur restait interdit.

Ce n'est qu'en 1973, quatorze ans plus tard, que A. de Mijolla et S. A. Shentoub se prononcent *Pour une psychanalyse de l'alcoolisme*. Ils ouvrent leur volumineux ouvrage sur cette réflexion « qu'il est à la fois dommage et exaltant de constater qu'il n'y a pas la moindre trace d'une théorie générale de l'alcoolisme dans l'œuvre de Freud » (12). Manifestement, il n'avait pas été très attiré par le sujet. Ayant fait ce constat, les deux auteurs s'interdisent de rechercher « les raisons d'un tel silence... d'une telle "négligence"... » (12). Pour ces praticiens, si l'alcoolique doit cesser d'être un paria, le père de la psychanalyse reste intouchable.

En 1985 la formule « les alcooliques, ça ne me dit rien » est effacée. Elle est supplantée par celle qui fait le titre du livre de J.-P. Descombey : *Alcoolique, mon frère, toi.* L'alcoolique est enfin adopté par le psychanalyste, mais ici encore, malgré une lecture critique des « pères de l'église psychanalytique sur l'alcoolisme » (13), l'abjuration n'est pas envisagée. L'auteur reste fidèle, il concède tout au plus qu'il est davantage nécessaire de dégager un espace thérapeutique pour l'alcoolique que de le traîner en cure... psychanalytique.

En fait, et cela explique leur prudence, les disciples du maître de Vienne ne peuvent le dépasser en matière d'alcoologie et rester orthodoxes. Acceptant de se regarder travailler, constatant leur propre répulsion et la retrouvant chez leurs prédécesseurs dans les manques et les lacunes des textes de référence, ils découvrent le verrou du mépris et du rejet qui barre l'accès aux oubliettes de la civilisation dans lesquelles sont enfermés les alcooliques. Peuvent-ils aller plus loin sans risquer de briser la matrice conceptuelle de leur technique ?

Spécialistes incontestés des sens cachés, les psychanalystes savent faire parler les mots et décoder les symptômes issus d'un inconscient « structuré comme un langage », mais ils n'ont pas accès à l'innommable dans lequel se joue la problématique des alcooliques. Le sésame qui permettrait d'entrer dans ce monde inquiétant n'est ni dans les mots ni dans les symptômes, il se cache dans une modification du rapport à ces frères maudits que la honte fait vivre en dehors du verbe et qui, à cause d'elle, s'interdisent de parler à jeun. Fraterniser malgré les mots et malgré l'alcool, alors que ces vecteurs de l'échange sont pervertis par la honte de l'un et l'orgueil de l'autre, tel est le défi que nous lance l'alcoolique. Pour l'aider, il faut ne pas relever le gant. Il ne suffit pas de lui faire passer le goût de la boisson par quelque pilule plus ou moins amère ni de le déconditionner pour qu'il change de conduite. Il faut d'abord le reconnaître comme un semblable. C'est de loin ce qu'il y a de plus difficile.

L'alcoolique est un adepte du mensonge qui ne croit qu'à l'authentique et rompt la communication dès qu'il a le moindre doute sur la sincérité de son partenaire. Retors, il sait le pousser à bout pour mieux se plaindre ensuite de son incompréhension et risquer de se faire traiter d'alcoolique invétéré. Insaisissable par son refus de se dévoiler, il est tout ce que l'on veut sauf une abstraction. Entêté, il poursuit l'utopie d'un amour total, totalement partagé, et se rend haïssable pour être bien certain que l'autre l'aime réellement. Son ivresse est tentative de combler l'écart entre le rêve d'une rencontre fusionnelle qui ne soit pas altérée par des vocables toujours trop approximatifs et la réalité des mots qui lui restent dans la gorge faute d'en accepter la médiation. Son alcoolisme est ce qui inscrit dans ses chairs l'échec renouvelé de cette impossible gageure : parler sans rien dire, recevoir sans avoir à demander.

L'alcoolique est un malade d'amour. Il n'ose avouer son désir d'être aimé tant il est certain d'être repoussé. Pusillanime, il veut s'engager dans la rencontre avec l'autre sans prendre le risque d'essuyer son refus. Un mot de travers, un regard qui se dérobe, un sourire moqueur suffisent à lui faire renoncer à son projet ; à moins que, l'alcool aidant, il perde sa perspicacité à repérer le rejet. Au fil des verres, il renoncera à son amour idéal pour se vouer à la bouteille.

Anti-Narcisse, amant jaloux de ce héros mythique qui mène le monde, l'alcoolique se cache pour éviter de tester les pouvoirs de son charme. S'il ose participer au jeu de la séduction, ce n'est jamais sans tricher, jusqu'à ce que, pris en flagrant délit de dopage, il soit désigné comme alcoolique et placé au ban de la société. Exclu, n'ayant plus voix au chapitre, il ne lui reste plus qu'à transformer sa demande d'amour en demande de soins.

L'alcoolique est un humain normal qui refuse de n'être que cela.

Mégalomane qui préfère crever que renoncer à ses prétentions, il est aussi un maître à penser qui crache sur nos petites limites et nous fait peur de ne pas les respecter.

Nous devons nous y résoudre, *la pathologie alcoolique est une pathologie de l'abjection. Elle se joue dans l'innommable*. Écartelé entre une vision grandiose de l'homme et la conscience aiguë de sa misère humaine, l'alcoolique ne supporte pas la comparaison. Blessé par sa propre imagination, celui qu'il est dans la réalité lui est abject. Sans grandeur à ses yeux, il a honte de lui, se saoule pour calmer son amertume et s'enfonce dans la déchéance. Incapable de s'apprécier, tant ses limites lui paraissent étroites, il se ronge et vit comme un minable au point de se rendre également abject aux autres, qui ne supportent pas plus que lui la comparaison. Ils l'avilissent à leur tour en le rabaissant sous prétexte de l'aider au lieu de l'aimer [2].

2. J'ai développé cette problématique de l'abjection in *L'idole et l'abject*, Bayard Éditions, Paris, 1995.

3

Alcool, alcoolisme et société

Une soif de considération

La dénégation des excès chez les femmes et leur camouflage dans une phrase passe-partout chez les hommes sont à la mesure de la honte des buveurs à s'afficher tels qu'ils sont. Il n'y a pas lieu de se formaliser de leur attitude, il faut au contraire la respecter. S'ils n'osent se montrer en plein jour, sachons tamiser les lumières en adoucissant la dureté du regard que nous portons sur eux. Bas les masques ? Un tel ordre ne peut être sérieusement donné avant d'avoir montré soi-même patte blanche en faisant preuve de compréhension. Alors, et alors seulement, avec plus ou moins de lenteur, se faisant prier parfois, se reprenant à d'autres moments, l'alcoolique se dévoilera jusqu'à nous laisser découvrir que ce qu'il cache avec une énergie farouche est la chose la plus commune du monde. Comme chacun, mais plus que les autres, il veut (se) dissimuler qu'il est un pauvre être éperdu d'amour. La soif qu'il veut étancher dans l'alcool est soif de considération et de tendresse, mais elle est tellement intense qu'elle devient indicible : l'exigence d'un amour sans restriction et d'une complétude parfaite condamne les demi-mesures. Pire, cette exigence prend sa source dans la conscience aiguë de l'indignité personnelle, ce qui la rend inavouable : plus l'alcoolique se sent médiocre, plus il veut d'amour et moins il se sait aimable. Alors il cache son désir comme il essaie de cacher son imperfection avec de l'alcool, et il en crève.

L'alcoolique dépend moins de la boisson que du regard des autres. Il ne pourrait exprimer sa différence, celle qui le poserait comme sujet particulier, que s'il avait la conviction qu'elle était acceptable ; or il est sûr du contraire. Dès lors l'anonymat est son refuge, mais c'est aussi son calvaire. Bloqué par la crainte de paraître autre, il se veut comme les autres au mépris de sa propre subjectivité, il se dissout dans le grégarisme sécurisant et perd sa vie à ne pas oser exister par lui-même. Sûr d'être rejeté ou moqué s'il s'affirme, l'alcoolique s'aliène dans une quête impossible de la ressemblance. Il imite ceux qui l'entourent, voulant leur ressembler comme des gouttes d'eau entre elles, et il boit... de l'alcool.

« Je bois comme tout le monde » : cette petite phrase sans prétention des buveurs est terriblement banale dans sa formulation. En outre, elle est vidée de son sens par la lassitude et l'irritation que fait naître sa répétition d'un consultant à l'autre. Il faut se faire violence pour parvenir à lui donner la valeur d'un message, au lieu d'en négliger le contenu et de la réduire à la dimension d'un signe supplémentaire d'alcoolisme.

Les alcooliques se ressemblent, c'est vrai. Ce n'est pas une raison suffisante pour négliger leurs propos, même s'ils s'efforcent à la discrétion. Si la petite phrase stéréotypée confirme la similitude des buveurs entre eux, elle est l'expression personnelle de celui qui la prononce. L'absence voulue d'originalité de ses propos ne doit pas faire perdre de vue la spécificité de sa souffrance, même s'il est incapable de la mettre en valeur. C'est justement cette discrétion qu'il recherche, tant l'évocation de ses problèmes est douloureuse. Il boit comme un trou pour anesthésier sa peine et, afin d'éviter qu'elle soit réveillée par la question posée, il noie le poisson lorsqu'on l'interroge sur sa consommation. Le chagrin de l'alcoolique est un mal-être familier, quotidien. Sourd lorsqu'il est analgésié par l'éthanol, térébrant si quelque excitation vient le relancer, obligeant à reboire pour atténuer la douleur.

Le recours à la boisson est un cache-misère dont l'utilisation rappelle qu'il y a quelque chose de pénible à oublier. Il s'entretient et se perpétue de ce savoir sur sa fonction (« je bois pour oublier et pour oublier que je bois pour oublier... »). Cercle vicieux terrible dans lequel la solution trouvée éternise et aggrave le problème au lieu de le résoudre.

« Ne me blessez pas », veut dire l'alcoolique lorsqu'il nous tient à distance en se banalisant. Nous devons tenir compte de ce cri du cœur caché dans la phrase qu'il murmure. Le respecter, mais aussi entendre ce qu'il révèle de douleur. Ne pas sous-estimer la souffrance ne doit pas conduire à l'abandon thérapeutique, mais permettre d'adoucir le soin en le plaçant sous le signe de la compréhension.

« Je bois comme tout le monde » signifie à la fois « je bois pour *faire* comme tout le monde » et « je bois pour *être* comme tout le monde ».

C'est pour faire comme les autres que l'adolescent suit ses camarades au café du coin et commande un demi plutôt qu'un jus de fruit. C'est pour ne pas avoir l'air d'un enfant qu'il descend son verre sans grimacer avant d'avoir appris à en aimer l'amertume piquante. De même, l'apprenti boit le rouge que lui tendent ceux qui l'encadrent comme s'il n'avait jamais consommé autre chose... Il faut faire comme tout le monde !

C'est pour être comme les autres que le buveur absorbe sa ration d'éthanol. Invité à trinquer, il a découvert que sa peur s'évanouissait et que son manque d'aisance laissait place à une assurance qu'il ne se connaissait pas.

La dépendance est d'abord sociale. Avec une gentillesse douteuse, les adultes initient les jeunes, pour s'étonner ensuite de découvrir que ceux-ci ont un goût excessif pour les boissons qu'ils leur ont tendues en se moquant d'eux s'ils faisaient mine de ne pas les apprécier. L'alcoolisme ne peut sévir dans notre pays que grâce à la complicité collective. Tous nous sommes pris au piège d'une même loi du silence qui interdit d'énoncer clairement ce que personne n'ignore : l'alcool brouille l'esprit.

L'alcool : un remède à la peur et à la honte

Le plaisir d'une gastronomie judicieusement « arrosée » et la convivialité orchestrée du vin d'honneur, du pot de l'amitié ou de la tournée sont célébrés comme des valeurs nationales à respecter ; mais il est tu que l'alcool qui libère la parole et débride les comportements le fait par son action dissolvante sur la peur et la honte. Avec lui, le pleutre découvre le courage artificiel et le timide l'audace chimique. De cela il ne faut pas parler. Pourtant, plus que la joie de vivre et le goût pour la fête, c'est la peur du danger et la crainte de vivre la honte de l'exclusion qui conduisent à l'alcoolisme. La peur et la honte sont intimement liées.

La peur est une émotion fondamentale qui tient à la fois du psychique et du biologique. Plus réflexe que réfléchie, elle est familière à tous. Elle a son utilité pour la survie. Si elle ne se mue pas en panique, elle aide à faire face au danger. Comme le rappelle P. Mannoni, elle se différencie de l'angoisse par le fait qu'elle est toujours peur de quelque chose, et non peur sans objet, et « alors que l'angoisse est désorganisatrice, la peur permet, et même favorise dans certains cas, l'adaptation » (42).

La honte est immédiatement en référence aux autres, ces semblables paradoxalement si différents au moment où elle fait son apparition. Brutale perception d'un abîme sans fond, d'une distance infranchissable entre celui qui la ressent et ceux qui l'entourent, elle le plonge dans la confusion et le désarroi le plus total. Conscient brusquement de cette radicale étrangeté vécue comme une infirmité, le honteux consacre ses forces à la dissimuler. Il imagine que si quelqu'un s'apercevait de son trouble, il serait immédiatement la risée de tous, cette moquerie appréhendée préfigurant pour lui l'exclusion de la communauté. Être désigné comme celui qui n'est pas tout à fait comme les autres, c'est perdre la sécurité du grégarisme, ce qui n'est pas le plus inquiétant : plus grave est de penser que cette différence montrée du doigt n'est pas celle qui élève au-dessus de la foule, tel le héros ou la star, mais celle qui rabaisse et fait goûter à l'amertume d'être méprisé, parce que minable et placé plus bas que terre. À la différence de la culpabilité qui s'accompagne du sentiment d'une faute à l'égard d'autrui, la honte n'est pas liée à une mauvaise action vis-à-vis du prochain (même si on peut se sentir honteux d'avoir été malhonnête).

Cette distinction n'est pas spéculative ; elle a, au contraire, un puissant intérêt thérapeutique. La faute est avouable, la faute est mesurable. «Faute avouée, faute à moitié pardonnée», dit le proverbe. Nous pouvons tous souhaiter esquiver le paiement de nos dettes de culpabilité, plaider des circonstances atténuantes, négocier des remises de peine. Que l'offense soit pardonnée ou qu'elle entraîne une sanction, dans tous les cas le prix en est calculable et, une fois qu'il est réglé, il n'y a plus rien qui subsiste, l'ardoise est effacée. Tout le système pénal est édifié sur ce principe. Les coupables paient leur dette à la société après un juste procès, puis sont rendus à la liberté, et dès lors ils sont quittes.

La honte n'entre pas, ou en tout cas pas officiellement, dans cette construction, même si le détenu ressent la honte d'être mis à l'ombre. La prison n'est en principe « que » privation de liberté. Le pilori a disparu du catalogue des punitions, encore que les médias savent orchestrer, parfois avec une solide complaisance, des campagnes de stigmatisation à l'encontre de tel ou tel délinquant, en particulier si l'alcool est en cause.

La peine de mort a été abolie, mais mourir de honte peut conduire au suicide. « Vouloir rentrer sous terre » à l'occasion d'une défaillance publique est un désir que beaucoup ont pu connaître lorsqu'ils ne savaient plus où se mettre, tant était grande leur gêne. Entre la mort réelle et cette mort sociale réalisée par le regard ironique ou méprisant, seul le désir de vivre permet de mettre fin à la situation autrement que par une issue fatale. Un rire plus ou moins jaune qui essaie de se concilier les bonnes grâces des rieurs pour rester dans leur camp, un évanouissement opportun qui les oblige à mettre fin à leurs sarcasmes, et la survie est assurée, non sans quelques dégâts intimes. Après de telles scènes, rares sont ceux qui ne remâchent pas leur déconvenue. Dans leur for intérieur ils rejouent la situation en en modifiant inlassablement le déroulement à leur avantage. Tout en sachant que les versions qu'ils tournent dans leur cinéma privé n'ont rien à voir avec la réalité des faits, ils ne peuvent s'empêcher d'y revenir. Souffrant de s'être mal conduits, inventant des variantes où ils se comportent en héros et clouent le bec à leurs détracteurs avec un sang-froid peu commun, ils ressassent leur amertume dans la haine d'eux-mêmes et la rage contre les autres. Parfois, seul l'alcool permet d'arrêter les pensées obsédantes, mais elles reprennent dès que cesse l'ivresse, ce qui oblige à boire de nouveau.

À la différence de la culpabilité, la honte n'est ni quantifiable ni pardonnable, elle est toujours incommensurable et inoubliable pour celui qui l'a ressentie. Pire, et c'est là ce qui en fait la gravité, elle ne peut être confessée à quiconque de peur d'être jugé par lui et rejeté. Elle laisse derrière elle des souvenirs si cuisants que tout doit être fait pour ne jamais la revivre. Présente à l'esprit, elle y loge son venin et distille, dans le secret du respect humain, l'envie, la jalousie et la haine qui transforment la demande d'amour en désir de meurtre. Soigneusement dissimulées, elles alimentent la course aux honneurs et font du frère un ennemi juré dont le seul tort est de paraître plus admirable que soi, à moins d'en faire un frère d'armes en noyant les différences trop évidentes dans un cadre structurant, rigide et clairement hiérarchisé qui sera le responsable des inégalités, tandis que l'alcool sera le lubrifiant du système.

Pour son malheur, l'alcoolique se débat entre la peur du danger et celle du ridicule. C'est pour étouffer ces vécus pénibles qu'il boit au-delà du raisonnable et dans la honte d'être traité d'alcoolique si cela se savait.

Quand le « bâtiment » boit

Monter sur un échafaudage cesse d'être terrifiant lorsque l'augmentation de l'alcoolémie fait perdre la notion du danger. Mais, on le sait, les accidents se multiplient à proportion de l'insouciance artificielle, d'autant plus que la coordination motrice perd de sa précision et que l'esprit brouillé ne mesure plus les conséquences des imprudences. Aussi, certains (les plus avisés), tenant compte de ces facteurs, grimpent-ils à jeun sur les échelles et ne boivent qu'après le travail, pour se remettre de leurs émotions. Beaucoup dans le bâtiment recourent à l'alcool de l'une ou de l'autre de ces façons, car pour être un homme, un vrai, il ne faut pas avouer la trouille qui serre le ventre. Dans un non-dit généralisé, la vérité d'une inquiétude pourtant légitime est enfouie sous des rodomontades d'arrière-salles de café. Quand la chute survient, avec son cortège de séquelles interdisant le retour sur le chantier, l'alcool continue à être l'indispensable compagnon, celui qui efface l'ennui et altère la santé au point de rendre définitivement impossible une vie active, décidément trop dangereuse. Il servira également à effacer la honte de ne plus être un travailleur comme les autres, mais un inutile déconsidéré. À la longue, il transformera le blessé découragé en handicapé ronchon, en tyran domestique dévalorisé dont le lot quotidien sera le mépris. Tout cela pour n'avoir ni su ni pu avouer qu'il n'était pas un héros, mais un homme normal, normalement peu désireux de risquer sa vie pour la gagner. Victime et complice d'une représentation saugrenue de la virilité, il a bu au-delà du raisonnable pour se dépasser, au lieu de s'accepter avec ses limites. L'alcool distribué par les uns et bu par les autres dissimule les aspérités des conflits de classes. Il n'y a plus exploitation de l'homme par l'homme, il y a des traditions, comme celle qui fait de l'apprenti un « mousse » chargé d'approvisionner ses aînés en vin.

Ce qui est décrit là à propos des métiers du bâtiment est vrai dans d'autres professions dangereuses, lorsque la peur est un sujet tabou et que la censure s'installe, mais ne s'applique pas à toutes les professions périlleuses, car certaines sont très valorisées. Dès lors, la considération sociale, les primes et la nécessité d'une forme physique parfaite se conjuguent pour que ceux qui les exercent cherchent leur sécurité dans la lucidité et la dextérité. Ils cultivent leur sang-froid plutôt que d'absorber de l'alcool. Dans les corps d'élite constitués de volontaires, la peur est reconnue et affrontée au lieu d'être niée. À l'inverse, ce n'est pas de gaieté de cœur que certains sont obligés d'accepter des tâches sans prestige, sous-payées et dangereuses. Seules la nécessité et la sous-qualification conduisent à s'en contenter. Il est alors impératif de risquer sa vie pour survivre. Dans ce contexte, sous la pression du besoin, la peur, la honte de la peur et la peur de la honte sont noyées dans l'alcool. Le mépris de soi, et plus encore celui affiché par les autres, pousse au mépris du danger par éthanol interposé, malgré parfois des interdits culturels ou religieux, mais la survie n'est alors qu'une sous-vie.

Cette vision des choses peut paraître partisane et exagérée. Il est vrai que de nombreuses lois ont été édictées pour enrayer l'alcoolisme au travail : interdiction d'introduire des boissons alcoolisées, multiplication des fontaines fraîches, etc. Les restrictions à la publicité dans le domaine des vins, bières et spiritueux ont pour objectif de réduire l'offre non seulement dans les milieux professionnels, mais aussi auprès de la population entière, à commencer par les jeunes. Il est légitime de s'en réjouir, il ne faut pas être dupe pour autant. Un alcoolique trouve toujours de l'alcool s'il en a besoin. Un alcoolier n'est jamais en peine de clientèle lorsqu'il peut compter sur la complaisance collective pour nier la dimension toxicomaniaque du recours à l'éthanol.

À considérer la qualité de nombreux vins courants, force est de reconnaître que ces infâmes piquettes n'ont pour elles que leur haut degré d'alcool. Comment croire un seul instant que la gourmandise soit à l'origine de leur consommation ? La pauvreté ni la soif ne peuvent non plus être raisonnablement tenues pour responsables de ce recours à des mélanges de crus médiocres qui râpent le gosier et irritent l'estomac. Certes, les clochards ne sont pas riches et trouvent davantage leur compte dans l'achat de gros rouge que dans celui, plus onéreux, de jus de fruit, mais ce n'est pas ce dernier qu'ils réclament, et ils ne sont pas les seuls à agir ainsi. L'orangeade ne procure pas l'ivresse, c'est un défaut rédhibitoire pour tous ceux qui ont besoin de s'embrumer l'esprit. Il y a du leurre dans l'idée de se battre pour baisser les coûts des boissons sans alcool afin de lutter contre l'alcoolisme. Il est évident que l'alcoolisme est une toxicomanie basée sur un marché légal, car il n'y a aucune autre justification à la diffusion soutenue des picrates qui n'ont en commun avec le vin que l'appellation.

La boisson du guerrier

Boire n'est pas un indice de virilité, contrairement à ce que les hommes s'efforcent de croire. C'est le signe de la peur, non celui du courage. Recourir à l'alcool est un moyen de tenir sa place lorsque celle-ci est vécue comme dangereuse et qu'il est impossible de la fuir. Le soldat qui part à l'assaut a peur des balles ennemies, ce qui est légitime, il sait aussi que refuser d'obéir pourrait le conduire devant le peloton d'exécution. S'il a bu, le dilemme est résolu. L'alcool n'a pas augmenté son courage, il lui a brouillé suffisamment l'esprit pour lui faire perdre la jugeote.

Verdun a été une boucherie dans laquelle on n'a pas lésiné sur la chair humaine. Dans cette sanglante victoire, le quart de rouge du poilu a joué son rôle [1]. Le souligner n'est pas déshonorer ceux qui y ont fait le sacrifice de leur vie, mais rappeler que pour supporter les situations extrêmes des artifices sont parfois nécessaires et que ceux qui poussent leurs concitoyens à se battre n'hésitent pas à leur fournir les drogues nécessaires pour altérer leur bon sens. Ivre de slogans et bourré d'alcool, le soldat peut combattre sans retenue.

Beaucoup d'alcooliques prétendent avoir appris à boire à l'armée, à l'occasion de leur service militaire. Les experts de cette institution affirment qu'il n'en est rien, s'appuyant sur le fait que les appelés pour la plupart avaient été initiés à l'alcool bien avant d'arriver sous les drapeaux. Cela est sans doute vrai, car il est habituel que les premiers contacts avec l'alcool se fassent plus tôt, au cours de l'adolescence, mais cela n'est que partiellement vrai, car l'ennui, la séparation d'avec le milieu sécurisant habituel (famille, copains, etc.) poussent au recours à l'alcool, d'autant plus que celui-ci est facile à se procurer et que l'ivresse, même si elle est sanctionnée lorsqu'elle entrave le service, est considérée avec indulgence [2]. (Bien sûr dans les troupes d'élite ou lorsque l'emploi d'un matériel sophistiqué et onéreux nécessite d'avoir affaire à un personnel performant, il n'est plus question d'avoir la même tolérance.)

De façon caricaturale, le milieu militaire fait preuve d'une attitude ambiguë vis-à-vis des buveurs. Permissif jusqu'à la complicité pour ceux qui boivent et supportent bien l'alcool, y compris dans l'intimité de leurs constantes biologiques, il est d'une sévérité draconienne pour les malheureux qui, pris au piège des sollicitations réitérées, n'ont pas su ou pu rester dans les limites admises. Le cas n'est pas rare où, rejetés comme ivrognes, ils voient leur carrière

---

1. Pour B. Hillemand et J.-P. Joly, le vin pendant la Première Guerre mondiale « fut un grand facteur d'alcoolisation au front, où bien des soldats considéraient une consommation de 2 à 3 litres comme normale et modérée », in *Alcoologie* (revue de la SFA), 1991, t. XIII n° 1, p. 8).

2. Dans telle école d'élèves officiers, du service de santé qui plus est ! la cuite collective de la promotion entrante faisait partie, il n'y a pas si longtemps, du rite initiatique.

s'interrompre, punis de n'avoir supporté les contraintes de la discipline qu'au prix d'une imbibition chronique.

Tout cela ne doit pas être l'occasion de faire de l'armée le bouc émissaire commode des rapports curieux que dans notre pays nous établissons avec l'alcool. Le constat n'a de sens que s'il autorise une meilleure élucidation des conduites d'alcoolisation. Le détour par la grande muette, après le passage dans les milieux du bâtiment, permet de repérer plus finement les dangers dont l'alcool, cette boisson des guerriers, est censé protéger ceux qui, faute de pouvoir parler de leurs craintes, les ravalent en buvant et prennent le risque de devenir alcooliques.

Leur silence est un silence de mort ; mais plus que l'effroi devant la mort, c'est la peur de défaillir devant le danger de mort qui pousse à boire. Ce qui est redouté est d'être lâche et, plus encore, de passer pour un lâche. Eau de vie tout autant que verre du condamné, l'alcool stimule et donne de l'audace en réduisant la perception des risques. Cet effet est lourdement hypothéqué par les inconvénients qui résultent d'une mauvaise appréciation de la réalité lorsque à l'inconscience s'ajoute l'incoordination motrice. À cet égard, les statistiques concernant les accidents de la route sont parfaitement éloquentes, et personne ne peut contester que la sobriété est un bon garant de la sécurité. Si, malgré cette évidence, certains groupes continuent à être particulièrement vulnérables à l'alcool et gros consommateurs, c'est qu'en leur sein la peur du danger réel est moindre que celle de perdre la face. Pour les individus qui en font partie, l'alternative se joue entre mourir et mourir de honte.

F. Lebigot et S. Leret ont précisé judicieusement la place essentielle de l'honneur dans l'armée, qui « vient toujours en premier dans les devises des différentes armes : honneur et patrie, honneur et fidélité, etc. Il y a dans l'armée quelque chose comme une parole d'honneur qui a à son horizon une mort au champ d'honneur » (28). Honneur/déshonneur, fierté/honte, ces couples antagoniques se retrouvent toujours à l'arrière-plan lorsqu'une communauté culturelle, professionnelle ou familiale est confrontée à des problèmes d'alcoolisme. Ces groupes qui marchent à la honte payent plus que d'autres un tribut à l'alcool.

L'uniforme, quoique son prestige soit nettement dévalué, reste attractif pour celui qui doute de sa valeur propre : il trouve dans les galons et autres médailles les gris-gris nécessaires à sa réassurance et les signaux indiquant aux autres l'autorité dont il est investi, ce qui, croit-il, lui évite d'avoir à s'imposer. L'uniformité qui résulte aussi bien du port de vêtements standardisés que d'une obéissance programmée selon des règles à ne pas discuter, cette uniformité condamne l'originalité. Tous ces éléments rassemblés appâtent ceux qui vivent la différence comme une aliénation. Ils se précipitent vers les bureaux de recrutement, au grand dam des spécialistes de la sélection qui les voient venir d'un mauvais œil, car ils font de piètres soldats. Ils vendent leur âme et se font chair à canon dans l'espoir d'être quelqu'un sans avoir à le démontrer ; mais, pas plus que l'habit ne fait le moine, le képi ne transforme la pusillanimité en héroïsme. Pour certains la déconvenue est grande lorsqu'il faut s'imposer ou en découdre, s'imposer pour en découdre. L'alcool leur sert à éviter la défaillance jusqu'à ce qu'il les trahisse.

Il y aurait un solide contresens à rattacher le besoin de boire uniquement à la peur de mourir. La peur des peurs est celle de ne pas être un homme. Le face-à-face avec la faucheuse, l'affrontement des balles signifient l'appartenance au groupe de ceux qui en ont... du courage ! Plutôt mourir que d'être pris pour un pleutre, une femmelette. Au milieu des canons, le totem phallique est érigé. Pour sa gloire, les mâles apprennent à tuer ou à se sacrifier, histoire de prouver qu'il n'y a qu'un sexe qui vaille, le sexe fort. On en rajoute dans l'exhibition des signes de masculinité pour lever tous les malentendus. La femme n'est que « le repos du guerrier », une conquête, une proie, mais pas une partenaire. Le courage de donner sa vie pour la mère patrie est entretenu par la conviction qu'un homme, un vrai, est quelqu'un qui n'a peur de rien, ou plus exactement qui est capable de se dominer quelles que soient les circonstances. La tombe ouverte, la femme offerte doivent le laisser de marbre lorsque le devoir l'appelle.

« Mourir pour le pays est un si digne sort,
Qu'on briguerait en foule une si belle mort. »

Les hommes, les femmes et l'alcool

Pouvoir féminin, faiblesse masculine

Dans la perspective guerrière, l'amour est source d'amollissement et il est réprimé à ce titre. La femme est dangereuse, puisque par sa séduction elle est capable de détourner le guerrier de son devoir. Combien de mélodrames sont bâtis sur ce conflit entre l'amour pour l'élue et l'attachement à la patrie, dans une transposition à peine voilée du choix « cornélien » qui s'impose au petit d'homme en mal d'autonomie. Faire sa vie avec une femme l'oblige à se détacher de celle qui lui a donné le jour et qu'il ne peut posséder. Déchiré entre l'attrait pour le sexe et la honte de l'ingratitude, inquiet des risques de l'aventure, il peut être tenté de sacrifier la petite mort sur l'autel de la fidélité, renonçant à lui-même comme sujet désirant pour rester le fils de sa mère. Honneur et patrie, l'appel aux armes et à la mort est entendu dans la mesure où il s'articule avec la dette d'amour à l'égard de la mère et où il s'accompagne de la peur de la femme.

Risquer sa vie ou risquer sa virilité revient au même, dès lors que le courage plus que l'anatomie assoit la qualité de mâle. Le problème n'est pas tant d'être homme que de se conduire en homme. De cela les femmes seront les arbitres. Les conquérir et les protéger, tels sont les devoirs de ceux qui prétendent être des hommes, des vrais. Dans le même temps, « elles » sont éduquées à être des faibles femmes à protéger et à conquérir. Leur pouvoir, et il n'est pas mince, est de mettre les hommes au défi de remplir leur rôle. Ils doivent les conquérir non par la force, ce serait lâche, puisqu'elles sont faibles (un homme ne frappe pas une femme ou un ennemi à terre), mais par la séduction que peut représenter l'exhibition de leur puissance. La parade tient lieu de combat. Savoir s'incliner devant l'élue, lui porter secours sans défaillance, lui offrir en hommage les dépouilles des rivaux, ces exercices remontent à la nuit des temps. Si les modalités des jeux ont changé, leurs règles demeurent.

Il y a du paradoxe dans tout cela : s'affirmer comme homme c'est se battre, c'est vaincre ; mais il faut aussi savoir rendre les armes devant la femme, renoncer à la violence pour atteindre son cœur. Le plaisir de la posséder n'est rien à côté de celui d'être son élu. Si fragile soit-elle, elle devient toute-puissante par sa prétendue faiblesse. Qu'elle le veuille ou non, l'alternative est la suivante : se faire prendre ou se mettre en position forte dès lors que son opinion compte.

Maîtriser une victime n'est pas bien difficile lorsque les rapports de force sont favorables ; avoir non seulement l'accord de cette dernière, mais aussi compter pour elle est une tout autre histoire. Le plus robuste et le plus talentueux des hommes est inéluctablement limité dans sa suffisance par l'incapacité dans laquelle il se trouve toujours d'imposer à celle qu'il aime de l'aimer. Il peut la violenter, il peut lui offrir toutes ses richesses ; elle reste, dans le crime ou la séduction, celle qui peut dire non, refuser et se refuser, dût-elle en mourir. Ce « non » est l'arme absolue de la femme. Lorsqu'il est prononcé, l'homme se voit remis à sa place, celle d'un importun. Au-delà du simple déplaisir de ne pouvoir assouvir une envie sexuelle dans une jouissance partagée, il subit une défaite cuisante : il n'a pas su plaire. À cette occasion, Œdipe le conquérant trouve sa limite et le rappel de son exposition. Le désir comme appétit libidinal bute sur le désir comme demande d'amour, et c'est la débandade...

L'histoire des relations entre les hommes et les femmes est dominée par ce pouvoir inouï d'un petit mot. Non, c'est le refus de faire un seul avec l'autre *(non unum)*. La blessure d'amour-propre par excellence est celle qui provient d'une réponse négative à une demande d'union. S'offrir et voir son offrande méprisée entraîne une souffrance à la mesure de la spontanéité du don de soi. Le rejet est d'autant plus douloureux que celle qui est objet de la flamme amoureuse est plus appréciée. Elle est d'autant plus appréciée qu'elle est plus inaccessible. Faire défaillir la princesse vierge, belle et pudique est le rêve à peine secret de tout homme en qui, à côté du cochon, sommeille un enfant amoureux d'une étoile ; mais échouer à émouvoir la tendre indifférente ou se faire écarter par la superbe walkyrie sont des situations désagréables, intolérables si la déconvenue est publique.

Les stratégies élaborées pour éviter l'humiliation, multiples en apparence, se résument peu ou prou à une négation de la femme et partant de l'amour. Celui-ci perd sa dimension d'échange pour se réduire à un faire, dans le même temps qu'elle cesse d'être un sujet à part entière pour se transformer en objet : femme « potiche » à exhiber, femme « bonniche [3] » à utiliser, femme pouliche à engrosser. Néanmoins cet assujettissement de sa compagne à un rôle plus que médiocre ne réussit pas à calmer les angoisses du mâle. Il a besoin de la reconnaissance de sa partenaire pour être pleinement rassuré sur sa propre valeur. Non seulement elle doit accepter la place qui lui est faite, mais de plus son regard doit briller d'admiration et d'espoir lorsque le héros s'approche, ses yeux doivent se remplir de larmes si jamais il fait mine de l'ignorer.

Être aimé, quelle jouissance, mais quelle insécurité aussi ! Comment pouvoir compter toujours sur la complaisance éblouie de l'amante ? Laisser deviner que son jugement importe, c'est renoncer à la dominer. Impossible désir que d'être subjugué par elle tout en restant maître de la situation. « Aime-moi spontanément » est l'injonction paradoxale à laquelle se condamne l'homme qui veut être sûr d'être aimé avant de prendre le risque de la rencontre amoureuse. Il est dans une impasse, il aura beau faire et beau dire, être tendre ou violent, il n'aura jamais le dernier mot. Il connaîtra peut-être le plaisir, mais la jouissance lui échappera. Un soupirant est un soupirant et non un maître.

De l'alcool pour les garçons et de l'eau pour les filles : une histoire ancienne ?

La tradition qui associe l'amour et l'eau fraîche a bien raison. Là où il y a de l'amour, il n'y a pas besoin d'alcool. Celui-ci se révèle nécessaire lorsque se conjuguent la peur d'aimer et celle de n'être pas aimé, qui en est souvent la cause. Aborder l'étrangère séduisante, mais qui n'est peut-être pas séduite par l'idée d'une rencontre, devient plus facile sous l'effet de l'alcool. Il enlève l'appréhension du rejet. C'est pourquoi l'alcoolisation commence à l'adolescence et que les bals ont des buvettes et les boîtes de nuit des bars.

Chacun sait comment les choses se passent. D'un côté de la salle se trouvent les cavaliers, et de l'autre les cavalières ; entre eux la

3. Cf. *La femme potiche et la femme bonniche,* Cl. Alzon, Maspéro, 1973/77.

piste que doivent traverser les courageux conquérants pour rejoindre les beautés alignées le long des tapisseries. Les jeunes gens s'encouragent et se provoquent mutuellement, ils se poussent du coude, parient sur leurs prouesses à venir et font des commentaires plus ou moins grivois sur celles qui leur font face. De leur côté, ces demoiselles échangent entre elles des appréciations laudatives ou péjoratives sur les jeunes coqs. Elles pouffent avec nervosité, délicieusement inquiètes de savoir ce qui va se passer, craignant d'attirer le plus laid, espérant le plus beau, redoutant de n'être invitées par aucun. Ils ont le verbe haut, mais les jambes molles. Elles sont assises et chuchotent, le cœur battant. Sensiblement désuet et un brin caricatural, ce tableau reste un modèle acceptable de ce qui se joue encore aujourd'hui, alors que la répartition des rôles entre ceux qui invitent et celles qui attendent est devenue moins nette.

De plus en plus, l'alcool sert dans les deux camps. Cela est vrai, mais il n'est pas nécessaire d'aller dans des coins perdus ou de faire référence à un passé lointain pour se rendre compte que la buvette demeure l'oasis des garçons. En vidant leurs bocks, ils s'échauffent et se donnent la force d'affronter la traversée qui doit les amener auprès des femmes, sous les regards envieux ? amusés ? narquois ? évaluateurs ? Toutes les conditions sont réunies pour qu'ils perdent contenance. Grâce à l'alcool, ce qui paraissait impossible il y a quelques minutes n'est plus une prouesse, c'est un jeu.

Il s'en faut de beaucoup que les choses se passent toujours dans l'allégresse. Parfois, il faut boire tellement pour se sentir un homme que la démarche n'est pas assez assurée pour aller jusqu'au but. Devant un aussi piètre cavalier la demoiselle se dérobe. Brutale déconvenue pour celui qui n'a pas eu assez de toute sa soirée et de ses litres de bière pour trouver le courage de se déplacer vers celle pour qui son cœur a battu pendant des heures. Blessé, triste d'être repoussé, il se remet à boire pour oublier. S'il est supplanté par un autre, l'amertume est à son comble, elle se fait rage et pousse à la rixe. À défaut d'avoir pu émouvoir la belle, il faut se venger du semblable plus heureux, lui faire rentrer dans la gorge son sourire d'élu, écraser son visage de prince charmant. Voilà ce que rumine en buvant dans son coin le prétendant éconduit. S'il ne cogne pas, si la honte est trop grande ou le rapport des forces trop inégal, il s'en va et prend sa moto ou sa voiture, la haine au cœur. Maladroit d'avoir trop bu, malheureux d'avoir été ridicule, il risque de se retrouver dans le fossé, et sa blessure, mortelle parfois, sera comptabilisée à la rubrique des faits divers, chapitre des méfaits de l'alcool.

À partir de ces scénarios inlassablement rejoués avec de multiples variantes, il est facile de repérer la confiscation de l'alcool par les hommes. Condamnés au courage par le rôle qui leur est dévolu dans la société, ils ont besoin d'un dopant pour relever le défi et se servent de l'alcool à cet effet. Par un habile tour de passe-passe ils ont su faire croire que la boisson n'était pas vraiment la drogue permettant de lutter contre la peur, mais le liquide roboratif des mâles qui entretiennent leur force en le consommant et démontrent leur virilité par leurs capacités d'absorption.

Sous le prétexte d'être un homme, il est non seulement permis, mais aussi conseillé de boire. La seule limite est dans la décence attendue de celui qui s'imbibe. Décence à pas variable qui tantôt permet d'être saoul comme un Polonais, tantôt exige la retenue un peu guindée de qui sait boire avec la dignité d'un gentleman écossais. On ne dira jamais assez la difficulté d'être un bon buveur. L'exercice nécessite du talent. Il faut une grande dextérité pour pratiquer l'art de la consommation et du contrôle de ses effets. Celui qui semble maîtriser ses ivresses est un homme, un vrai. Il fait envie, car il donne l'illusion d'avoir une lucidité supérieure à la moyenne. Il se drogue, mais on ne le croit pas dépendant dès lors qu'il ne dépend apparemment que de lui d'accepter ou non de perdre la tête sous l'effet de l'éthanol. Ce paradoxe, qui demande d'être plus fort que le produit auquel on demande d'être plus fort que soi, puisqu'il doit faire perdre la tête (et ceci pour paraître très fort), est un élément décisif dans la création d'une dépendance sociale chez les hommes. Ils rivalisent dans une joute discutable pour savoir qui sera le meilleur face à l'alcool. Gare à qui ne boit pas, gare à qui, buvant, ne sait pas tenir l'alcool. Le premier est une lopette, le second un alcoolique qui ne sait pas se tenir. Tous deux sont des moins que rien, méprisables, et il faut se démarquer d'eux.

Les femmes sont dans une situation tout à fait différente, pour ne pas dire opposée. En tant que sexe faible et protégé par les hommes, elles n'ont pas à se battre. Le génie de cette organisation sociale centrée par la bouteille est d'utiliser quelques demi-vérités enrobées de quelques demi-mensonges pour transformer en véritable caractère sexuel secondaire l'usage de l'ivresse et régenter le droit de boire.

Dans le combat pour la vie comme dans la rencontre sexuée, le salut des femmes est dans la sobriété. Au bal, par exemple, là où leurs compagnons ont besoin de s'étourdir pour oser les inviter, il leur faut, au contraire, préserver leur lucidité. Le cavalier qui s'approche doit-il être accueilli ou repoussé ? Un tel choix nécessite d'avoir la tête claire pour trouver la bonne réponse. Savoir être accueillante avec distinction pour le partenaire agréé sans passer pour une fille facile, avoir du tact pour éconduire celui qui n'a pas plu sans risquer des représailles, voilà qui ne peut se faire l'esprit embrumé.

Là, dans la rivalité entre femmes et hommes qui fait des jeux de l'amour un combat, l'éthanol sert à équilibrer les forces en présence. Les messieurs y puisent l'audace nécessaire, moins en vue de se battre pour les yeux de la belle que de prendre le risque incalculable de lui déclarer leur flamme et de se voir repoussés ou, pire, moqués. Les dames, fermement dissuadées d'abuser du breuvage qui risque de leur faire perdre la (faible) tête et de les conduire aux pires abominations, ont, à défaut de pouvoir s'étourdir, la ressource de garder la tête froide pour dominer la situation.

L'alcool, qu'il soit bu pour oublier le danger ou, au contraire, repoussé parce que dangereux, est le produit qui, placé entre hommes qui le boivent et femmes qui ne le boivent pas, a pour fonction de dissimuler l'épreuve de force entre eux. Dissolvant des craintes réciproques, il permet le rapprochement des corps. Blandine peut tenir en laisse le lion abruti d'alcool, l'animal rugissant est dompté. Un peu d'alcool encore, et il s'endort. Grâce à la drogue, il n'ira pas trop loin, en tout cas pas plus loin qu'elle ne le désire. Elle saura le tenir en respect à défaut de le respecter.

On peut contester la réalité de cette répartition des rôles et, à la lumière des faits divers, montrer que dans bien des histoires, de mœurs en particulier, l'alcool est présent plus pour déchaîner la bête virile que pour la domestiquer. Cela est vrai, et c'est bien le danger de l'alcool. Il est impossible d'en mesurer l'usage lorsque ce dernier sert à faire perdre la mesure. Le respect humain, l'appréhension du jugement d'autrui sont source de retenue, leur absence conduit au sans-gêne. Discrets, ils ont à voir avec la pudeur ; exagérés, ils tiennent au refoulement et font souffrir. C'est dans ce cas que l'alcool comme désinhibiteur entraîne des réactions explosives et que la fête se transforme en drame. Muselé par la névrose, mais captivé par la belle, celui qui fait alliance avec l'alcool pour sortir de sa réserve risque fort de se retrouver hors de lui. Brisant les liens qui d'habitude le retiennent, en les trempant dans l'éthanol il sera déchaîné.

Quand l'alcool délie simplement la langue, il n'y a guère de mal. Quand il libère la violence contenue, il n'y a plus de discussion possible ; l'autre, que l'on voulait rencontrer, avec laquelle on voulait échanger, perd sa dimension de sujet pour n'être plus qu'une proie à consommer, qu'elle le veuille ou non. Entre la griserie qui donne de l'aplomb, et parfois de l'esprit, et l'ivresse abrutissante qui transforme le désir en rut brutal avant de le conduire au fiasco, il y a l'écart qui sépare l'emprise par l'autre de la prise de l'autre. Dans l'intervalle de quelques verres, le goût de l'amour se pervertit en volonté de pouvoir et l'incapacité de demander à être aimé en rage de posséder.

« Je te tiens, tu me tiens. » Qui tient l'autre ? La question ne se pose même pas dans le « nous » amoureux. Il est unifiant et pacifiant. Elle ronge l'âme et altère la relation lorsque le doute s'installe et que l'abandon à l'autre est freiné par la crainte de s'abandonner à lui et d'être possédé, dominé par lui.

Aimer n'est pas tant conquérir qu'être conquis. S'il faut sans doute savoir séduire, il est indispensable d'accepter d'être séduit pour vivre l'amour au lieu de se contenter de le faire. Trembler à l'idée de déplaire n'est pas faiblesse, c'est avoir l'audace de s'en remettre à l'autre sans contrôler la situation. « Être "objet de la faveur", c'est ne pas pouvoir être source du regard dans lequel se lit cette faveur, dans lequel prend forme ce mouvement désirant naissant dans l'autre » (48). La force de l'amour, c'est sa faiblesse acceptée, cette sujétion qui oblige à tenir compte du désir de l'autre, à en accepter l'arbitrage, et surtout l'arbitraire. L'idéal de maîtrise, cette utopie de la toute-puissance, en conduit plus d'un à dépendre de l'alcool faute de pouvoir (se) dominer.

Il faut raison garder, ouvrir l'œil, ne pas se laisser déborder. À l'esclavage de la passion cher aux romantiques, notre civilisation bourgeoise a substitué l'idolâtrie de la raison calculatrice et bornée. Jouer sa vie sur un coup de cœur n'y est même plus concevable. « Depuis l'aube des temps modernes, toutes les généalogies de la morale font dériver la gratuité de la cupidité, et les actions nobles du désir d'acquisition. » Dans l'Occident d'aujourd'hui, Alain Finkielkraut le dit bien, « l'homme tel qu'il est, c'est l'homme moins le don » (15). Je voudrais ajouter : l'homme moins l'abandon.

Pauvres hommes, éblouis par la femme, ils n'osent lui dire « je t'aime », pour préserver leur indépendance et ne pas courir le risque d'être éconduits d'abord ou rejetés ensuite. Personne ne doit être maître de leur cœur ; s'il bat la chamade, nul ne doit le savoir, l'élue moins que toute autre, qui doit ignorer son pouvoir. La garce, si elle savait la vérité, elle en abuserait, cela est sûr. Les femmes sont si perfides...!

Pauvres femmes, elles ont tellement peur d'être entraînées dans une reprise du sempiternel « séduite et abandonnée » qu'elles doutent de l'amour offert, elles veulent des preuves. Don Juan est-il sincère ? Comment le savoir ? Don Juan ne peut prouver l'authenticité et la spontanéité de son élan dès lors qu'il est mis en demeure de le faire. Cela ne se commande pas. Il le peut d'autant moins qu'il ne le veut pas. Elle le tiendrait par le bout du cœur, celle-là qui exige avant de capituler de connaître son pouvoir sur son vainqueur, celle-là qui prétend le défaire d'abord pour se rendre ensuite.

« Dis-moi spontanément que tu m'aimes sans réserve » est une injonction paradoxale née de ce doute sur l'autre qui infiltre la relation entre les deux sexes. Elle se heurte inévitablement au mur de silence du mâle, désireux de garder son pouvoir et de dissimuler son attachement. Elle redouble d'intensité d'être sans réponse. La peur de se faire posséder règne dans les deux camps, le désir d'avoir l'autre hante les arrière-pensées de chacun. Comment prendre sans être pris dès lors qu'on a trop peur de s'abandonner à des rêves d'abandon ? Avec l'alcool la chose paraît possible, le danger semble moindre et la réserve peut fondre, d'où son usage largement répandu lors des réunions où femmes et hommes se rassemblent pour se rencontrer.

L'amour et l'eau fraîche, la haine et l'alcool, au fond du verre la lie des mauvais sentiments, au tréfonds de l'ivresse la rage impuissante contre cette femme haïssable d'être aimable, dérangeante d'émouvoir. Si je m'avoue et si je lui avoue que je tiens à elle, elle me tient. L'alcool est le refus des tendres aveux. Il sert à dénier l'importance de l'éblouissement par l'autre pour ne garder que le désir de l'éblouir et refouler la peur de n'y point parvenir. Ravalée avec l'éthanol, l'émotion amoureuse retombe en pulsion libidinale et complaisance narcissique. Déjà la femme n'est plus l'Autre dans sa radicale et fascinante étrangeté, elle est un objet à conquérir par la ruse ou, à défaut, par la force. Plus tard, elle n'intéressera même plus. L'alcool aura pris toute la place. Sûr, disponible, complaisant, il ne juge jamais, il ne se dérobe pas et fait taire le désir. Plus de femmes ! Des copains et des bouteilles ! Indépendant du sexe faible, clochardisé, l'alcoolique en bout de course n'est plus dépendant que de la bouteille. Il se noie dans le vin. Seul maître après Dieu d'un corps épave, il peut couler la tête haute, il n'y a pas eu abandon de poste... Si des femmes parfois ont su troubler le cours de son existence, s'il y a eu des tempêtes affectives, il a su se préserver de tous les attachements et il en crève.

Mais les femmes qui boivent, dira-t-on ? Ces tricheuses qui ne respectent pas le code des bonnes manières, pourquoi ne jouent-elles pas le jeu de tout le monde ? « La Madelon vient nous servir à boire », ce rôle de pourvoyeuse au service du mâle guerrier, elles s'y refusent ou, à tout le moins, ne s'en contentent pas. Elles aussi, plus souvent en cachette que dans l'ostentation, recourent à la bouteille pour résoudre nombre de leurs problèmes.

Pour certaines, l'usage de l'alcool est lié à une revendication égalitaire. Être et faire comme les hommes pour ne pas rester dans la position subalterne du « deuxième sexe ». Ce refus de la discrimination par l'usage ou non des boissons fortes renvoie à la perception de ce dernier comme caractère sexuel secondaire. Il y a fort à parier que l'augmentation actuelle du nombre de femmes alcooliques y est en partie liée. La dichotomie clinique que l'on peut repérer entre les buveuses plus âgées qui affirment ne pas boire et les plus jeunes qui, non sans une certaine provocation, affichent leur alcoolisme dès leur première consultation rejoint le partage entre celles qui furent élevées à la vieille école et celles qui ont vécu les progrès de la libération de la femme. L'accès à la maîtrise de la fécondité s'est doublé d'une plus grande facilité d'accès à l'alcool. « Un enfant si je veux, quand je veux » : ce slogan des féministes contient en annexe la formule : « Un verre si je veux, quand je veux. »

Demain, de l'alcool et des drogues pour tout le monde ?

À l'heure actuelle, dans les boîtes de nuit, la bière ou le whisky ne sont plus destinés aux seuls hommes, le cérémonial de l'invitation à danser a perdu de sa rigueur. L'attente le long des tapisseries n'est plus vraiment au goût du jour. Elle ou lui qui cherchent à se rencontrer peuvent, l'un et l'autre, prendre l'initiative de la démarche et les risques de son échec. Elle et lui peuvent éprouver le besoin d'un cordial avant d'affronter l'inconnu(e), d'autant plus facilement que la consommation est acquise avec le prix de l'entrée.

Passé les limites imposées par les usages sociaux, les raisons de boire sont en fait identiques chez les femmes et chez les hommes : elles ressortissent de la peur et de la honte. Peur de la rencontre et honte de soi. L'alcoolisme d'habitude, cette tarte à la crème du bon sens alcoologique, est le paravent qui cache de moins en moins les vrais motifs de l'alcoolisation tout en accordant un alibi aux buveurs. Sommés de perdre les mauvaises habitudes qu'ils ont prises, ils sont considérés comme des faibles facilement entraînés par leurs camarades de bistrot. Trop gentils, ils ne savent pas dire non et refuser une nouvelle tournée. Trop nerveux pour supporter l'alcool à l'égal des autres, ils s'enivrent sans autre raison que de vouloir faire comme tout le monde et ne peuvent se tenir sagement parce qu'ils sont moins solides que les autres.

Il faut être un brin naïf et manquer d'esprit d'observation pour pouvoir se contenter d'une explication aussi superficielle. Bien sûr, l'entraînement joue son rôle. Il a une action initiatrice et facilitante pour les hommes. Les femmes en sont encore relativement protégées. Leur alcoolisme, qui s'inscrit volontiers dans la transgression, renvoie souvent à des difficultés psychologiques plus graves dans la mesure où, dès qu'elles commencent à boire, elles doivent braver la réprobation du groupe. Si ce n'est pas cela qui est recherché au premier chef, il leur faut une bonne dose de courage pour franchir l'obstacle. C'est dire que le soulagement attendu de l'ivresse doit être substantiellement plus important que la honte qu'elle entraîne et qui contribuera à en favoriser la répétition. Notre société est très permissive pour les hommes. Elle n'est plus franchement prohibitrice pour les femmes, mais n'est pas encore incitatrice à leur égard comme elle l'est pour le sexe fort, même si la publicité commence à donner en spectacle des jeunes femmes qui ne se contentent pas de servir la bière, mais la partagent avec leurs copains. Aujourd'hui la dépendance sociale *stricto sensu* concerne surtout les hommes, mais les choses sont en train de changer. La consommation d'alcool par les femmes est admise, à condition toutefois qu'elles « sachent se tenir ». L'ivresse féminine garde en effet une dimension scandaleuse que n'a pas l'ivresse masculine lorsqu'elle ne s'accompagne ni de violences sur les individus ni de dégâts matériels et qu'elle n'est pas le fait d'un chauffard assassin. Devant un homme saoul dont le comportement ne trouble pas franchement l'ordre public, les passants sont plutôt indulgents, même s'ils font parfois un détour ou changent de trottoir pour ne pas risquer de déclencher son agressivité. En présence d'une femme, les réactions restent nettement stigmatisantes, et des propos du type : « On devrait avoir honte de se mettre dans un état pareil » sont parfois énoncés à haute voix quand ils ne sont pas marmonnés par peur de représailles verbales ou physiques. Même quand les gens restent muets, leurs mimiques parlent pour eux. À les regarder, sourcils froncés, lèvres pincées, on devine aisément qu'ils ruminent des pensées peu amènes sur les mœurs sexuelles de la femme enivrée, surtout si elle est encore jeune et n'a pas l'allure d'une clocharde. Ses débordements sous l'effet de l'alcool sont à l'évidence perçus comme les témoins déplorables d'une absence habituelle de retenue dans tous les domaines. Ils constituent une atteinte outrageante à l'image de la femme honnête et réservée, et surtout à celle de la mère dont la vertu irréprochable et la sobriété exemplaire sont des modèles pour les enfants et les garants de leur sécurité affective.

D'ailleurs, aujourd'hui encore, « la quantité (d'alcool) consommée quotidiennement est en moyenne double pour les hommes par rapport aux femmes, mais ce surcroît de consommation augmente avec l'âge (14) ». C'est dire inversement que l'écart est moindre dans les jeunes générations. Constatation que l'on peut davantage attribuer à une augmentation de l'alcoolisme des jeunes femmes qu'à la réduction de celui des jeunes hommes.

Les habitudes changent. La consommation de vin recule chez les deux sexes, et sa prise associée aux repas quotidiens fait place, surtout parmi les jeunes, à une consommation d'apéritifs et d'alcools forts (mais aussi de bière chez les garçons), lors des sorties en boîte ou des rencontres avec leurs pairs. Elle peut être fréquente, voire quotidienne (hors des repas), mais elle a surtout lieu pendant le week-end. C'est une consommation irrégulière qui se veut festive et désinhibitrice. Les effets psychotropes de l'alcool y sont beaucoup plus clairement recherchés que dans l'alcoolisation traditionnelle où le vin était davantage considéré et bu comme le nutriment apportant des forces aux travailleurs. On ne boit plus pour être un costaud, mais dans la recherche de la convivialité.

Cette nouvelle façon de boire n'a d'ailleurs pas échappé aux alcooliers. Ils se sont mis au goût du jour en inventant des breuvages (prémix) dans lesquels l'association d'une boisson rafraîchissante et d'un alcool fort réalise une potion attractive qui facilite l'usage de l'alcool tout en le masquant suffisamment pour que le recours à ses vertus psychotropes puisse être méconnu ou nié avec plus ou moins de bonne foi. Le « gros rouge » qui fortifie le sang laisse la place à l'alcool qui permet de se sentir léger et de « s'éclater ».

Il y a de quoi être inquiet, car « les alcools forts progressent parmi les jeunes. Les garçons de moins de 20 ans sont trois fois plus nombreux, ceux de 20-24 ans quatre fois plus nombreux qu'en 1980 à boire quotidiennement des alcools forts... 4,2 % des filles de 18-19 ans déclarent cette consommation contre 1,8 en 1986-1987 et 0,6 en 1980-1981. Elles sont plus nombreuses que les garçons au même âge (14). » Peut-on aller jusqu'à dire que les filles mettent les goulées doubles dans une sorte de revendication égalitaire pour rattraper leurs homologues de l'autre sexe ? Il est peu vraisemblable que cette motivation – qui existe parfois et alors généralement de façon quasi consciente – soit l'explication à retenir pour chacune en particulier. Il est plus vraisemblable en revanche que la diminution de l'attitude prohibitrice de la société à l'égard de l'usage féminin de l'alcool s'inscrive, elle, dans cette dynamique égalitaire, et explique ce changement. Dès lors que se procurer et consommer de l’alcool est devenu plus facile et moins stigmatisant, les filles, qui n’ont pas eu à affronter et dépasser les interdits que leurs mères ont connus, commencent à y recourir presque comme les garçons. Non pas tant pour les imiter, mais sous l’effet des mêmes motivations qu’eux, les deux sexes se trouvant peu à peu logés à la même enseigne en la matière.

Pour tenter de vaincre ses peurs ou sa honte, la femme peut maintenant se procurer et consommer assez facilement de l’alcool. Si elle reste interdite de bistrot et si, souvent encore, elle boit chez elle en solitaire, elle peut maintenant aller au café ou dans un bar à vin noyer ses problèmes dans de l’alcool sous le prétexte de rencontrer des ami(e)s, ou au contraire dissoudre sa gêne dans une boisson alcoolisée pour espérer rencontrer les ami(e)s qu’une timidité excessive lui interdirait de fréquenter à jeun.

Après l’introduction de la mixité dans les écoles, la généralisation du travail féminin a multiplié pour les femmes et les hommes les occasions de contacts tout au long de leur vie, tandis que les progrès d’une contraception devenue réellement efficace facilitaient entre eux l’instauration de relations intimes en dehors de toute idée de procréation. Du fait du recul et de la désacralisation du mariage, de l’augmentation des divorces et d’une plus grande permissivité en matière sexuelle, des comportements qui hier entraînaient la réprobation de la majorité des citoyens sont considérés aujourd’hui sinon comme allant de soi, du moins comme acceptables. Les femmes ne sont plus seulement confinées à la maison et chargées seulement de l’éducation des enfants, elles peuvent faire des métiers d’homme et donner des ordres à des mâles. Par ailleurs, les périodiques dissertent à qui mieux mieux sur l’art et la manière d’épanouir sa sexualité et d’en prévenir les ratés, tout en promouvant la liberté en la matière pour les individus des deux sexes. Dans ce contexte, la confrontation au désir (désir de l’autre et désir pour l’autre) devient pour chacun un possible quotidien avec toute sa séduction, mais aussi son lourd potentiel de crainte, dans la mesure où l’épreuve du désir est aussi l’épreuve de la rencontre avec l’Autre comme sujet qui a son mot à dire. Et qui peut dire aussi bien oui que non.

En quelques courtes décennies, des usages séculaires et des codes moraux qui semblaient bien établis pour organiser une stricte répartition des rôles lors des rencontres entre les deux sexes, tout en les raréfiant, ont été bousculés. Chaque fille et chaque garçon, chaque femme et chaque homme est plus précocement, plus régulièrement et plus facilement confronté à l'Autre du sexe opposé. Les moralistes, dépassés, tantôt se crispent sur des valeurs obsolètes, tantôt se laissent aller à une permissivité vaguement démissionnaire qui est tout ce que l'on veut sauf une référence. Le législateur a du mal à suivre. Quant aux familles, recomposées ou non, éventuellement mixtes, souvent dispersées, elles ne sont plus les monuments de stabilité qu'elles semblaient être hier. Pesantes peut-être, étouffantes parfois au point de révolter ceux qui en subissaient les contraintes (« Famille, je vous hais ! »), malgré leurs défauts elles apportaient la sécurité à leurs membres en leur imposant leurs valeurs immuables. Même la contestation de ces valeurs, parfois tout à fait légitime, s'inscrivait dans l'histoire de la famille qui la récupérait à sa façon en affirmant qu'il fallait que jeunesse se passe, mais que rien ne change. Monuments semblant à l'épreuve des siècles, les familles apportaient la sécurité d'un lien affectif durable à l'épreuve des crises de générations et des conflits entre l'amour et la raison. Aujourd'hui, celles qui restent conformes au modèle traditionnel paraissent mal armées pour affronter la modernité. Peu aptes à une évolution en souplesse, elles n'apportent à leurs membres qu'un soutien de médiocre valeur. Ce repli peureux sur un passé révolu les laisse désarmées face à une société qui change à une vitesse accélérée. Rien d'étonnant alors qu'ils se tournent vers l'alcool pour se donner du cœur au ventre.

Avec la nouvelle donne, chacun se trouve beaucoup plus libre, mais aussi beaucoup plus seul pour affronter la rencontre avec l'Autre. Les relations sexuelles n'ont plus lieu à l'ombre d'une promesse de mariage qu'elles ne feraient qu'anticiper ; elles ne s'inscrivent pas nécessairement dans une perspective de durée, et les avances ne sont plus le seul fait des mâles. Qu'il soit homme ou femme, l'individu n'a plus la possibilité de (se) masquer sa peur de n'être pas désirable ni celle d'être rejeté en prenant prétexte des interdits ou en accusant les usages imposés. Qui se dérobe à prendre le risque d'être éconduit ne peut plus s'en prendre qu'à lui-même. Qui est éconduit se retrouve seul responsable de son échec à plaire.

Dans ces conditions, il y a plus que jamais de quoi appréhender les jeux de l'amour malgré leur attrait et la facilité nouvelle de les pratiquer. Ce que la permissivité ambiante autorise aux individus – quand elle ne le leur prescrit pas –, leur désir d'être aimé le leur interdit. Peu tentés de découvrir que seuls leurs corps comptent et pas du tout leurs cœurs, ils sont freinés dans leur quête de plaisir, à moins que d'un commun accord ils ne suppriment l'amour pour n'en garder que les jeux. Largement disponible, l'alcool est là pour dissoudre la quête affective et rendre possible ce qui hier était presque impensable (autrement que de façon vénale) : faire l'amour sans l'amour. Rien d'étonnant alors qu'ils se tournent vers l'alcool pour se donner du cœur au bas-ventre.

L'homme moderne est débarrassé de nombre d'entraves connues par ses parents, mais il éprouve plus que jamais le besoin de se doper, car, libéré, il réalise que son rêve le plus fou d'homme libre est de n'être pas libre, mais d'être librement enchaîné. Il voudrait aimer et il voudrait être aimé. Dépendre totalement de l'amour inconditionnel de l'autre qui dépendrait totalement de son amour inconditionnel, tel est son rêve, tel est son cauchemar.

Être épris, quoi de plus envoûtant ? Quoi de plus inquiétant ? Certains y renoncent parce que la vie leur a appris la méfiance, parce qu'ils ont déjà connu l'échec ou qu'ils ont été abusés. L'alcoolisme de demain, qui se profile aujourd'hui, est celui des blessés de l'amour qui ne croient plus en rien ni en personne, à commencer par eux. Honteux d'être ce qu'ils sont, désabusés de n'intéresser personne, désespérés de n'attendre rien de la vie si ce n'est qu'elle passe, ils se détournent de l'amour et se tournent vers l'alcool ou des drogues. Cet alcoolisme sera mixte. Non seulement parce qu'il concernera les deux sexes, mais aussi parce que le plus souvent il ne sera plus isolé, mais associé à la consommation concomitante de médicaments ou de drogues. Certes, il restera des alcooliques de stricte obédience, intégristes de la bouteille ne jurant que par elle et ne voulant entendre parler de rien d'autre. Mais les buveurs de demain seront les jeunes d'aujourd'hui qui auront survécu : des buveurs d'alcool qui sont aussi des fumeurs de haschich, voire des héroïnomanes buvant massivement et pas seulement lorsqu'ils ne peuvent se procurer leur drogue ou ses substituts.

Le couple bière-shit est un classique d'adolescents qui n'en finissent pas de grandir. Désemparés d'être libres sans références et sans avenir, délaissés par des adultes qui ne s'intéressent à eux que lorsque leur violence atteint un seuil suffisant, ils oublient leur solitude, leur désespérance et leurs peurs (réelles et fantasmatiques) dans la pseudo-convivialité du groupe des pairs soudés par la mise en commun des canettes de bière et des barrettes de « H ». Le « deal » et le vol leur permettent d'assurer leur consommation et leur subsistance (voire celle de leur famille) tout en les amenant à jouer aux gendarmes et aux voleurs avec des forces de l'ordre démotivées d'avoir à affronter des jeunes de plus en plus jeunes et de plus en plus « cassés » par l'adjonction du crack à toutes les autres douceurs (!) qu'ils consomment pour supporter la dureté de leur vie, tandis que dans les salons on parle gentiment de drogues douces et de leur nécessaire dépénalisation. Il est vrai qu'il doit être scandaleux, pour quelques vieux beatniks rentrés dans le rang et leurs descendants reconvertis dans la défense de la nature, d'être privés du plaisir de se rouler un joint de temps en temps ! À côté de ce drame existentiel de première grandeur, le mal-être de jeunes sans présent et sans avenir, qui se bourrent d'alcool et de drogues faute d'avoir une place pour exister, ce mal-être est bien peu de chose, il suffit de ne pas trop y penser pour le voir s'amenuiser puis disparaître !

Vive l'amour ! Mais quand l'amour inquiète ou qu'il n'est pas au rendez-vous, la honte et la peur s'installent. Elles font préférer la défonce à la rencontre. Alors l'alcool ne suffit plus, il faut aussi des drogues. L'alcoolisme des jeunes n'est plus seulement l'autothérapie à visée intégrative et socialisante de leurs parents, il rejoint les toxicomanies dans lesquelles la dimension désintégrative est au premier plan. Quand, dans une société, les jeunes se droguent à en mourir, c'est cette société qui est malade.

L'alcoolique et l'alcool

Une furieuse soif d'amour

Pourquoi boit-on ? Pourquoi la saoulerie est-elle si attractive que certains y consacrent leur vie malgré la déconsidération et les désordres qu'entraîne leur conduite ?

Dans l'univers de l'alcool, tous sont liés. Dès que les alcooliers alimentent le marché, les consommateurs s'approprient les produits mis à leur disposition. Aidés par le groupe, ils apprennent l'art de boire et ont à se situer par rapport aux habitudes collectives. Ainsi est fixé un premier cadre facile à repérer. Mais, latent, dissimulé grâce à la complicité vaguement inconsciente de tous, s'organise à bas bruit un deuxième système de référence dont personne ne parle, bien qu'il soit finalement le seul à faire vraiment problème (pour une bonne part d'ailleurs, il fait problème parce qu'il est tacitement ignoré). *Boire une boisson qui contient de l'alcool est une chose, boire une boisson parce qu'elle contient de l'alcool en est une autre.* Ce détournement de l'usage est le fondement de l'alcoolisme.

Le refus de cette évidence conduit l'alcoologue à l'échec et l'alcoolique à sa perte. Si boire trop n'était qu'une question d'hygiène alimentaire, il y a belle lurette que de nouveaux modes de consommation seraient apparus sous la pression des hygiénistes. Si les hommes ne buvaient que pour respecter la coutume, il serait aisé de leur faire passer le goût du vin. Or il n'en est rien, comme le prouvent l'expérience des alcoologues et les façons de boire ou de ne pas boire des hommes et des femmes de notre pays : souvent, dans le pot offert au nom de l'amitié, c'est plus l'alcool contenu dans le verre qui compte que l'amitié dont il est censé être le symbole.

La dépendance, cette officielle cause de la ruine des alcooliques, est une conséquence sans doute exagérée des malheurs dont ils cherchent à se soulager en buvant et sur lesquels nous ne souhaitons pas avoir trop d'éclaircissements. Le jeu de la vérité passe pour cruel, la minimisation est plus douce à ceux qui peuvent s'en offrir le luxe, quitte à ce que le mensonge en fasse souffrir plus d'un. L'alcool est un produit idéal pour maintenir une demi-teinte en embrumant les esprits. De la dépendance sociale, qui est collective, à la dépendance biologique, qui est individuelle, il n'y a que quelques pas (quelques années ?) à franchir pour glisser d'une problématique qui nous concerne tous à la pathologie de quelques-uns, en escamotant l'essentiel.

Nous contribuons tous au maintien de la fiction qui fait de l'alcoolique un diminué, un sous-homme en quelque sorte, pas vraiment fou, pas nettement malade, pas clairement normal. Nous le décrivons comme autre et moins bien que nous, victime consentante de la boisson, afin de ne pas savoir à quoi lui sert l'alcool, à quoi nous sert l'alcool lorsque, comme lui, mais plus discrètement, nous le buvons pour ce qu'il est et pour ce qu'il provoque.

L'alcool apaise la peine et réjouit le cœur : c'est pourquoi certaines femmes et certains hommes lui sacrifient leur organisme. Silencieusement, ces sacs à vin décatis qui ne vivent plus que par et pour l'alcool se réduisent à la dimension d'une bouche-goulot et d'un corps-litron avant de devenir cadavres. Ils inscrivent dans leurs tripes : « Qu'importe le flacon pourvu qu'on ait l'ivresse. »

Ne soyons pas dupes, boire trop n'est pas qu'une partie de plaisir ni le résultat d'un entraînement funeste, c'est aussi un sacrifice à l'estime de soi et à celle des autres. L'alcoolique est un être excessif qui ne supporte ni sa médiocrité ni la nôtre. Haineux mendiant d'amour, il nous met au défi d'être plus nobles que lui. Pour son malheur, l'ignominie qu'il affiche nous pousse trop souvent à la faute de nous croire meilleurs que lui.

Si les impératifs culturels qui favorisent ou, au contraire, freinent le recours à l'alcool introduisent la seule différence sérieuse dans l'usage excessif de la boisson par les hommes et par les femmes, une fois dépassées les bornes de la bonne conduite, il n'y a plus de discrimination sexuelle qui tienne : l'ivresse est voulue et recherchée pour les mêmes raisons, que l'on appartienne au premier ou au deuxième sexe.

La clinique de l'alcoolisme est étonnamment monotone, non seulement parce que l'alcool uniformise les apparences en imprimant de façon analogue sa marque dans toutes les chairs, mais plus encore peut-être par la similarité des raisons invoquées pour expliquer, voire justifier les abus. Au-delà des rationalisations superficielles par les mauvaises fréquentations, l'entraînement ou les habitudes, quand les confidences deviennent possibles, toujours la même angoisse, le même questionnement, la même rage font surface : qu'ai-je donc de particulier pour n'être pas aimé ? Qu'ai-je fait pour mériter un tel sort ? Pourquoi les autres sont-ils mieux lotis et plus appréciés que moi ?

Ces trois interrogations sont toujours présentes chez les alcooliques, mais dans des mesures variées. Tantôt l'une est brûlante, tantôt l'autre est lancinante, ailleurs c'est la troisième qui obsède. Leur intrication est telle qu'il est difficile de les séparer, mais la mésestime de soi est généralement flagrante alors que la jalousie et la culpabilité sont plus dissimulées. À la différence de Caïn qui a voulu résoudre le problème en se débarrassant d'Abel, le favori de Dieu, l'alcoolique ne s'autorise pas au meurtre, car il a conscience qu'il perdrait définitivement tout crédit. Haineux, jaloux, il se fait davantage le gardien de son frère que son assassin. Il le couve pour mieux étouffer ses velléités homicides. Quant à la révolte contre celle ou celui qui a préféré le rival, elle est enfouie au plus profond de l'âme, seule est exprimée l'hostilité contre le sort ou le ciel.

Parfois cependant, l'alcool aidant, le buveur en arrive à des voies de fait sur la ou le préféré et celle ou celui qui n'a pas su reconnaître ses mérites à lui, mais le plus souvent il contrôle avec fermeté cette violence meurtrière qui gît au fond de son cœur tant il en a honte et peur. L'alcool noie l'amertume, c'est sa première fonction, mais, dans la mesure où il anesthésie la honte et soulage la peur, il autorise parfois le déchaînement de la rancœur. À l'acmé de l'ivresse, si un coma salvateur ne vient éteindre la conscience, la fureur se débride, le meurtre ou le suicide ne sont plus très loin.

Paul a tué sa femme et l'amant de celle-ci alors qu'il les avait vus étendus sur le lit conjugal. Son sang n'avait fait qu'un tour, car, au-delà et en plus de l'infidélité actuelle de sa compagne, il avait revécu dans la même vision les scènes cauchemardesques de son enfance dans lesquelles sa mère se donnait à des amis de passage dans la chambre parentale, sans trop se soucier de la présence du petit Paul. Pourquoi, avant de les épier, alors qu'il venait déjà d'acheter la carabine, pourquoi a-t-il éprouvé le besoin de boire, lui qui depuis quelques mois s'était détourné de l'alcool. Était-ce pour se donner le courage de faire sa justice lui-même, était-ce, au contraire, une ultime tentative pour s'arrêter sur la voie du crime alors que la souffrance était débordée de tous côtés par la haine ? Comment le savoir ?

Pourquoi ne m'aime-t-on pas autant que les autres, pourquoi moi ? Ces questions restent dans la gorge de l'alcoolique. Souhaitant peut-être en connaître la réponse, désireux plus encore de rester dans l'ignorance afin de ne pas savoir un verdict qu'il croit ne pouvoir être que mauvais, il vit en permanence dans l'inconfort entre une demande d'amour déçue, une jalousie obsédante et une pénible honte de soi.

Très profondément – mais il est rare qu'il se l'avoue, plus exceptionnel encore qu'il accepte d'en parler – l'alcoolique cache au tréfonds de son cœur des désirs parricides ou matricides qui le font se considérer comme un monstre. Sûr d'être honteusement chassé par ses frères humains s'ils apprenaient l'existence de ses horribles pensées, il craint plus que tout qu'elles ne transpirent et il les refoule impitoyablement.

Attaché passionnément à des géniteurs qui lui ont donné le jour, mais qui lui en ont fait voir de toutes les couleurs, parfois réellement et souvent dans ce cas à cause de leur propre alcoolisme, parfois dans son imagination, parce que, glouton affectif, il attendait trop d'eux, il est écartelé entre une envie dérisoire de les croire malgré tout bons parents et une tentation affolante de les faire disparaître, parce que leurs mauvais soins réels ou supposés l'ont désespéré. S'ils sont morts, le simple fait d'avoir souhaité la survenue de cet événement est source de culpabilité et de honte : comment un enfant peut-il souhaiter la mort de ceux qui lui ont donné la vie ? S'ils sont vivants, il les malmène et offre le désastreux spectacle de sa déchéance pour mieux les accuser d'être à l'origine de son triste sort, tout en rendant l'alcool responsable de leur rejet : si je ne buvais pas, ils m'accueilleraient.

Rêvant de paradis, l'alcoolique fait de son destin un enfer. Il enrage et souffre de ne pas être assez aimé ; et parce qu'il en est ainsi, il hait et se hait de ne pas aimer.

Afin de découvrir son calvaire, il nous faut écouter ce qu'il livre peu à peu dès qu'il a pu avouer qu'il avait des problèmes et qu'il était susceptible d'en être soulagé en parlant de ce qui le faisait souffrir plutôt que de le garder pour lui en faisant de la bouteille sa seule vraie confidente.

Une honte brûlante

Une des rares faiblesses que cette femme ou cet homme soit susceptible d'admettre assez rapidement, parfois dès la première rencontre, est une substantielle timidité, bien souvent ressentie dès l'enfance : tel devait se cacher derrière sa mère ou sous la table si un étranger se présentait à la maison, tel autre était incapable de pousser la chansonnette ou de dire un compliment à l'occasion d'une fête de famille. À l'école, il paniquait à l'idée d'aller au tableau, la leçon apprise ne pouvait être récitée sous le regard des camarades de classe. Le cœur battant, rouge de confusion, le futur alcoolique n'avait plus qu'à s'asseoir à sa place, n'ayant pu dire un mot, sanctionné par le zéro fatidique et sûr de n'être pas félicité par ses parents alors que justement, comme par hasard, le frère (ou la sœur) indubitablement « chouchouté » était un bon élève, cité en exemple au malheureux qui n'arrivait pas à sa cheville...

Ailleurs, ladite timidité est plus une gêne en rapport avec le sentiment de ne pas appartenir à un milieu convenable. Avant de devenir peut-être la honte de sa famille, le futur alcoolique a eu honte des siens. Tel ressent encore la rage et l'injustice de devoir aller à l'école avec des vêtements de récupération, usagés et mal taillés, parce que les parents étaient trop pauvres pour permettre à leur enfant d'avoir un « look » conforme. Que dire aussi de l'humiliation éprouvée lorsqu'il fallait aller chez un commerçant à la place de la mère demander un crédit alors que l'ardoise déjà importante rendait l'épicier peu amène... *A fortiori* si les parents étaient considérés comme les ivrognes du village. Longtemps après, les commentaires des « braves gens » tintent aux oreilles. Ils retentiront au fond du cœur toute la vie, d'autant plus violemment qu'il est impossible d'en dire quoi que ce soit, tant la honte reste cuisante. Cette brûlure cachée ne peut guérir, puisque la loi du silence que s'impose le buveur interdit qu'aucune parole consolatrice puisse être prononcée pour réparer l'effet du scandale. Dans ces situations, le bouillonnement affectif est intense. Se mêlent la haine, la honte, la culpabilité, les désirs de meurtre. La loyauté vis-à-vis des parents, parce que ce sont les parents que l'on aime, malgré et à cause de leurs faiblesses, cette loyauté, ingrédient indispensable au sentiment de sécurité, se déchire au contact de l'envie de renier ces mêmes parents, qui ne sont pas ceux que l'on aurait souhaités, eux qui se font montrer du doigt ou qui lâchement envoient leurs enfants faire les corvées ou prendre les risques à leur place.

La réalité n'est pas toujours celle d'une misère sociale. L'équation pauvreté, précarité, alcool est sensiblement réductrice ; néanmoins, dans les bidonvilles, au sein de la solidarité, se développent parfois des espaces de barbarie et dans les banlieues s'organisent des ghettos peu propices à l'échange. En ces lieux, plus qu'ailleurs peut-être, l'enfant est tôt, trop tôt et trop brutalement, confronté au manque de considération de l'humain pour l'humain. À l'âge de l'innocence, il écarquille les yeux sur un monde où l'exploitation des uns par les autres est immédiatement perceptible dans son inquiétante réalité. Aucune protection ne vient amortir la violence des rapports ; aussi le petit d'homme prend-il une conscience aiguë de sa fragilité et il a peur. Peur de se montrer faible, peur de ne pas savoir maîtriser une demande d'amour dont personne ne lui sait gré. La principale leçon de la misère est que l'homme n'a aucune estime pour l'homme. La survie de son semblable est le cadet de ses soucis, même s'il affiche de nobles sentiments.

Être du quart monde, c'est aussi vivre le mépris de ceux qui ont des moyens. C'est vivre ces regards qui se détournent ou, au contraire, se fixent un peu trop. C'est connaître l'humiliation des demandes d'aide à formuler auprès des services sociaux. C'est affronter la bonté des braves gens en mal de paradis. À défaut d'être présentable, le pauvre trouve vite la solution de l'alcool pour ne pas être trop gêné par ses haillons et pouvoir ignorer les regards évaluateurs de ceux qui ont plus d'aisance. Ils auront alors beau jeu de prétendre que s'il ne buvait pas il n'en serait pas là, tandis qu'il affirmera ne boire que parce qu'il ne trouve pas de travail.

Avec l'exclusion qui se développe actuellement, l'alcoolisme a de beaux jours devant lui car « la parade de l'exclu face à l'exclusion, et dès lors qu'il a le sentiment de ne pouvoir la vaincre, est d'essayer de s'abrutir pour ne pas avoir conscience de sa misère et de sa dégradation comme humain à l'égal des autres (40) ». Dans cette visée, l'alcool joue un rôle privilégié, car il est très facile de se le procurer et à bas prix, ce qui le rend apte à réduire tous les éléments du « syndrome d'exclusion » (46). Lié à l'exclusion, indépendant de l'état psychique antérieur de l'exclu, ce syndrome associe la honte, la désespérance et l'inhibition affectivo-cognitive en un paquet difficilement dissociable.

La honte pousse à boire, il n'y a pas lieu d'y revenir. La désespérance également, car l'ivresse éloigne le chagrin et tempère l'anxiété.

Différente de la dépression qui réclame des antidépresseurs pour guérir, la désespérance n'est pas accessible à ces médicaments. Elle est longtemps réversible si la situation du sujet concerné s'améliore, car elle est fondamentalement liée à sa situation d'exclu. Mais elle peut à tout moment culminer en désespoir et le pousser au suicide. L'alcool ne peut évidemment que la masquer, mais il l'entretient tout en l'aggravant à la longue. L'inhibition affectivo-cognitive est liée à la volonté plus ou moins consciente de se protéger d'un monde extérieur trop insécurisant. Pour essayer de survivre dans sa galère, l'exclu se refuse à penser et à rêver. Toute son énergie, il veut la consacrer à sa survie. Il s'efforce de ne pas penser, car, dès qu'il pense à lui ou à sa situation, il a des idées noires. Il interdit à son imagination de vagabonder, car le retour à la réalité serait trop cruel. Il ne veut pas non plus essayer d'aimer, parce qu'il sait trop bien qu'il n'est pas présentable et qu'il ne supporterait pas, en plus de sa précarité, la déconvenue d'un refus. Dans ce travail de laminage des pensées et des sentiments, l'alcool est un excellent abrasif. Ce n'est pas l'alcool festif d'un moment de joie, c'est l'alcool-drogue qui assomme la bête humaine. Il est absorbé sans plaisir, mais massivement, pour permettre au sujet exclu de s'inscrire aux abonnés absents pendant que l'épave humaine avinée qu'il est devenu, à ses yeux et aux yeux des autres, tend la main pour mendier, toute honte bue.

Penser que l'on ne compte pour personne est une des raisons d'entrer en alcoolisme. Penser que vos propres parents ne vous ont pas estimé digne de tous les sacrifices et ont même été susceptibles de vous sacrifier à leurs intérêts ou à leur sécurité conduit souvent à perdre radicalement confiance en soi.

Adolphe est un alcoolique, il ne travaille plus et trouve un certain équilibre dans l'inversion des rôles traditionnels entre le mari et la femme : c'est lui qui tient la maison et c'est elle qui gagne la vie de la famille. Il boit beaucoup, menace parfois, fréquente un peu un hôpital de jour quand il n'en peut plus et qu'il n'est pas ivre mort. Il se souvient encore de sa peine de n'avoir pas entendu son père, Alsacien revanchard, lui interdire de s'engager pour bouter l'Allemand hors de France lors de la dernière guerre mondiale. Le plus jeune de son unité, il entendait les autres soldats se révolter à l'idée qu'un père laisse son enfant risquer sa vie et en déduisait que son géniteur ne l'aimait pas vraiment, mais il ne pouvait pas ne pas constater que les mêmes qui étaient si critiques n'hésitaient pas à l'envoyer dans des missions dangereuses de reconnaissance sous prétexte que sa petite taille et sa gracilité lui permettaient de passer plus facilement inaperçu.

Joseph, quant à lui, enseignant dont l'alcoolisme retentit sévèrement sur la carrière, quelque quarante ans plus tard se souvient avec rage de sa déconvenue lorsqu'il a découvert que le père Noël n'existait pas. Ce jour-là, par hasard, il a vu derrière une armoire la panoplie que ses parents avaient achetée pour qu'il la retrouve dans ses souliers le 25 décembre. « On m'avait pris pour un con. » Cette idée qu'on avait abusé de sa naïveté d'enfant avait été littéralement traumatique. À partir de là il ne pouvait plus faire confiance à personne, puisque ses parents avaient été capables de travestir la vérité et de se moquer de lui. Les racines de sa vocation d'enseignant plongent dans cette expérience, ainsi que son désir d'être un pédagogue disant toujours le vrai pour qu'on cesse de tromper les enfants. Son alcoolisme aussi se nourrit du ressassement de cette aventure banale. D'une part, on l'a pris pour un crétin qui croit au père Noël, d'autre part, ceux qui ont fait cela sont ceux qui auraient dû être les plus fiables, ses parents. En outre, il ne pouvait pas le leur reprocher, car ils avaient fait cette cachotterie gentiment, pour lui faire plaisir.

Julie a été sûre durant quelques années d'être la préférée de son père, un riche exploitant agricole. Petite fille, elle l'accompagnait dans les champs chaque fois que cela était possible et essayait de l'imiter. Elle a été terriblement mortifiée le jour où, ayant atteint l'âge auquel ses frères avaient eu le droit de conduire le tracteur, elle a été écartée de cette tâche sous le prétexte qu'elle était une fille. Ce jour-là, l'adolescente qu'elle était devenue a découvert de façon traumatique qu'une fille n'était jamais qu'un garçon manqué. Elle s'en est d'autant moins remise que plus tard une stérilité est venue lui prouver qu'elle n'était même pas une femme réussie. Étudiante, elle buvait déjà pour s'étourdir et accepter de jouer le jeu de l'objet convoité, alors qu'elle aurait préféré conduire la danse. Lorsque le diagnostic est venu lui signifier qu'en outre elle était incapable d'être mère, elle s'est enfoncée davantage dans la voie de l'alcoolisme et de la déchéance puisqu'elle était une moins que rien : pas un homme, ni même une vraie femme.

Ces quelques histoires permettent de repérer combien le sentiment de dévalorisation pèse lourd chez les alcooliques. Rattaché par eux à quelque événement marquant de l'enfance, il traduit l'échec de l'assomption de soi comme sujet désirable. Le futur alcoolique sort de l'enfance sans avoir le sentiment d'être soutenu par l'admiration qui accompagne les premiers pas des bébés. Avant même d'avoir appris à boire, il titube maladroitement et se lance timidement dans l'existence sans l'enthousiasme des vainqueurs. En même temps qu'il réalise la dureté du monde ambiant, il prend peur de ne pas faire le poids pour se défendre. Pas assez solide, pas assez aimable : tel est le cadeau empoisonné qu'il a l'impression d'avoir reçu de la fée Carabosse penchée sur son berceau.

Une timidité maladive

De fait, tous les alcooliques sans exception présentent des anthropophobies, c'est-à-dire des phobies qui se manifestent lors des contacts avec les autres humains. Malades de ce que les autres peuvent penser d'eux, ils cultivent le sentiment d'avoir quelque chose d'anormal qui les marque et explique le manque d'amour et le rejet par l'entourage.

Le plus souvent, il s'agit d'une dysmorphophobie : conviction non justifiée dans la réalité d'avoir une difformité corporelle. Parfois il existe, c'est vrai, une authentique malformation, gibbosité ou boiterie, par exemple, à laquelle le buveur rattache tous ses malheurs et qui, dans la réalité, a pu être source de sarcasmes. Dans l'immense majorité des cas, cependant, même un regard très critique ne décèle aucun défaut. Tel pense que ses jambes sont trop maigres, il s'habille avec des pantalons très moulants pour essayer de faire ressortir ses mollets, tel autre estime qu'il a les oreilles décollées, celui-ci a honte de sa calvitie qu'il essaie de cacher en rabattant ses mèches ; il s'efforce de ne pas sortir quand il y a du vent pour que le camouflage réalisé à grand renfort de laque ne se défasse pas.

Chez Antoine, la dysmorphophobie s'appuie sur une réalité, il a un testicule réduit à la taille d'un pois à la suite de sa torsion accidentelle lorsqu'il était enfant. Il pense avoir lu dans le regard du médecin qui l'avait examiné quelque chose de l'ordre du mépris. À l'adolescence il est devenu incapable de sortir sans avoir bu, imaginant que tous, les femmes plus particulièrement, pouvaient, malgré les vêtements, deviner cette atrophie, pourtant sans conséquence sur ses capacités sexuelles. C'est un mauvais garçon dans tous les sens du terme : mauvais mâle à ses yeux, il se conduit en vaurien, volant et buvant, incapable de travailler normalement, sauf lorsqu'il est en prison. Là, du moins les premiers jours de ses incarcérations, il se trouve bien, détendu et sans éprouver le besoin d'alcool. En ce lieu, il n'y a pas de femmes. En plus, le fait d'avoir été mis à l'ombre le place à l'abri des regards potentiellement moqueurs et lui permet de s'affirmer comme un vrai « mec », un homme qui en a... puisqu'il est rebelle à la loi et non intimidé par la sanction. Ce psychopathe cache soigneusement son drame intime mais en rajoute largement par son inconduite et ses tatouages faciaux qui, sans qu'il lui soit nécessaire d'en fournir les preuves, permettent de le cataloguer au rayon des durs dès le premier regard. Grâce à eux, il est sûr que son visage attire l'œil plus que son pantalon... La prison est le refuge de cet « antisocial ». Paradoxalement, c'est là qu'il s'aère entre deux plongées dans la société au cours desquelles il a besoin de boire pour affronter le monde.

Augustine est laide, c'est une évidence qui s'est imposée à elle depuis son enfance. Longtemps elle a fait avec. À l'adolescence, une acné substantielle avait encore aggravé les choses. Néanmoins, gentille, elle avait de nombreux camarades. À l'entendre, il ne leur venait même pas à l'idée de la séduire, tant il allait de soi qu'elle n'était pas sortable... En revanche, elle était une excellente confidente, celle à qui ils pouvaient raconter leurs chagrins d'amour. On lui parlait, mais on n'échangeait pas avec elle. Elle était là pour écouter. Elle a eu quelques amants, ainsi qu'une liaison plus sérieuse, mais rompue par son partenaire. Elle a toujours eu le sentiment de n'être qu'un pis-aller, quand elle n'était pas laissée pour compte. Le soir, elle s'est souvent retrouvée seule, très seule, puis avec quelques verres de whisky, et puis la bouteille... Ce n'est qu'après une cure de désintoxication qu'elle réalisera auprès d'autres alcooliques qu'elle a quelque chose à donner : son expérience de soûlarde. Elle n'est pas qu'une poubelle à confidences, elle est un être humain. Que de temps perdu et que de souffrance pour réaliser cela, qui est évident... Augustine, quoi qu'elle en dise et malgré l'intoxication chronique, n'est pas dépourvue de charme.

L'éreutophobie, crainte de rougir en public, est également très fréquente. Dans la nébuleuse que constituent la pudeur, le respect humain, la timidité ou l'émotivité, elle se caractérise par un vécu pénible, voire très pénible, des réactions vasculaires qui accompagnent les émotions. « Piquer un fard », c'est montrer un manque de contrôle de soi, c'est risquer de livrer aux autres des pensées secrètes, c'est être trahi par le corps. Il est fascinant de penser que les mêmes qui ont toujours rêvé de masquer leurs affects, qui auraient voulu avoir un visage atone, marmoréen, pour s'imposer comme inintimidables et maîtres d'eux, se retrouvent, quelques années plus tard et après de nombreux verres, avec les stigmates colorés de l'alcoolisation chronique et montrés du doigt pour avoir dépassé les limites.

La peur de parler se voit aussi : s'exprimer en public, bien sûr, mais surtout s'adresser à quelqu'un du sexe opposé. Elle se combine avec la crainte de rester silencieux et de passer de ce fait pour un idiot. Empêtré dans son dilemme, ne pouvant ni parler ni se taire, l'alcoolique reste muet, à moins que l'alcool ne lui délie la langue.

Trouver ses seins trop petits ou trop gros, son pénis trop court, son ventre trop rond, son nez trop pointu ou trop camus, se vivre comme un nabot ou ne pas supporter d'être traité de grande asperge, avoir peur de rougir, de blêmir ou de bafouiller, toutes les histoires d'alcooliques ramènent des préoccupations de ces types variés, mais qui renvoient inéluctablement au double sentiment d'un manque à avoir et d'un manque à être. Ces derniers retentissent l'un sur l'autre dans un inextricable embrouillamini qui ne permet pas de savoir si l'alcoolique cafouille sa vie à essayer d'être et de faire comme les autres parce qu'il se sent mal armé, parce qu'il se sent mal aimé ou pour ces deux raisons. Encore heureux s'il n'a pas le sentiment de sentir mauvais, tel Germain, qui noie sa conviction fausse d'être puant (autodysosmophobie) en buvant de l'alcool pour la supporter et en s'aspergeant de parfums forts avec, comme seul résultat, les pincements de narine de ceux qui s'approchent de lui et sont incommodés non par son odeur, mais par les produits qu'il utilise pour la camoufler. Germain, dont le symptôme, très invalidant et difficile à soigner, est heureusement peu répandu, témoigne assez bien du drame de l'alcoolique. Il a peur, que dis-je, il est sûr qu'on ne peut pas le sentir, car il n'est pas comme tout le monde. Pour vivre, il doit cacher qu'il n'est pas comme les autres sous peine de rejet ; alors il boit et il reboit pour s'accepter et se rendre acceptable... jusqu'au rejet final, lorsque, détruit par l'alcool, il se moque complètement de ce qui lui arrive et de ce que les autres pensent de lui.

Une autothérapie sauvage

Le regroupement de ces craintes diverses sous l'unique rubrique des anthropophobies n'est pas conforme aux usages qui tendent à prévaloir actuellement dans les classifications modernes des maladies mentales. C'est ainsi que, dans la dixième révision de la Classification internationale des maladies (CIM 10), publiée sous l'égide de l'OMS, sont décrites des phobies sociales dans lesquelles la crainte dominante est celle d'être exposé à l'observation attentive d'autrui (peur de parler en public, de rencontrer des personnes de l'autre sexe, etc.). Ces phobies sociales sont distinguées de la peur des foules, des transports collectifs, des magasins, et, d'une façon générale, de la peur de se retrouver dans des endroits publics, toutes peurs qui sont rassemblées sous l'appellation d'agoraphobie (qui dans cette acception ne se limite donc pas à une peur des espaces découverts). Dans l'agoraphobie, la crainte centrale n'est pas de se donner en spectacle, comme dans les phobies sociales, mais de ne pouvoir être secouru en cas de malaise ou de ne pouvoir quitter un endroit parce que c'est trop difficile ou gênant. Dans cette même classification, la dysmorphophobie n'a pas de rubrique spécifique. Préoccupation concernant le corps, elle est incluse dans le trouble hypocondriaque.

Dans le DSM IV (Diagnostic and Statistical Manual of Mental disorders. Fourth edition revised) mis au point par l'Association américaine de psychiatrie, les phobies sociales et l'agoraphobie sont également distinguées, mais en ce qui concerne les premières l'accent est plus nettement mis sur la crainte de l'embarras et de l'humiliation, tandis que la seconde est très étroitement associée à l'attaque de panique (crainte brutale, survenant inopinément et limitée dans le temps, de perdre le contrôle de soi, de mourir, etc. accompagnée des symptômes physiques tels tremblements, palpitations, etc.). À la différence de la CIM 10, la dysmorphophobie bénéficie d'une rubrique spécifique comme peur d'une dysmorphie corporelle.

Ces classifications, qui sont très utilisées, servent de références au niveau international. Nécessaires pour les échanges entre spécialistes, elles obéissent à des impératifs de cohérence pour que, sous les mêmes appellations, tous parlent de la même chose. Elles sont le fruit de discussions serrées entre experts qui s'efforcent d'arriver à des définitions et à des descriptions aussi consensuelles que possible des troubles étudiés. Elles sont en remaniement permanent du fait des progrès des sciences, de l'évolution des conceptions pathogéniques et des pratiques qui en découlent, ce qui explique leurs révisions successives. Si elles s'efforcent d'éviter leur inféodation à telle ou telle théorie pour pouvoir être adoptées sans trop de réticences par tous les praticiens et les chercheurs quelles que soient leurs références, elles ne peuvent être totalement indépendantes des conceptions dominantes à un moment donné ni échapper à un prédécoupage du champ des maladies mentales à partir des grandes hypothèses classiques concernant la nature des désordres intimes supposés être à l'origine des manifestations cliniques observées. C'est ainsi que, dans les deux classifications, les phobies sociales et l'agoraphobie se retrouvent à la rubrique de l'anxiété, tandis que les dysmorphophobies sont placées à celle des plaintes somatiques (définies comme troubles hypocondriaques dans la CIM 10 et comme troubles somatoformes dans le DSM IV).

Mais il y a plus en ce qui nous concerne ici. Aussi bien dans la CIM 10 que dans le DSM IV, la dimension intentionnelle de l'alcoolisme n'est pas prise en compte. Seuls sont répertoriés les troubles liés à l'utilisation de l'alcool, tels l'abus ou la dépendance, et ceux qu'il induit, telles les complications du sevrage, certaines altérations de l'humeur ou du caractère, etc. C'est pourquoi, en dehors de la dépendance, les motifs qu'a un individu pour boire excessivement ne peuvent être appréhendés par qui n'a pas d'autres références que ces classifications. Ils ne sont même pas envisagés. L'essentiel de ce qui fait un alcoolique, ses raisons personnelles de boire excessivement sont complètement escamotées faute que la question puisse se poser. Après une omission de cette taille, qui invalide le sujet alcoolique pour n'en faire qu'un assoiffé dépendant de l'alcool, le fait que les troubles qu'il met en avant pour expliquer son recours excessif à l'alcool se retrouvent à des rubriques différentes n'a plus qu'un caractère anecdotique.

Discrètement, sous couvert de consensus, au nom de l'objectivité scientifique et de l'efficacité thérapeutique, les classifications actuellement en vogue aboutissent concrètement à officialiser le fait que l'aspect relationnel et la dimension psychologique de l'alcoolisme sont parfaitement négligeables. Parce qu'elles s'intéressent au produit alcool et à ses conséquences, mais font l'impasse sur les raisons de boire de celui qui l'ingurgite et en subit les effets (aussi bien ceux qu'il recherche que ceux qu'il aimerait éviter), parce qu'elles négligent le rôle des interactions entre l'alcoolique et l'alcoologue dans la réduction ou au contraire la pérennisation des excès, non seulement ces classifications ne sont guère utilisables pour qui veut comprendre l'abus d'alcool comme une démarche active et non pas uniquement comme un trouble ou une maladie subie, mais en plus elles remplissent une fonction de censure d'autant moins perceptible qu'elles ont réussi à acquérir un statut de références quasi universelles.

Le recours au concept d'anthropophobie permet de résister aux effets néfastes de cet obscurantisme déshumanisant qui se donne comme l'éclairage le plus actuel au sujet de l'alcoolisme en même temps qu'il efface le sujet alcoolique. Il permet de regrouper sous un seul vocable les phobies sociales et les dysmorphophobies dont parle régulièrement l'alcoolique, tout en faisant référence à leur double dimension de trouble de relation à l'autre et à soi. En replaçant au premier plan de la clinique les symptômes allégués par les sujets qui boivent avec excès pour justifier leurs excès, il permet d'améliorer la qualité de l'écoute. Encore faut-il accepter de reconnaître, dans la présence simultanée d'une anthropophobie et d'une alcoolisation excessive, la relation de cause à effet mise en avant par les buveurs eux-mêmes. C'est la reconnaissance de l'existence de cette relation qui donne à leur alcoolisme la dimension d'une autothérapie sauvage et maladroite plutôt que celle d'une maladie liée à une dépendance.

Quand ils arrivent à évoquer leur souffrance, les alcooliques ne se réfèrent pas aux classifications internationales que, d'ailleurs, ils ne connaissent très généralement pas. S'ils ont du mal à admettre l'assujettissement au produit, pourtant souvent réel (même si la tendance dominante est d'en exagérer l'importance), ils savent en revanche très bien dire ce qui les pousse à boire et ce qu'ils cherchent dans l'alcool, qu'ils puissent ou non s'en passer. Au-delà de l'abus qui est leur symptôme commun – qu'il les conduise à consulter de leur propre initiative ou sur la demande d'un tiers, ou qu'il soit mis en évidence lors d'une consultation demandée pour un autre motif –, ce qui permet de les rassembler en un seul groupe est l'unicité de l'affect qui les mobilise sous la pluralité des motifs qu'ils invoquent pour justifier les excès, et qui est la honte. Anthropophobes malheureux, ils ont honte de ce qu'ils sont et de ce que l'on pourrait penser d'eux. D'abord, ils boivent pour cacher leur honte, ensuite ils cachent qu'ils boivent car ils ont honte d'être pris pour les alcooliques qu'ils sont devenus, et ils ont peur d'encourir le mépris des buveurs ordinaires qui savent se tenir et « tenir » l'alcool. Cette honte qui tout à l'heure provoquait leur « je bois comme tout le monde » ou leur « je ne bois pas », dans un effort désespéré pour éviter l'étiquetage... honteux d'alcoolique, cette honte était toujours déjà là avant l'alcool. Elle est le secret de l'origine de leur alcoolisme tout autant qu'elle est à l'origine de leur peur d'être pris pour des alcooliques.

Qu'il semble plutôt dans le registre anxieux parce qu'il a peur des foules ou peur de se montrer sous un mauvais jour, qu'il soit plutôt dans le domaine de l'hypocondrie parce qu'il se trouve « mal fichu » du fait d'une hypothétique dysmorphie corporelle, c'est toujours le sentiment de n'être pas comme les autres que l'alcoolique met d'abord en avant lorsqu'il décrit les symptômes qu'il présente, et c'est cela qui le pousse à boire. Ses symptômes, qui constituent parfois de graves handicaps dans sa vie quotidienne, le gênent moins pour ce qu'ils sont que pour ce qu'ils représentent pour lui : une insuffisance, une déficience ou une faiblesse dont il a honte car il pense qu'elle est rédhibitoire à son acceptation et à sa reconnaissance comme leur semblable par ses frères humains.

Les alcoologues contemporains qui sont dans la mouvance idéologique véhiculée par les grandes classifications internationales ne s'intéressent guère à la place de la honte dans la psychopathologie de l'alcoolisme. C'est ainsi que, dans le récent ouvrage collectif *Alcoolisme et psychiatrie, données actuelles et perspectives* (sous la direction de Jean Adès et Michel Lejoyeux) (1) auquel ont pourtant collaboré d'éminents alcoologues français, les rapports entre alcoolisme, anxiété et dépression sont (entre autres) étudiés dans de longs chapitres, mais pas ceux avec la honte. Elle n'est d'ailleurs pas mentionnée dans l'index du livre.

De fait, nombreux sont les travaux qui signalent la fréquente association de l'alcoolisme avec la dépression ou les troubles anxieux, et singulièrement les phobies sociales. Mais il y a aussi beaucoup de sujets malheureux ou mécontents de leur apparence physique et/ou craignant de rencontrer d'autres humains qui ne boivent pas pour autant. Qu'ils se plaignent d'une phobie sociale ou d'une dysmorphophobie, qu'ils présentent des attaques de panique dont l'attente les terrorise, que leur solitude ou leur ennui les dépriment, ces individus sobres viennent consulter précisément pour ces raisons afin d'être soulagés de leurs symptômes et de retrouver la joie de vivre. Des alcooliques qui présentent les mêmes symptômes n'en parlent pas spontanément. Ils en ont trop honte pour se permettre de consulter à leur propos. Ils ont préféré lutter solitairement et secrètement contre eux, avec l'aide de l'alcool, plutôt que de prendre le risque de se montrer défaillants en demandant de l'aide à autrui, même avec la garantie du secret médical. Quand enfin la place de l'alcool dans leur vie devient trop importante pour qu'elle puisse demeurer secrète, ils sont amenés, difficilement, à reconnaître qu'ils boivent trop, mais ils sont encore très réticents à dévoiler les raisons de leurs excès. Dans une certaine mesure, la dépendance les arrange en rendant la biologie responsable de leur défaillance, mais elle les dérange aussi puisqu'elle les désigne comme différents des autres qui peuvent boire normalement

« comme tout le monde ». Et ils n'auront de cesse que de démontrer, contre toute évidence, qu'ils ne sont pas dépendants !

Chez eux, la conviction d'être porteur d'une anomalie physique, la peur d'avoir un malaise en public ou celle de perdre contenance, l'angoisse de ne pas réussir, la tristesse de ne pas pouvoir communiquer faute d'oser le faire, tout cela a été alimenté et entretenu par la honte. Elle a toujours été à l'œuvre sous ces symptômes qui tout à la fois l'ont fait naître, l'ont incarnée puis l'ont entretenue dans un cercle vicieux impossible à rompre tant que la passion morbide de paraître sans faiblesse(s) l'a emporté chez eux sur le désir d'être simplement soi-même, c'est-à-dire un humain faillible et limité, fondamentalement dépendant des autres, parce que riche de sentiments.

L'affectivité fait l'humain. Elle est une faiblesse, car elle le rend vulnérable. Elle est une richesse car elle le rend aimable. Pour l'alcoolique, elle n'est que danger. Sa survie au milieu des autres, il ne la croit possible que s'il n'a aucune faiblesse, aucun défaut ou, au moins, s'il paraît sans peur et sans reproche. Non pas tant pour donner l'impression d'être un surhomme, mais surtout pour ne pas courir le risque d'être ridicule en prétendant vouloir être aimé. Si, pour lui, éprouver des sentiments pour quelqu'un est éminemment dangereux et sensiblement gênant, cela reste possible tant que personne ne le sait, à commencer par la personne aimée. Mais avoir des symptômes qui traduisent un manque de contrôle de soi, et surtout que cela se sache, est inacceptable et franchement honteux. Dépendre de l'autre est inquiétant, ne pas être maître de soi est pire que tout.

« Je ne suis pas fou » est le cri du cœur de tous les buveurs, qu'ils soient actuellement consommateurs excessifs ou qu'ils soient devenus des abstinents militants. À tout prendre, ils préfèrent encore être étiquetés comme inaptes à contrôler leur consommation d'alcool que comme incapables de maîtriser leurs nerfs. Et dans cette perspective, quand il ne leur sera plus possible de cacher leur manque de maîtrise vis-à-vis de l'alcool, ce dernier deviendra facilement le seul responsable de tous les énervements passés et présents. Grâce à quoi personne ne saura jamais que l'homme qui a bu excessivement l'a fait parce qu'il avait excessivement honte de lui. Cela aura d'autant moins de chances d'être su que les alcoologues auxquels il s'adresse n'ont pas la curiosité de lui demander dans quel but il boit. La question n'est pas prévue dans leurs manuels. Inutile qu'il dise quoi que ce soit, ils savent déjà qu'il ne boit que parce qu'il est dépendant.

Dans un ouvrage solidement documenté, charpenté par des récits de vie d'alcooliques : *Le sujet alcoolique*, ouvrage qu'il définit comme un « essai de psychologie dramatique », Michel Legrand affirme que la tentative de ramener la genèse de tout alcoolisme à une problématique univoque, par exemple celle de la honte, est vouée à l'échec. Il écrit : « Il est vrai, certes, que le thème de la honte revient fréquemment dans les récits d'alcooliques, sous différentes expressions : timidité, phobie des rapports sociaux, complexe d'infériorité, sentiment de dévalorisation, manque de confiance en soi... Mais ne pourrait-on dire de même de la culpabilité, au point de penser que l'alcoolique est la personne qui porte le plus le poids de la Faute et qu'en conséquence le sentiment de culpabilité est l'un des grands pourvoyeurs de l'alcoolisation (31) ? »

Non, on ne peut pas le dire ! Sauf à se méprendre sur la place particulière de la honte et sur son rôle dans l'alcoolisation excessive. Elle n'est pas sur le même plan que les autres affects auxquels les alcooliques font référence pour expliquer leur conduite. Notamment la culpabilité bien sûr, mais aussi l'ennui, le désespoir, le sentiment de vide, ou l'angoisse de séparation. Ces vécus, on les retrouve associés ou isolés chez nombre d'entre eux, mais on les retrouve également très couramment chez des non-alcooliques.

La spécificité de la honte est de réduire au silence celui qui la ressent et, dans le domaine de la souffrance psychique, d'entraver la demande d'aide. C'est pour cela qu'elle est à part. Qu'elle soit présente, et aussitôt il devient très difficile, pour ne pas dire impossible, de parler de ce qui ne va pas. Quelle que soit la nature du mal-être, celui-ci devient indicible. Dans cette occurrence où le sujet reste seul face à sa douleur, incapable de la partager, l'alcool est le bienvenu car il apporte l'ivresse qui soulage sans qu'il soit nécessaire de parler à qui que ce soit, quitte à le payer fort cher par la suite. L'alcool est une drogue symptomatique utilisée pour soulager la honte, comme les antalgiques le sont pour soulager les douleurs ou les fébrifuges pour faire tomber les fièvres, indépendamment de leurs causes.

Ce n'est pas sa culpabilité en tant que telle qui fait boire le coupable, c'est sa honte de se sentir coupable. La faute est vécue comme une blessure d'amour-propre que l'ivresse sert à effacer si elle est assimilée à une défaillance personnelle ou si elle fait courir le risque d'une perte d'estime par l'entourage.

Ce n'est pas la séparation en tant que telle qui fait boire. Qu'elle soit source d'ennui, de solitude et de tristesse est évident (« Un seul être vous manque et tout est dépeuplé »), mais il y a des délaissés qui ne boivent pas pour soulager leur peine. L'alcool ne s'en mêle pour noyer le chagrin que si le départ de l'autre est vécu, à tort ou à raison, comme la conséquence d'une perte de son estime, réelle ou imaginaire. C'est la honte ! Encore plus dévastatrice lorsqu'un rival peut être tenu pour responsable du malheur qui est advenu.

Un rival encombrant

Le sentiment de dévalorisation de l'alcoolique s'accompagne d'une attitude terriblement ambiguë vis-à-vis de ses semblables, ses frères : il les envie, les admire, les jalouse, les aime et les déteste. Peu ou prou, nous sommes tous sœurs ou frères des alcooliques, semblables à eux comme les deux petits chiens symboles d'une marque de whisky se ressemblent complètement, si ce n'est qu'il y a le noir et le blanc. L'alcoolique « se noircit » et en même temps il nous blanchit. Il joue sans arrêt dans cette opposition de l'ombre et de la lumière, pas uniquement dans ses relations avec les alcoologues, mais aussi dès sa jeune enfance, dans sa vie quotidienne. S'il se sent démuni, c'est par rapport aux autres.

Louis, l'alcoolique qui aimait les cimetières et jalousait les morts, a vécu de façon tout à fait insupportable la rivalité avec son père, marin de commerce. Il ne pardonne pas à sa mère de n'avoir été pour elle, pense-t-il, pendant son enfance qu'un vague remplaçant du père lors de ses absences. La rage de ne plus compter lors des congés du navigateur... L'élan de cette femme, sa mère, vers le voyageur attendu et paré de toutes les qualités que l'absence amplifie, tandis que lui n'était plus rien. Que faisaient-ils tous les deux dans la chambre ? Elle avait l'air heureuse, plus que lorsqu'elle était seule avec le petit garçon. Elle chargeait éventuellement le héros de corriger son petit pour des désobéissances pendant ses absences.

Quelle injustice ! Et puis il y a le frère. Son jumeau. Il a eu peut-être moins d'intimité avec sa maman que le petit Louis, mais il a bien tourné, il est devenu officier comme papa. C'est Louis qui le protégeait quand il était enfant, car il avait un défaut de parole et on se moquait de lui à l'école. Louis n'a jamais pu avoir de promotion, « car quand on commande, il faut être irréprochable ». Maintenant il jalouse son frère. Malgré ses difficultés d'élocution, il a réussi sa vie, tandis que Louis est abonné à l'échec. Par jumeau interposé il a été témoin de la dureté du monde à l'égard de ceux qui ont des handicaps. S'il a pu être le tuteur de son double, il n'a jamais osé s'affirmer pour lui-même, il savait que c'était trop dangereux. Il est la honte de sa famille, tandis que son frère en est la fierté.

Nombreux sont les alcooliques qui évoquent assez spontanément un personnage dont l'existence organise la leur. Parfois, ils n'en ont pas conscience. C'est leur façon de narrer leur histoire qui met en évidence le rôle privilégié de tel ou tel de leurs proches dans leur économie psychique. Il est cependant toujours évident que l'alcoolique se place de lui-même dans un rôle de doublure qu'il assume amèrement, faisant preuve à l'égard de cet autre dont il est le faire-valoir, le reflet ou le remplaçant, des sentiments violents d'envie, de haine et d'amour. À tout moment, l'alcoolique est en situation de rivalité dans la position non du héros, mais de celle de serviteur du grand homme. Il n'est pas l'étoile ; au mieux il est le cascadeur appelé à la rescousse en cas de danger, au pire il fait partie de la suite comme un vague parent ou ami toléré comme souffre-douleur ou parasite sans gloire qui ne peut s'enorgueillir que d'être dans l'ombre de la star. Il souffre de son échec, mais le conjure en rêvant de ce qu'il aurait été s'il n'avait pas eu de handicap, s'il avait été reconnu, s'il n'y avait pas eu l'alcool pour l'empêcher d'atteindre les sommets de la gloire. Si...

Très souvent, le personnage de référence est un frère (ou une sœur) manifestement préféré par les parents ; il n'est pas rare que ce soit une jumelle ou un jumeau. Aîné, le futur buveur a vécu dans l'horreur l'arrivée d'un second enfant, telle Rosalie qui, proche de sa mère jusqu'à ses huit ans, âge qu'elle avait lorsque sa maman est devenue enceinte pour la deuxième fois, se souvient d'avoir été horriblement jalouse du fœtus qui vivait, et pour cause, dans le ventre maternel une intimité beaucoup plus grande qu'elle. Même chose pour Ernest, grand alcoolique violent qui, quarante ans plus tard, a encore des trémolos dans la voix et les larmes aux yeux pour parler d'une scène de son enfance, alors qu'il avait sept ans. Il entend encore sa mère lui dire de venir palper son ventre pour sentir bouger le petit frère qui est à l'intérieur... La joie de cette femme, la chaleur de ce sein qu'il n'occupe plus, mais qui loge un autre, quelle horreur ! En plus, il ne faut pas manifester sa déconvenue et sa rage pour ne pas faire de peine et pour ne pas se faire repousser davantage.

Il n'y a pas que les aînés qui soient susceptibles de connaître cette situation de rivalité avec l'autre. À tous les rangs de la fratrie il est possible de se vivre comme moins aimé que telle sœur ou tel frère. Parce qu'on est fille et que l'on est persuadée que les parents attendaient un garçon, ou parce qu'on est garçon et qu'ils n'aiment à l'évidence que les filles...

Dans d'autres cas, c'est contre les souvenirs qu'il faut se battre. La partie est beaucoup plus difficile, car le rival n'est même pas là pour qu'on puisse l'affronter ou, à tout le moins, faire la part de la réalité.

Jean-Paul a perdu son père à sept ans, il n'a aucun souvenir de lui, affirme-t-il, mais, à plus de trente-cinq ans, il souffre encore de ce que sa mère ne cesse de proclamer combien cet homme était admirable. Écrasé par la comparaison, incapable de se déprendre de l'image idéalisé du disparu, il boit amèrement depuis de longues années, et précise : « Une fois par an, à la Toussaint, je vais porter un chrysanthème sur sa tombe, c'est un signe entre ma mère et moi... Comme une communion. »

Bernard est encore plus empêtré dans le deuil parental et la rivalité avec un mort. Deuxième fils, il a été procréé peu de temps après la mort de son aîné, décédé à quelques mois. Ses parents lui ont donné le prénom du défunt. Enfant de remplacement, il est apprécié quand il ressemble au petit ange trop tôt disparu, quand il est sage comme une image et conforme au souvenir de ses géniteurs qui, bien sûr, idéalisent l'enfant perdu. S'il se permet d'être lui-même, il n'est plus l'autre et les déçoit. À ces moments, il a le sentiment d'être rejeté. Pour être lui-même et se sentir quelqu'un, il doit se démarquer de son modèle, mais vivre en son nom propre l'interdit d'amour, puisqu'il n'est pour les siens que le remplaçant de l'autre auquel il doit ressembler pour leur plaire. Il ne peut rien dire, il ne peut que mal se conduire. On ne s'étonnera pas qu'il ait commencé à boire vers quinze ans, âge où il a vu pour la première fois la tombe de son frère avec leur nom commun écrit sur le granit...

Mais dans la lignée de ces situations difficiles, c'est Albert qui semble avoir le plus joué de malchance. Parti à la guerre, il a été porté disparu. Les siens ont fait le deuil du héros mort pour le pays, on a dit des prières et organisé une cérémonie funèbre, et puis il est revenu. Le soldat vivant de retour au pays a fait piètre figure en comparaison de lui-même mort pour sa patrie. Présent de nouveau, il faisait de l'ombre à son ombre admirable. Ce n'était pas supportable, et il est reparti à la Légion étrangère se faire une autre identité et rejouer avec la mort qui, là encore, n'a pas voulu de lui. Après, il a continué à boire, ayant fait don de son corps, encombrant, à la médecine, sa dernière mère adoptive. Il a traîné de cure en post-cure, entre deux campagnes, dans les bistrots du coin... jusqu'à rejoindre enfin son destin de mortel.

Les alcooliques sont tous les mêmes. Ils partagent la conviction de ne pas être aimables et sont sûrs de n'être pas aimés. Morts de honte de se sentir imparfaits par rapport à des modèles idéalisés, ils tiennent en vie grâce à la jalousie qui les pousse à rivaliser avec leurs semblables imaginairement mieux lotis. Persuadés d'être bannis s'ils s'avisaient de s'exprimer au grand jour, ils se taisent et étouffent leurs velléités d'indépendance dans la quête épuisante d'une ressemblance aux autres. C'est dans l'alcool qu'ils étanchent leur soif d'amour et trouvent l'apaisement de leur rage.

Au-delà de ce qu'ils nous donnent à entendre et à voir lorsqu'ils osent se livrer ou que leurs symptômes parlent à leur place, se pose pour eux et à travers eux pour nous la question taraudante et fondamentale de la place de la mère dans l'imaginaire humain.

4

Être ou ne pas être l'enfant chéri de sa mère

L'insoutenable liberté de la mère

L'alcoolique : un enfant abandonné

Chez le futur alcoolique, grandir n'est pas porteur d'espoir, mais source d'amertume, car l'épreuve de séparation-individuation qui fait du petit d'homme un sujet au moment où, se détachant de sa mère, il réalise qu'il est une personne indépendante, cette épreuve ne se subit pas dans l'ambiance jubilatoire d'une conquête de liberté, mais dans un contexte sinistre de rejet. Tout semble se passer pour lui comme si l'autonomie lui était imposée, au lieu d'être acquise. Il a l'impression que ce n'est pas lui qui lâche la main secourable de l'adulte, mais que c'est l'adulte qui se détache de lui. Il ne prend pas son envol, on le laisse tomber. Le souvenir de cette expérience ne le prédisposera pas à l'esprit d'aventure et donnera un mauvais goût de mort à sa vie.

Pour Aglaé, il n'y a aucun doute. Sa mère aurait vécu son accouchement littéralement comme une « délivrance ». Cette petite fille malingre qui lui avait encombré le ventre pendant neuf mois, elle aurait été soulagée de pouvoir la pondre enfin et de s'en débarrasser comme d'un fardeau. Aglaé est convaincue depuis quarante ans sinon de l'hostilité de sa mère, qui pourtant l'a élevée, du moins de son manque d'intérêt pour elle. La génitrice a fait son devoir, mais la mère a été défaillante, aucun élan amoureux ne la poussant vers l'enfant. Assurément, la gamine aurait été une charge et non une joie, du fait de sa santé fragile qui lui valait des critiques incessantes. Elle, qui n'avait pas demandé à naître, se trouvait blâmée d'exister et se demandait pourquoi on lui en faisait le reproche. Elle a vite trouvé l'explication : elle n'était pas comme son frère ; un garçon dont le poids de naissance avait été la fierté maternelle et dont la santé toujours florissante était célébrée. Il ne lui en fallut pas plus pour se sentir dévalorisée et éprouver une jalousie féroce à l'égard de l'aîné, mieux aimé. Il ne lui en fallut pas davantage non plus pour empoisonner l'existence de la famille. Tout à la fois pour obéir à la description-prescription maternelle d'être une petite fille pénible, pour se venger de n'être pas aimée et pour attirer l'attention sur elle. De plus, se sentant mal aimée, elle poussait mal et attrapait tous les microbes qui passaient dans les parages. Tout ceci ne faisant qu'aggraver la situation et accroître l'écart entre elle, si minable, et son frère, si admirable. Quoi d'étonnant si, après quelques années de mariage, l'infidélité du conjoint a ravivé le sentiment de rejet et la jalousie enfouie, de façon tellement insupportable que l'alcool est devenu nécessaire. Qu'avait donc cette rivale pour être la préférée ? que n'avait-elle pas, elle, pour avoir été délaissée ?

Les alcooliques qui, comme Aglaé, narrent les vécus douloureux de leur enfance sont totalement sincères lorsqu'ils rapportent les faits qui les ont troublés. Ils ont été marqués réellement par ces événements. Cependant, ceci n'autorise pas à prendre leurs récits pour argent comptant. À partir de leurs dires il ne saurait être question de faire de procès à qui que ce soit ni de prendre pour vérité historique ce qui n'est que vérité de l'imaginaire. Pas plus que Fabrice à Waterloo n'a eu une vision d'ensemble de la bataille, l'enfant ne perçoit tous les éléments qui constituent son monde. À sa petite échelle d'individu particulier, il vit des choses personnelles, qui dès lors lui appartiennent en propre. Elles constituent son histoire et s'inscrivent dans sa mémoire de façon parfois indélébile, organisant la trame fantasmatique de sa vie ultérieure.

Les alcooliques ne sont pas des conquérants, mais des vaincus, car ils n'ont pas connu la victoire de s'arracher aux bras parentaux, mais la défaite d'en avoir été retirés, généralement au bénéfice d'un autre qui leur fut préféré. *Là où beaucoup vivent un moment de triomphe lorsqu'ils découvrent qu'ils peuvent se passer de leur mère, les futurs alcooliques subissent un choc qui les atterre, parce qu'ils réalisent que leur mère peut se passer d'eux.* En un instant ils deviennent orphelins, et la mort entre dans leur âme.

Mort fantasmatique d'une part : « Je croyais être tout pour elle, je ne suis rien ou bien peu dans son cœur, puisque je ne suis pas le préféré, et encore moins l'unique. » De ce qu'il vit comme un rejet, l'enfant ne se remet pas. Il entre dans l'univers morbide de la honte et se vit comme un paria, d'autant plus malheureux qu'il a pu se sentir plus comblé lorsqu'il croyait que sa mère n'avait d'yeux que pour lui. Il est tombé de haut et il s'est fait très mal lorsqu'elle a détourné son regard de lui et qu'il a vu ses yeux briller en contemplant l'autre, celui qu'elle a préféré et que pour cela il déteste sans avoir la possibilité de le montrer, de peur qu'elle ne lui en fasse le reproche et qu'elle le rejette davantage encore.

Mort réelle également, car ce qui est vécu comme un abandon ouvre la voie à l'insécurité et fait naître la peur. Seul, imaginant que personne ne veille réellement sur lui, l'enfant se sent démuni et sans force dans un monde hostile. Certain de ne pouvoir compter que sur lui pour sa survie, il est sûr également de n'être pas à la hauteur de la situation, puisqu'il a été incapable de retenir l'attention de celle qui l'avait mis au monde. Pour qu'une mère n'ait pas trouvé son enfant plus précieux que tout, il a fallu que celui-ci soit vraiment vilain et, si même elle a eu cette attitude, il ne saurait être question d'attendre la moindre pitié de quiconque.

Il y a quelque chose de tragique dans cette construction existentielle qui organise la vie de l'alcoolique. À l'entendre, il a été jeté hors du paradis de l'enfance pour dégringoler dans un gouffre de solitude et de déréliction. Avant, il était heureux, maintenant il est désespéré. Chez aucun autre humain on ne trouve autant que chez lui la coalescence entre le sentiment d'indignité et la rage de vivre. Le mélancolique se condamne à mort au nom de l'ignominie qu'il se suppose. L'alcoolique se débat dans une vie infernale, car il se sent vulnérable et méprisé. L'un se tue parce que, monstre à ses yeux, il doit débarrasser la planète de son infecte présence ; l'autre boit, car il ne peut accepter l'injustice d'un sort qui le laisse démuni dans un monde trop dur. À la certitude du premier concernant sa non-valeur s'oppose le doute lancinant du second. L'alcool, au jour le jour, l'aide à supporter son handicap illusoire tout en l'entretenant. À terme, lorsque la coupe est pleine, il peut également le pousser au suicide.

Cette expérience désastreuse qui l'a précipité hors du groupe des humains à part entière est toujours présente dans le récit du buveur. Qu'elle soit reconstruction ou qu'elle ait réellement eu lieu, elle ordonne son être au monde. Qu'elle remonte à la prime enfance ou qu'elle soit plus tardive, elle est au centre de ses ruminations. Il n'en démord plus et il en vit le souvenir dans la rage, la peur et la honte. Boit-il pour l'oublier ou s'interdit-il de l'oublier pour avoir une raison de boire ? La question n'est pas facile à trancher. La souffrance évidente de tel patient fait pencher aisément vers la première hypothèse, la complaisance d'un autre à faire porter la responsabilité de son présent état de buveur à un passé révolu amène irrésistiblement à la seconde. Généralement, les deux se mêlent et se conjuguent pour rendre l'abstinence difficile.

Le traumatisme mis en avant est parfois perçu comme un leurre. « Je bois depuis que ma femme est partie avec un autre », dit celui-ci, qui omet de préciser que l'épouse l'a quitté après de multiples mises en garde, à cause de son alcoolisme. Malgré les apparences trompeuses, l'événement rapporté comme causal a bien eu un effet dévastateur. Moins déclenchant qu'aggravatif, il a été rappel d'un autre, plus ancien et qui avait laissé une plaie mal cicatrisée. La femme avait été élue comme remplaçante de la mère, à ce titre l'alcool était nécessaire pour pouvoir l'approcher sexuellement du fait de la dimension incestueuse de l'union. Son départ, surtout avec un autre, fait revivre, en l'amplifiant, le désespoir et l'humiliation ressentis par le futur buveur lorsqu'il s'est vécu comme délaissé au bénéfice d'un petit frère ou d'une petite sœur. L'échec conjugal fait flamber l'alcoolisme qui prend une dimension cataclysmique et se révèle souvent impossible à juguler.

Ailleurs, le traumatisme évoqué semble peser d'un poids considérable. Pour Jacques, tout a commencé vers ses huit ans. Il était en colonie de vacances, plutôt heureux, quand un jour une bonne sœur est venue le chercher et le ramener chez lui sans lui fournir, dit-il, trop d'explications pendant le voyage. Arrivé à son domicile, il a trouvé sa famille en pleurs, sa mère morte, empoisonnée par un plat cuisiné chez le charcutier du coin. Peut-on imaginer le drame de cet enfant brutalement passé de l'ambiance joyeuse des vacances à l'enterrement de sa mère ? Comment accepter l'inacceptable d'une disparition aussi soudaine ? On a tué ma mère. Qui ? Mon père peut-être ? Mais je suis également coupable, c'est arrivé pendant que je n'étais pas là. Je prenais du bon temps, et elle est morte, je n'ai pas su la protéger.

Fils indigne d'une mère défaillante (mais innocente !), Jacques est devenu un enfant abandonné à un père suspect à ses yeux et qui jamais ne saura remplacer sa maman auprès de lui. D'autant moins que, peu d'années après, il lui donnera une marâtre, qu'il n'acceptera pas par fidélité à la défunte et qui ne lui pardonnera pas de ne pas l'accueillir avec joie. Tout cela, devenu adulte, il l'a toujours en tête. Il boit, et ses ivresses sont redoutablement violentes, car elles défont ce paquet ficelé de sentiments ardents. Il boit pour voir la vie en rose malgré un deuil irréparable, mais ses griseries ne l'amènent qu'à remplacer le noir de la dépression par le rouge de la colère.

Cette histoire particulièrement dramatique est aussi exceptionnelle, mais elle illustre quelque chose qui semble tragiquement banal dans les vies des alcooliques telles qu'ils les racontent : tous se vivent comme des enfants abandonnés et, de fait, pour certains la réalité rejoint la fiction.

Dans sa thèse (29), le docteur A. Leclerc-Migot rapporte que sur 39 clochards alcooliques rencontrés dans trois villes différentes de France, 80 % avaient perdu leur mère, dont 77 % avant l'âge de 10 ans et 90,3 % avant l'âge de 15 ans. Pourcentages considérables par rapport à ceux auxquels on pourrait s'attendre dans la population générale. Ces disparitions maternelles résultaient dans 45,2 % des cas d'un abandon et dans 58,8 % d'un décès (ce dernier étant lui-même répertorié comme suicide dans 41,2 % des cas !). Pour ce qui concerne les pères, ils étaient également souvent absents (dans

39,9 % des cas ils étaient inconnus). Lorsqu'ils étaient connus au moment de l'enquête, ils n'étaient décédés que dans 38,5 % des cas, très généralement bien après les 15 ans de leur enfant.

Ces chiffres impressionnants donnent un solide écho aux confidences des autres alcooliques. Authentiquement orphelins ou, au contraire, dans les basques d'une mère toujours vivante, ils ne supportent pas l'idée de la disparition maternelle. Dans le premier cas, ils sont perdus d'avoir perdu leur mère, dans le second ils vivent dans la hantise de la perdre et ne la quittent pas d'une semelle, sauf lorsqu'ils sont ivres et avec leurs frères en boisson.

« Allô, maman, bobo ! », le discours de l'alcoolique, en mots ou en gestes, se résume à ces trois mots de la chanson, mais il sait que sa mère peut être inscrite aux abonnés absents ; alors il a peur, il a honte, il est malheureux et il boit.

La mère mythifiée, la femme sacrifiée

Une fois de plus, la mère se retrouve sur la sellette ! On est en droit d'avoir quelques scrupules à la mettre dans une position qui ressemble fort à celle d'une accusée dans la survenue de l'intoxication filiale. La prudence et l'équité obligent à y regarder d'un peu plus près.

Quand la mère disparaît ou quand son absence est perçue comme une disparition, à la sécurité sans faille de sa présence constante se substituent l'angoisse de la solitude et la prise de conscience de la précarité de l'existence. Non seulement le désir n'y trouve pas son compte et la peine est intense (« Un seul être vous manque et tout est dépeuplé »), mais, de plus, la dépendance du petit d'homme lui fait mesurer son incapacité à subvenir seul à ses propres besoins. L'expérience est traumatique d'associer la crainte de la perte d'amour et celle de la perte de la vie.

Les alcooliques qui boivent au-delà de la raison ont des raisons de boire : *dans* l'ivresse ils étouffent les sanglots d'une nostalgie insurmontable, celle de l'heureuse époque où ils étaient TOUT pour leur mère, où ils CROYAIENT être TOUT pour leur mère. *Par* l'ivresse ils essaient de revivre ce bonheur sans partage.

« Ô amour d'une mère ! amour que nul n'oublie » ; Victor Hugo a chanté ce temps béni de la petite enfance avec le talent et la sensibilité du poète. D'autres, tels les psychopathes, ces antisociaux volontiers alcooliques de la nomenclature américaine, s'expriment vulgairement pour dire en fait la même chose. Grands amateurs de cuites sauvages, rebelles à l'ordre établi, ils inscrivent dans leur chair avec leurs tatouages la même formule en des termes moins châtiés : « Toutes les femmes sont des putes sauf ma mère. » Au-delà des apparences, le message est identique dans son contenu. Il n'y en a que pour la mère. Elle seule compte, elle est admirable, elle est TOUT pour son enfant, il est TOUT pour elle. La tendresse et l'émerveillement caractérisent le lyrisme hugolien, alors que le mépris et la haine sous-tendent l'exclamation des mauvais garçons. Dans les deux cas, l'amour maternel est porté aux nues, mais le chantre de la famille peut glorifier la mère sans rabaisser la femme, ce qui n'est pas le cas de ces sans-famille si habiles à se faire rejeter de partout. Dans l'écart entre les deux formules se glisse un deuxième message, secret celui-là. Pour pouvoir le décoder il faut avoir les deux textes. Alors apparaît cette évidence impressionnante : les anciens enfants que nous sommes ne supportent pas l'idée que leur mère soit seulement une femme, c'est-à-dire un être sexué, mortel et autonome.

« Prématuré à la naissance, le petit d'homme est dépendant de sa mère. Peu capable de se distinguer d'elle, pas plus que de discriminer le soi du non-soi, il n'est pas véritablement conscient d'être. Peu à peu, à la fois du fait de son développement anatomique et parce qu'il est soumis aux stimulations contradictoires provoquées par les alternances de moments agréables, où la présence de sa mère le comble, et de ceux, pénibles, où elle n'est pas là, il arrivera, généralement avant la fin de sa première année, à se situer comme individu à part entière. Pour qu'il en advienne ainsi, il est nécessaire que le nourrisson apprenne en grandissant à intégrer la séparation d'avec la mère ou son substitut non plus comme perte d'une partie de soi, mais comme signe d'une délimitation entre soi et l'autre. L'acceptation de cette rupture est le préalable indispensable à l'acquisition d'une véritable identité. Elle n'a une netteté suffisante et elle n'est vécue agréablement que lorsque le plaisir d'être soi l'emporte sur la peur d'être seul et la souffrance de la perte de l'autre » (38). Chez le futur alcoolique le détachement de la mère est une telle catastrophe que seuls subsistent le déplaisir d'être soi, la peur de la solitude et la tristesse d'être abandonné.

Pour notre sécurité existentielle, nous aimons imaginer que quelqu'un veille en permanence sur nous. Parmi les supports possibles de ce rêve, la mère est la mieux placée, et pour cause : nous avons été dans son ventre et elle était sûrement présente à notre naissance. *Mater certissima :* à l'évidence, c'est d'elle que nous procédons (du moins jusqu'à ces toutes dernières années où les progrès de la fécondation artificielle et l'apparition des mères porteuses viennent porter un solide coup à ce roc de notre identité). Il suffit de ne jamais la quitter et/ou de fermer très fort les yeux sur les libertés qu'elle prend par rapport à la fonction que nous lui assignons pour la reconstruire dans notre imaginaire comme une mère idéale, c'est-à-dire asexuée, totalement indemne de tout désir qui ne concerne pas son enfant. Toujours prête à voler à son secours s'il est en danger, mais aussi suffisamment discrète pour le laisser prendre sa liberté. La « bonne » mère supporte tout, pardonne tout, console de tout. Elle est à la dévotion de son unique petit...

Enfant exclusif et jaloux, chacun de nous cultive avec acharnement le mythe d'une mère vierge et cependant féconde de son rejeton unique, dans le refus têtu de la moindre faille de son amour. À défaut de pouvoir nous prémunir de la mort de la mère, nous lui interdisons la moindre infidélité à notre égard.

Garder le modèle de cette mère idéale, parfaitement imaginaire et imaginairement parfaite, c'est imposer à la femme une double mission, avec deux fonctions d'autant plus exclusives l'une de l'autre qu'elles s'organisent autour de l'interdit de l'inceste : fonction maternelle d'une part, fonction sexuelle d'autre part. Ou elle est mère et elle est admirable mais asexuée, ou elle est femme, c'est-à-dire sexuée, et elle est potentiellement méprisable. Les descendantes d'Ève le savent bien : aux yeux des hommes, le désir sexuel n'a pas sa place chez la mère et il est putassier chez la fille.

Les humains que nous sommes sont ainsi faits qu'ils hésitent encore à devenir réellement des adultes capables de quitter leur père *et* de se détacher de leur mère. Immatures, nous restons de grands enfants. Si nous avons appris à tuer le père, nous préférons sacrifier la femme que perdre la mère.

Dans l'incessant combat entre les femmes et les hommes pour prendre l'ascendant sur l'autre, le handicap féminin provient de la place à l'évidence privilégiée qu'occupe « naturellement » la maman dans la gestation et l'allaitement du petit d'homme. Qu'elle le veuille ou non, elle est celle qui donne la vie et la nourriture. *Pater semper incertus,* le père est toujours douteux, à la fois parce qu'il n'a pas de certitude quant à sa participation à la conception de cet enfant précis et qu'il peut ne pas vouloir le reconnaître, à la fois aussi parce que « naturellement » plus distant de son petit à qui il ne donne jamais le sein et auquel aucun cordon ombilical ne l'a jamais relié, il est « naturellement moins attaché » à sa progéniture.

À l'aube de la culture, avant même que les femmes et les hommes ne se disputent le pouvoir et organisent l'ordre symbolique dans le but de réglementer leurs rapports au mieux des intérêts particuliers de leurs sexes respectifs, plus souvent contradictoires que convergents, il y a ce fait qui depuis la nuit des temps alimente le mythe de la mère idéale : la personne sur laquelle le petit enfant, quel que soit son sexe, peut penser pouvoir compter absolument est celle qui possède des mamelles nourricières et dont le giron est une matrice refuge. À partir de cette ébauche humanoïde plus habituellement femelle que mâle (malgré les biberons et les papas poules) et qui doit plus au besoin de vivre qu'au désir, il sera tenté de sculpter dans le secret de son inconscient un fétiche ou une idole imaginaires pour l'accompagner toute sa vie durant et le protéger d'un mauvais sort. Ce sera la représentation inconsciente, mais agissante, d'une mère n'ayant plus qu'un lointain rapport avec sa réalité féminine. Mère totalement assujettie au service de la bouche avide de son petit, toujours disponible pour l'envelopper de sa chaleur protectrice.

Devenu adulte, malgré son expérience de la vie, ou plutôt à cause des vicissitudes de cette dernière, il s'efforce de faire plier à son désir de protection une réalité bien différente. Refusant la loi naturelle qui est loi de la jungle, il se bâtit un cocon culturel, une civilisation matricielle à l'image de ce qu'il souhaite et dans laquelle il clive la féminité en maternité et sexualité pour essayer de reconstruire le paradis perdu de sa prime enfance. D'un côté, la mère chaste et pure tenant son rejeton dans les bras et le regardant avec amour, de l'autre, la femme fatale jouant de ses charmes sans se préoccuper des ravages qu'elle fait et dont il faut se méfier. Dans cet artifice pervers qui déchire la femme, l'humain projette sa demande d'un amour indéfectible sans lequel sa vulnérabilité lui paraît trop lourde à assumer. Que la mère soit femme, et c'en est fait de sa présence constante et vigilante auprès de son bébé. Que le père la séduise, qu'il lui fasse un autre enfant, alors elle se détourne, et le petit connaît la peur, la honte, la rage et le chagrin. Il est inquiet de ne pouvoir assurer sa propre subsistance et malheureux d'avoir été évincé. Le plus fascinant dans le système est de constater que les femmes y participent aussi, même les plus féministes, car, comme les hommes, elles sont d'anciens bébés. Comme eux, elles rêvent de sécurité, et leur révolte, souvent justifiée, contre le statut qui est le leur n'est pas aussi claire qu'il y paraît de prime abord. Le plus souvent, elles jouent la femme contre la mère sans réaliser l'incongruité de ce combat intestin.

Ce n'est pas tant la liberté de la femme qu'il s'agit de défendre, c'est le mythe de la mère génitrice asexuée qu'il convient de détruire. On ne cesse pas d'être femme quand on devient mère. Si les hommes n'admettent pas que leur mère ne reste pas toujours à leur botte et tendent à placer leur épouse en position de lui succéder pour les servir, si les femmes, de leur côté, acceptent difficilement un rôle dont la grandeur s'assoit sur le sacrifice de leur sexualité et qui donc les aliène comme sujets désirants pour les réduire à la fonction d'objet désiré ou de servante, les premiers comme les secondes se méprennent sur les enjeux en cause. Moins que d'une domination de l'homme sur la femme, il s'agit d'une sujétion de l'homme et de la femme à l'image maternelle.

La quasi-universalité du fantasme de la mère protectrice et nourricière repose sur la difficulté pour chaque femme et chaque homme d'assumer sa condition d'existant lancé sur la planète sans l'avoir demandé et certain d'être condamné à mort sans jugement et quoi qu'il fasse. Nous nous adaptons difficilement à cette situation de mort en sursis, et dans notre psychisme (qui structure notre langage tout autant qu'il est structuré par lui) nous bricolons des mécanismes de défense pour arriver à supporter cette condition humaine de pions abandonnés au « hasard et à la nécessité » de processus qui nous dépassent infiniment, aveugles à nos petits problèmes de cœur et sourds à nos cris d'angoisse dans la nuit de la solitude.

Alors, ne voulant pas accepter la réalité, nous fabulons sur le thème d'une bienveillance maternelle infinie. Nous imaginons une mère tout à son enfant. Certains sont des adeptes fanatiques de cette mythification, d'autres sont plus sceptiques, mais elle concerne tout le monde, chacun gardant dans un coin de sa mémoire la nostalgie du temps où Elle et Lui ne faisaient qu'un. De là naît le fantasme « être l'enfant chéri de la mère ». Scénario inconscient qui vise à occulter la réalité de la séparation en la niant au nom de l'amour maternel, ce fantasme recouvre de son voile mensonger la solitude angoissante de l'adulte. Chez l'alcoolique le voile est déchiré. Au-delà de la mère et en liaison avec son absence ou sa disparition, il a vécu l'abandon et il a vu la mort. Il a compris qu'il n'avait aucune espèce d'importance et qu'il n'était pas l'unique, l'irremplaçable. Terrorisé d'être démuni, blessé dans son amour-propre, il a mesuré sa dépendance et il a perçu sa finitude. Il ne s'en est pas remis et il trinque. Il sait qu'il n'est pas l'enfant chéri de sa mère.

Les psychotiques, dit-on, ne peuvent concevoir quitter les jupes de cette mère imaginaire, elle fait totalement écran entre eux et la femme. Ils sont en situation « d'accouchement interminable » (43). Les névrosés croient franchir le pas en fermant les yeux sur l'abandon maternel et en se persuadant qu'ils ont quitté d'eux-mêmes le giron confortable pour partir à la conquête du monde. Les alcooliques, eux, ont gardé les yeux grands ouverts, abasourdis d'avoir vu la mère se détourner de son enfant, incapables de croire qu'elle ne l'a pas fait exprès ou sous contrainte. Au milieu du gué entre liberté et aliénation, ils vivent un deuil interminable. Séduits et abandonnés, ils sont rongés par un « pourquoi » lancinant et une détresse pénible. Ils oscillent entre doute et déni. Ils ont vu la vérité. Incapables de se mentir, ils sont inaptes à s'illusionner aussi bien que leurs semblables, alors ils boivent. À la fois pour rêver et pour essayer d'oublier. Moins certains de ne rien valoir que sûrs de ne pas savoir se mettre en valeur, ils veulent cacher leur drame à leurs frères et trouvent dans l'alcool un moyen de donner le change. Ni psychotiques ni névrosés, mais à la limite de ces univers desquels ils participent plus ou moins, ils se construisent leurs propres symptômes à grand renfort d'éthanol. Ces adeptes de la bouteille ont perdu leur maman, ils ont le mal de mère et nous donnent des nausées.

Faut-il enchaîner la mère ?

Lucidité de l'alcoolique, aveuglement du psychanalyste

Il faut pourtant nous en convaincre, les alcooliques, malgré leurs mensonges, sont sans doute plus proches de la vérité que les gens sobres. Ils n'oublient pas ce que trop souvent ces derniers feignent d'ignorer : « Les êtres qui se reproduisent sont distincts les uns des autres et les êtres reproduits sont distincts entre eux, comme ils sont distincts de ceux dont ils sont issus. Chaque être est distinct de tous les autres. Sa naissance, sa mort et les événements de sa vie peuvent avoir pour les autres un intérêt, mais il est seul intéressé directement. Lui seul naît, lui seul meurt. Entre un être et un autre, il y a un abîme, il y a une discontinuité » (5).

La rupture du cordon ombilical, cette déchirure fondatrice de notre naissance, nous sépare à tout jamais de notre génitrice. Il est possible qu'elle laisse une trace dans notre psychisme, mais plus certaine est celle qui résulte de la prise de conscience que nous ne sommes pas le nombril du monde maternel. Un jour, il nous a fallu déchanter en découvrant non seulement que « la reproduction met en jeu des êtres *discontinus* », selon la formule de G. Bataille (5), mais que cette discontinuité, qui lui était imposée comme à tous les humains, la mère pouvait la souhaiter vis-à-vis de son petit.

La désertion maternelle a quelque chose d'insoutenable pour les anciens enfants que nous sommes, car elle nous renvoie à notre fragilité, à notre dépendance et à notre solitude. C'est pourquoi la plupart des cultures brident les femmes dans l'espoir de contrôler les mères.

En effet, lorsque le tiers paternel s'introduit dans la dyade mère-enfant, c'est une tragédie pour ce dernier. Il voit qu'Elle se détourne de lui. Il ne peut plus penser qu'il est son unique élu ; à moins d'imaginer que c'est l'autre, le père, qui l'a contrainte. Grâce à cette pirouette de l'esprit, ce n'est pas la mère qui se détache de son enfant, « IL » la sépare de lui. Ce n'est pas la mère qui va vers le père, « IL » la prend. « Elle » n'a jamais voulu laisser son enfant chéri, et encore moins lui préférer le père.

À cette fable, l'alcoolique ne peut adhérer, il sait que, si la mère est liée au père, elle ne dépend pas de lui. À l'inverse, *c'est sur ce déni du désir de la mère qu'est bâtie notre civilisation et construite la théorisation freudienne*. Le père y est la référence ultime, il prend totalement la place entre la mère et l'enfant.

Pourtant, dans le récit de Sophocle, pierre d'angle de la construction psychanalytique, lieu où se rejoignent mythe et théorie, ce n'est pas Laïos, mais Jocaste en personne qui remet Œdipe au serviteur en vue de son exposition. Ce n'est qu'après la révélation de cet acte qu'elle se suicide. De même, ce n'est qu'après avoir su ce qu'elle avait fait de lui et vu son cadavre qu'Œdipe s'aveugle. Il ne peut supporter cette vérité qui lui crève les yeux : par deux fois sa mère a été défaillante à son égard. Inacceptable !

En fait, « le mythe œdipien n'est que la retranscription poétique de la scène primitive au cours de laquelle l'enfant est abandonné, “exposé” à tous les dangers, parce que *les deux* parents ne veulent plus de lui » (30). Au moment du coït, il est écarté de l'intimité conjugale. Dans la solitude de son berceau, il a peur et il a honte d'avoir été délaissé ; dans sa détresse il enrage contre son père qui lui a pris sa mère et/ou contre sa mère qui lui a préféré son père, tandis que ce qu'il perçoit parfois des effusions renforce son désarroi en stimulant son excitation sans qu'il ait la possibilité de la soulager. À moins de vouloir s'aveugler, il ne peut pas ne pas réaliser qu'il n'est pas TOUT pour sa mère.

Œdipe aux yeux crevés nous est proposé comme modèle, mais faut-il le suivre les yeux fermés ? Devons-nous comme lui être frappés de cécité dès qu'il est question du désir maternel ? « Avec Freud et ses successeurs, tout semble se passer comme si le problème était esquivé. Est acquis une fois pour toutes le fait que la mère ne peut rejeter radicalement son enfant, en quelque sorte gratuitement, par caprice. L'amour maternel est une valeur sûre dès lors qu'on le pose en préalable, et il ne reste plus qu'à s'occuper du père. Il devient le centre du monde, le porteur de la loi, le maître. C'est avec lui qu'il faut régler ses comptes sous le primat du phallus. Le "Nom du Père" est l'abri protecteur de la redoutable mère primitive. La femme, de dominatrice, devient dominée » (34).

C'est vouloir prendre ses désirs pour des réalités que de poser l'amour maternel comme indéfectible, plus puissant que toutes les autres formes d'amour et plus fort que la mort. Pire, c'est le rendre impossible au moment même où on en proclame la grandeur. Un amour qui ne peut dire que oui, mais jamais non, est une invention liée à notre peur de la liberté du désir maternel ; c'est aussi une escroquerie intellectuelle. Cesser d'être l'objet du désir de la mère devient une impossible incongruité, puisqu'elle n'aurait pas de désir personnel. Il y a mensonge, et ce mensonge de notre culture est grave, car il place ceux qui réalisent que leur mère n'a pas d'yeux que pour eux dans une situation intenable. Non seulement ils sont défaillants à la retenir, ce qui les couvre de honte et les plonge dans l'insécurité, mais ils détiennent une vérité que personne ne veut entendre et qu'eux-mêmes ne peuvent pas mettre en mots faute de pouvoir conceptualiser cette chose inconcevable. L'innommable se transforme en symptôme. C'est cette véritable « forclusion » du Non de la Mère qui fait le lit de l'alcoolisme.

Si Œdipe est finalement sauvé de la mortelle exposition voulue par ses deux parents, nous ne sommes pas, quant à nous, que des rescapés de fausse-couche avides de reconnaissance et d'affection, nous rêvons aussi d'indépendance et de liberté. Accepter ou refuser l'enfant né d'un commun désir ou subi par contrainte est une chose. Que cet enfant, demeuré en chacun de nous, admette de renoncer à être tout pour sa mère en est une autre. C'est lui, cet enfant, qui avec ses mots d'adulte essaie inlassablement de ne pas comprendre que le désir d'être l'élu de sa maman ne peut que s'accompagner de la crainte de ne pas compter pour elle. C'est encore lui qui n'arrive pas à se faire à l'idée que la vie commence au-delà des jupes de la mère, au prix de la « discontinuité » et du face-à-face avec la mort.

La promotion d'Œdipe au rang de représentant paradigmatique d'un complexe universel, alors que triomphe la bourgeoisie industrielle et industrieuse, est concomitante de la percée de l'alcoolisme dans le monde occidental. Pourtant le héros thébain placé en position de modèle est abstinent, tout autant que le père de la psychanalyse s'est abstenu de s'intéresser de près à l'alcool et à l'alcoolisme... Ce silence, sur lequel, on l'a vu, de Mijolla et Shentoub, eux aussi, se sont pudiquement abstenus de s'interroger dans leur ouvrage (12), est un silence en forme de censure. Il convient d'essayer de la lever.

À titre anecdotique et comme début de piste, on peut rappeler que Dionysos est représenté sur l'un des flancs de l'urne funéraire dans laquelle reposent les cendres de Freud. Comme si le génial découvreur d'énigmes, fils d'Œdipe et père de son complexe, n'avait pu de son vivant s'autoriser à percer le secret des alcooliques, ces fidèles du dieu du vin qui fut orphelin de mère ou, plus précisément, enfant posthume de mère.

Il me semble que ce qui a inhibé la curiosité de Freud à leur égard (outre ses démêlés avec la cocaïne et ses rapports au tabac) est que l'alcoolisme s'inscrit dans le droit-fil de la remise en question du fantasme « être l'enfant chéri de sa mère ».

Freud ne s'est pas caché d'avoir eu la conviction d'être le favori de sa mère Amalia et il a parfaitement perçu l'importance de ce fait : « Quand on a été sans conteste l'enfant de prédilection de sa mère, on garde pour la vie ce sentiment conquérant, cette assurance du succès qui, en réalité, reste rarement sans l'amener » (16). Par ailleurs, comme le rappelle Lederer (30), il s'est avoué incapable d'intégrer dans ses recherches le mythe de la déesse mère, en particulier dans *Totem et tabou*. Qu'est-ce à dire, si ce n'est qu'il n'a pu se faire à l'idée qu'une mère puisse n'avoir qu'un intérêt médiocre pour sa progéniture et que l'enfant puisse lui en vouloir de ne manifester qu'un amour modéré à son égard ? Il n'a pu admettre qu'un enfant puisse se sentir honteux et de son hostilité et de son manque d'attrait pour celle qui lui avait donné le jour. Bref, il n'a pu entériner l'idée que la Mère soit suspecte de vouloir laisser tomber le fruit de ses entrailles et que celui-ci soit insuffisamment admirable pour arriver à la retenir. Comme le dit L. Flem, « la haine du petit enfant pour sa mère, il en laissera la théorisation à ses héritières, Jeanne Lampl de Groot, Hélène Deutsch et Melanie Klein. Car, même morte, il préserve Amalia de ses sentiments hostiles et idéalise leur lien précoce : seuls les rapports de mère à fils sont capables de donner à la mère une plénitude de satisfaction, car, de toutes les relations humaines, ce sont les plus parfaites et les plus dénuées d'ambivalence » (16).

Freud chante le couple mère-fils avec le même enthousiasme que l'avait fait Victor Hugo. Il est le *goldener Sigi* (le Sigi en or) de sa maman, et pour rien au monde il ne veut douter qu'il soit pour elle ce trésor inestimable ; il en va de sa confiance en lui-même. Le petit doit être tout pour sa mère. Pourtant, « source et objet du désir de l'enfant, elle échappe inexorablement à la maîtrise de ce dernier. Elle est souveraine de l'élection de l'objet de son désir à elle. Elle peut choisir l'enfant comme “objet de sa faveur”, tout autant qu'elle peut s'en détourner. *Elle est libre* » (36).

Jeux d'enfants, fables d'adultes

Lié à sa mère, dépendant d'elle, l'enfant est ballotté entre ces événements contradictoires et opposés que sont la jouissance de « l'expérience de satisfaction » lorsque au sein il est tout à elle et elle tout à lui, et la terreur de « l'état de détresse » où, seul dans son berceau et apparemment abandonné, il connaît l'angoisse.

À certains moments, c'est la volupté de se goberger de lait au contact d'une chair douce et chaude et de s'endormir en tétant, l'œil de plus en plus vague, la paupière lourde, tandis que l'inconscience gagne et que le corps satisfait et repu s'amollit. La sécurité est parfaite, le dernier regard avant de fermer les yeux croise le regard de la maman attentive et souriante. Elle veille, elle est là, il n'y a pas de danger. Le nourrisson peut se laisser gagner par la torpeur qui l'envahit... *Jouissance de l'abandon à l'autre.*

À l'inverse, quand la faim tenaille l'estomac, que la peau est irritée de macérer dans les déjections et que les cris n'ont aucun écho dans la nuit, c'est l'horreur. La rage impuissante tend le corps déjà secoué par les sanglots et malmené par la fringale. Rien de plus angoissant que ce vécu abominable dans lequel le désir se détache mal du besoin... *Terreur de l'abandon par l'autre.*

Anciens bébés, tous nous avons vécu ces moments d'élation dans lesquels le plaisir est à son comble et ces moments de privation qui conduisent au désespoir. Nous ne nous en souvenons pas, mais ils nous ont marqués. Peu à peu, nous avons forgé dans notre esprit qui se développait des représentations opposées, la bonne mère comblante et la mauvaise mère frustrante ; puis il a fallu se faire à la réalité et admettre que la même personne ou son substitut jouait les deux rôles. Nous avons compris que la réalité n'était pas le rêve, ce qui ne nous a pas empêchés d'être subjugués par le rêve au point d'essayer de lui faire prendre corps.

Ne pouvoir maîtriser celle dont vient tout ce qui est bon, mais qui peut aussi nous en priver à sa fantaisie, est un crève-cœur. Elle peut ne tenir aucun compte non seulement de nos désirs, mais aussi de nos besoins les plus essentiels. Plutôt que d'accepter notre dépendance par rapport à cette indépendante, nous avons rendu la femme esclave de l'image de la mère idéale que nous avons dessinée dans le secret de nos fantasmes en stigmatisant sa liberté comme attribut de la mauvaise mère, plus intéressée à faire la vie qu'à sauver la vie de son enfant. Au nom du Phallus et sous l'autorité du père, la femme est épinglée et la mère châtrée... *Plaisir de la maîtrise de l'autre.*

Ce remède de bonne femme dont la légitimité est des plus douteuses est remarquablement efficace, et son usage est passé dans les mœurs. Pourtant, il nous aliène en nous fixant dans l'immaturité, alors que nous nous croyons adultes. En outre, à ceux qui ne savent pas l'utiliser, il ne laisse guère que la ressource de boire pour se purger de leurs angoisses.

Comment attacher la mère pour qu'elle ne parte pas ? L'alcoolique n'a pas trouvé la solution et il se raccroche à l'alcool. Ce n'est pas le cas du petit garçon dont Freud a rapporté l'histoire comme exemplaire de la maîtrise de l'ordre symbolique et, partant, de la mère.

Lorsqu'il se trouvait seul, sa mère s'étant absentée, cet enfant de dix-huit mois jetait de son berceau une bobine attachée à un bout de ficelle, la faisait disparaître hors de sa vue en criant « fort », et la faisait revenir en s'exclamant joyeusement « da » (ces onomatopées signifiant dans son langage : « partie » et « revenue »). Comme l'a expliqué le maître de Vienne, nous devons décoder ce manège comme un moyen de se jouer de la disparition maternelle en la jouant dans un mime symbolique. L'enfant n'est plus celui qui subit l'abandon, mais celui qui régente les apparitions et disparitions de la bobine-maman en les scandant de ses cris et en manipulant le fil. Cette petite scène subsumerait dans sa banalité l'ensemble des conduites plus ou moins sophistiquées que les hommes mettent en place pour avoir l'illusion, en maîtrisant les mots et les choses, de maîtriser la vie et la mort.

Le triomphe de l'enfant à la bobine peut être un leurre. S'il croit maîtriser sa mère, il ne fait que se tromper lui-même. La symbolisation de l'absence, la symbolisation rendue possible par l'absence, la symbolisation qui consiste à « mettre un objet ou un signe à la place d'un réel pour le représenter » (38), cette symbolisation, en même temps qu'elle libère de la réalité celui qui y accède, l'aliène à la représentation, et donc au symbolique. Mettre un mot à la place d'une chose supplée l'absence de cette chose, mais ne supprime pas sa carence. Mettre une bobine et des sons à la place d'une mère, c'est accroître sa dépendance à son égard au moment où l'on prétend s'en libérer. Là où il y avait la possibilité, peut-être, d'innover et d'affronter l'inconnu, le gamin abandonné ne sait que crier : « Maman est partie, mais je la tiens avec mes mots, ma bobine et ma ficelle. » Le présenter comme exemplaire, ériger sa conduite en modèle, c'est faire de l'ordre symbolique le fétiche mis à la place de la mère idéale perdue à tout jamais. La dépendance à la génitrice est remplacée par une dépendance aux signifiants.

L'alcoolique, lui, ne se pique pas de mots. De cette histoire il ne croit pas un mot, car il sait que les mots ne sont que des ersatz. Son histoire est sans paroles, elle se déroule en dehors des discours. Il n'y a pas une onomatopée, pas une syllabe, pas une phrase même qui soit susceptible de lui faire oublier ce qu'il a vu et compris. Sa mère est une femme indépendante, il n'est pas en son seul pouvoir de la retenir. Elle seule peut décider de l'aimer ou non.

Par la conquête du verbe et en enchaînant sa maman dans les rets de son discours phallocentrique, l'Occidental tente de briser la fatalité qui fait de lui un mortel. Il retient de toutes ses forces la source de sa vie, dans l'espoir insensé de ne pas connaître la déréliction et la mort. Pour ce faire, il assassine la femme qui est dans la mère et dont le désir lui est odieux dès lors qu'il ne se porte plus vers lui. Mais il y a plus : inapte à supporter la rupture du cordon ombilical, intolérant à la liberté maternelle, il inverse les données du problème. *Ce n'est pas lui qui dépend de sa mère, c'est elle qui lui est attachée. Énorme mensonge enfoui dans la trame symbolique et qui interdit à l'amour maternel d'être autre chose qu'un instinct.*

La malédiction biblique qui place la femme sous la domination de l'homme traduit cette imposture. Pour tenter d'échapper à un destin de mortel, l'artifice est d'accuser la femme. Le paradis de la dyade mère-enfant a été perdu : quelqu'un a fauté. Ce ne peut être l'enfant, par définition il est innocent. Ce ne peut être la mère, sinon elle cesse d'être admirable ; alors c'est la femme, cet être fragile et peu maître de soi que le désir peut détourner à chaque instant de son devoir de mère, sauf si un père veille sur elle. Il est le gardien de la loi et le garant de l'interdit de l'inceste. L'ordre règne au « Nom du Père »...

La mère serait incapable de se détacher de son petit si le père n'était pas là pour y mettre bon ordre. Curieuse proposition qui s'autojustifie de provoquer le trouble qu'elle se propose de corriger. En effet, si, comme le pense R. Girard, « la tendance mimétique fait du désir la copie d'un autre désir », alors « c'est le père qui désigne au fils le désirable en le désirant lui-même ; il ne peut donc manquer de désigner entre autres choses... la mère ». Plus ce père essaiera de mettre bon ordre entre la mère et l'enfant, plus il devra intervenir, car ses interdits ne feront qu'accroître le désir du petit à l'égard de sa mère, et réciproquement. Ignorant ou feignant d'ignorer son rôle dans la genèse du trouble, le père s'institue régent de la dyade et garde le pouvoir. La mainmise sur la femme reste assurée. Ce n'est plus au grand jour, comme chez l'antique *pater familias,* mais c'est aussi efficace, sinon plus. Déchu dans la réalité, le pouvoir paternel se cache dans le symbolique, ce qui lui permet de retrouver sa superbe dans l'inconscient de façon très économique.

L'histoire du petit garçon à la bobine de Freud, comme l'allégorie du bébé qui pour Lacan se mire et s'admire en se découvrant dans le miroir sous le regard supposé admiratif de sa génitrice, sont des images, des « mythes scientifiques » qui aident à comprendre comment les choses se passent. À ce titre elles sont précieuses. Ce sont aussi de redoutables véhicules idéologiques, car l'illustration devient facilement le modèle et, très vite, ce dernier vaudra pour la réalité. L'un retient sa mère à un fil, le second la lorgne du coin de l'œil ; chacun des deux doit pouvoir faire référence à elle sous peine de se mal développer. A-t-on le droit de fixer dans ce rôle celle qui, il est vrai, représente TOUT pour son petit, si fragile et si dépendant lorsqu'elle le met au monde ? Ne peut-on faire le deuil de cette représentation tutélaire et concevoir un humain enfin devenu adulte, qui cesserait d'être à la remorque de celle qui lui a donné le jour ou de vivre dans la nostalgie de son regard ?

Par les exemples qu'ils nous donnent, les deux prestigieux psychanalystes entérinent le fantasme « être l'enfant chéri de sa mère » en l'enchâssant dans leurs théorisations. La mère est la garante du narcissisme de son enfant. Il faut qu'elle remplisse ce rôle, faute de quoi il poussera mal. Une règle culturelle est transformée en loi naturelle. Impossible d'aller plus loin.

Sous le prétexte d'apprendre à quitter les jupes maternelles, l'enfant devenu adulte se retrouve entouré d'une matrice symbolique qui n'est que la réduplication, comme par un gigantesque et invisible pantographe, du giron qui constituait son petit monde lorsqu'il était bébé. Libérée ou non, la femme est coincée dans ce système.

À chacun sa part de vérité

Est-ce à dire que le stade du miroir est une invention ou l'interprétation du jeu du « fort-da » une erreur ? Assurément non. L'alcoolique est bien là pour nous montrer que les étapes du développement de l'enfant dont ils rendent compte sont importantes même (surtout ?) si elles se franchissent mal pour lui.

Avec sa façon de regarder son semblable d'un œil torve et de quêter la dilection maternelle, le buveur excessif témoigne à l'évidence que dans son jeune âge la rencontre avec son double n'a pas été « une assomption jubilatoire » qui l'a fait naître à lui-même, mais une déchéance dont il ne s'est pas remis. La répétition des mêmes gestes : lever le coude, vider le verre ; des mêmes mots : « Patron, remettez-nous ça », en l'absence de la femme (ou de la mère), tout ceci peut être vu comme une reprise à l'âge adulte du jeu de la bobine et du fil. L'ivrogne pouvant aller jusqu'à se faire disparaître lui-même dans le coma éthylique, tout comme le petit garçon, à l'occasion d'une absence prolongée de sa mère, « avait trouvé le moyen de se faire disparaître lui-même. Ayant aperçu son image dans une grande glace qui touchait presque le parquet, il s'était accroupi, ce qui avait fait disparaître l'image » (16).

Il convient de nuancer l'opposition entre ce qui serait une évolution «normale» avec un stade du miroir correct et un accès au symbolique sans faille chez les uns, qui resteraient sobres, et une évolution «anormale» chez les autres, qui deviendraient alcooliques. Dans une telle perspective, le buveur excessif resterait à l'ombre de la norme comme dans les descriptions classiques, et son message serait invalidé. Or, on le sait, il prend ombrage de cette situation. Soupçonneux, il ne dit rien au psychanalyste («les alcooliques, ça ne me dit rien») et affiche sa détermination à «boire comme tout le monde» pour bien montrer qu'il est comme les autres.

Pour comprendre quelque chose de ce qu'il veut signifier et pour l'aider, il est nécessaire de sortir de ce système de miroirs déformants qui oppose l'alcoolique et l'alcoologue. Autour du verre ils se disputent l'amour maternel, alors que l'enjeu n'est pas d'être ou ne pas être son enfant chéri. Le vrai débat, celui qu'ils essaient tous deux d'esquiver en faisant les enfants, il est ailleurs et beaucoup plus sérieux : «Être ou ne pas être, c'est là la question.»

La mère ne peut pas être tout pour son enfant, ni le protéger toujours. Il est clair qu'il a besoin d'elle et que leurs liens sont étroits pendant cette période d'intimité qui prolonge le temps de la gestation. Il n'est pas douteux non plus qu'à l'origine le désir est orienté vers la mère et qu'elle est source de son émergence. Doit-elle être pour autant responsable de sa prégnance et de sa constante insatisfaction ? Devons-nous persister à l'interdire de son propre désir pour préserver notre sécurité et notre narcissisme ? Nous n'arrivons pas à nous détacher d'elle, alors nous décrétons qu'elle n'a pas le désir de se détacher de nous, et même pas de désir du tout. Est-ce bien raisonnable ? En plaçant la mère comme référence obligée, nous nous interdisons de nous arrêter à la réalité de son absence, car, la mère partie, c'est la mort qui nous guette...

Comme le disait J. Lacan, le désir n'est «ni l'appétit de la satisfaction, ni la demande d'amour, mais la différence qui résulte de la soustraction du premier à la seconde, le phénomène même de leur refente *(spaltung)*» (24). Cette définition est intéressante en ce qu'elle qualifie précisément le désir par ce qu'il n'est pas et l'inscrit en vide entre ses éléments constitutifs. D'une part, il y a le désir de posséder l'autre, et l'on est dans le registre de l'appétit de la satisfaction ; d'autre part, il y a le désir du désir de l'autre, qui est du domaine de la demande d'amour.

Il est exceptionnel que nous sachions être à la hauteur de notre désir. Le plus souvent nous échouons à tenir la gageure de demeurer dans l'univers fragile de l'échange amoureux. Là où il ne s'agit plus ni de posséder ni de (se) donner, mais simplement d'aimer « parce que c'est elle, parce que c'est lui ». Pervers et/ou peureux, nous pratiquons le clivage, et l'amour fait long feu. Dans l'affaire le désir s'effondre et se casse en chacun de ses deux constituants. D'un côté, il y a le monde de la conquête et de la possession, c'est le domaine d'Éros ; de l'autre, il y a le royaume de Narcisse, là où dominent le paraître, la séduction et l'imitation. Les uns, confiants, avancent les yeux fermés, ils ont le verbe haut. Les autres se méfient, ouvrent l'œil et se taisent. D'un côté comme de l'autre, c'est l'insatisfaction qui domine, et la répétition forcenée des mêmes conduites, désespérément frustrantes.

Il y a ceux qui nient leur besoin d'être aimés. Armés par la conviction que leur mère est indéfectiblement attachée à eux, ils ne s'occupent que de conquêtes. C'est la voie classique de notre culture, celle de Freud, celle dont Œdipe est le prototype. Sous le primat du Phallus, le père est l'ambassadeur de la réalité et fait régner l'ordre. Gardien de l'interdit de l'inceste, il sépare la mère et l'enfant. C'est avec lui qu'on cherche à rivaliser, c'est avec lui que se règlent les comptes. La psychopathologie est dominée par la culpabilité, le désir est « appétit de la satisfaction ».

Il y a ceux qui veulent être aimés ; attachés à une mère libre, ils savent qu'ils ne sont pas tout pour elle. Moins que de conquérir ou de posséder, ils rêvent de séduire et doutent d'y parvenir. Moins que le père et ses interdits, c'est la mère qui organise leur monde. Ambassadrice du réel et de sa charge angoissante d'horreur et de mort, elle est aussi rempart contre la finitude. C'est son regard qui compte, c'est dans son œil que se mesure l'amour. Ici la psychopathologie est dominée par la honte, le désir est « demande d'amour » sous le primat de l'utérus. Inutile de préciser que les alcooliques se recrutent préférentiellement chez ceux qui, par rapport au désir, ont « choisi » cette stratégie.

Entre la cécité d'Œdipe et l'éblouissement des alcooliques, l'alternative est peu satisfaisante : dans les deux cas le résultat est un aveuglement. En fait, c'est ce dernier qui est recherché. Chacun de nous, sobre ou alcoolique, a du mal à accepter le vide effrayant qui apparaît dès que la mère disparaît, et pratique volontiers une politique d'autruche, aidé en cela par le discours savant qui proclame : « Circulez, il n'y a rien à voir ».

Alors, rêvant comme Freud et ses descendants, de tenir *matrem nudam* entre nos mains ou, comme les alcooliques, d'être pris dans ses bras, nous titubons entre les éléments d'un désir infantile dans notre incapacité radicale à assumer lucidement notre condition de mortels. Les fils d'Œdipe, grâce à leurs œillères, ont de l'assurance et ils jouent bien leur rôle. Les alcooliques, qui voient double, sont de mauvais acteurs, car ils ont trop le trac. Ils savent que la vie est une aventure qui se termine toujours mal, une tragédie. La défection de la mère leur a ouvert les yeux. Effrayés, ils se brouillent l'esprit pour oublier, mais leur jeu s'en ressent et ils se font siffler.

Si nous voulons savoir ce que vivre veut dire, nous sommes condamnés à nous risquer dans cet espace virtuel à « l'inquiétante étrangeté » qui déploie son mystère au-delà de la mère et en deçà de la mort. Là, en dehors des sentiers battus de l'ordre symbolique, il n'y a aucun chemin. Qui veut fréquenter ce lieu pour se permettre d'exister doit tracer seul sa route entre la peur de l'inconnu(e) et la séduction par l'inconnu(e) au risque de perdre pied. La gageure est difficile, car il s'agit de prendre des libertés vis-à-vis de la raison sans perdre l'esprit. Les poètes y arrivent parfois, mais ils ont souvent besoin de l'alcool pour jouer avec les mots, car ce n'est pas impunément que l'on constate que les mots ne riment à rien face à la mort.

« Le petit Dionysos-Œdipe attend ses parents à la caisse centrale du magasin. » Hormis le prénom fictif, cette annonce est familière à qui fréquente tant soit peu les grandes surfaces. Elle vient signaler qu'un enfant a été perdu et retrouvé. Un enfant a lâché la main d'un adulte ou bien un adulte a lâché la main d'un enfant. On ne sait. Peut-être la volonté d'exploration de l'un a rencontré la distraction de l'autre, mais le résultat est qu'un enfant pleure. Ce désespoir est au-delà des théories, des miroirs et des ficelles. Mais c'est à partir de lui que s'ébauchent les théories.

Cette image de gamin perdu dans un magasin illustre le drame qui se joue chez le petit d'homme lorsqu'il réalise qu'il est « un » et séparé de sa mère. À ce moment, l'extase de l'abandon à l'autre et l'angoisse de l'abandon par l'autre se télescopent. Foudroyante lorsqu'elle éclate dans la conscience, cette expérience, où le merveilleux côtoie le terrifiant, est tout à fait indicible et elle nous marque définitivement. Ni « l'assomption jubilatoire de l'image spéculaire » (26) ni la capture triomphante de la mère-bobine avec un lasso de signifiants ne pourront effacer le saisissement ressenti en découvrant à l'occasion de cet événement l'existence d'une « discontinuité » entre la mère et nous (préfigurant celle qui demeurera toujours entre nous et les autres). Que l'on se ressaisisse dans le miroir ou dans les mots, toujours il restera une zone d'ombre fascinante hors du regard et des jupes de la mère, à l'écart de la foule des semblables. Il sera difficile d'y penser sans inquiétude, rare d'aller y errer sans le soutien de l'alcool.

De tout temps les humains ont eu le vertige en considérant cet abîme qui les séparait les uns des autres et le néant qui les entourait tous. Monades passagères perdues dans un espace immense, pour un temps très court, isolés et multiples, tous semblables, mais aussi tous différents, parce qu'ils savent symboliser, ils ont appris à se relier par des signifiants qui, au-dessus du gouffre de la discontinuité, leur servent de passerelles. Avec les mots ils peuvent se rencontrer ; ils communiquent et se réunissent en nations. Jamais cependant ils ne peuvent oublier réellement que les fils entrelacés de leurs échanges multiples tissent une toile suspendue dans le vide. Aussi dense qu'en soit la trame, ils ne peuvent ignorer qu'elle n'est qu'une baudruche flottant dans l'éther.

Parfois, prenant la vessie pour une lanterne, ils font confiance à leur système symbolique et se laissent guider par lui. Ils ne jurent que par les mots et voient dans la maîtrise du sens le *nec plus ultra* de l'art de vivre. Obsessionnels de la sagesse, ils se conduisent en bourgeois du bon sens, refusant le laisser-aller des sens. La règle est alors de bien se tenir sans penser que la prise n'a pas d'attache. Il suffit de se cramponner aux mots les yeux fermés pour ne plus avoir peur du vide.

À d'autres moments, ils ont la gorge nouée, les mots ne passent pas. Accrochés vaille que vaille à des signifiants qui ne leur disent rien faute d'une prise assurée, ils regardent le vide, et ils ont peur. C'est alors qu'ils demandent à l'alcool le supplément d'âme nécessaire pour avoir du cœur au ventre et pouvoir participer à cette illusion collective que l'on appelle civilisation.

Nous balançons sans cesse entre la quiétude d'un savoir borné, l'inquiétude de savoir qu'il y a des bornes à nos connaissances et à notre vie, et l'angoisse de penser qu'il peut y avoir un inconnaissable. Surtout, nous rêvons d'abolir les distances et de supprimer les limites afin que plus rien, pas même un mot, ne nous sépare de ce qui nous attire. Le mystique veut aller au-delà de l'espace infini se perdre en son Dieu, les amants veulent s'unir pour se fondre dans une jouissance commune, et l'alcoolique... s'enivre.

La mère ou l'alcool

Les mots séparent

L'appel des sens qui nous fait vibrer et nous cabrer contre les limites du langage est aussi rappel de la communication sans paroles connue avec la mère dans la toute prime enfance. Contacts des épidermes, échanges des regards, mélanges des odeurs... Dans ce corps-à-corps les mots introduisaient une distance entre mère et enfant. Son « bonjour » quand elle s'approchait du berceau, son « au revoir » quand elle s'en éloignait, il n'en saisissait peut-être pas tout le sens, mais déjà il constatait que ces salutations opposées marquaient des limites qui s'imposaient à lui et que ses cris ne suffisaient pas toujours à faire disparaître. Avant le « fort-da » il y a eu toutes ces communications dans lesquelles la sensation l'emportait sur le sens et où le plaisir de la rencontre n'était terni d'aucune restriction verbale.

Un jour, parce que la maturation se poursuivait et que mère et enfant commençaient à regarder au-delà l'un de l'autre, parce que le père (ou son substitut) s'est manifesté, le paradis a été perdu (à défaut d'être oublié). Ce jour-là, la « discontinuité » s'est imposée comme une évidence. Ce fut simultanément l'amorce et l'écho du « non » de l'interdit de l'inceste qui rend la mère à tout jamais intouchable.

« Non » : *nonunum !* Pas question de fusion ! La séparation naturelle, naturellement inévitable, se confirme et se renforce d'être reprise dans ce mot qui l'officialise. Pour ce qui concerne le trio père-mère-enfant, il scelle la prééminence du système d'alliance et/ou d'amour sur la promiscuité sexuelle, sous la forme d'un interdit, celui de l'inceste. Il est la limite ultime entre l'univers des sens et le monde du sens. Paradigme de toutes les lois, il marque la séparation entre nature et culture. À cause de lui la mère est une femme interdite pour son enfant (ce qui ne lui interdit pas pour autant de rester une femme).

Ce « non », qui le prononce ? Le père, sans doute, dont le désir se dirige vers la mère et qui ne voit pas nécessairement d'un bon œil le couple mère-enfant ; mais la mère également, dont le désir se dirige aussi parfois vers le père. Quant à l'enfant, exclu de cette histoire d'amour dont il est le fruit, il reste interdit et sans voix : honteux.

Ce « non » qui fait loi et que la Loi impose en retour est porté par *les deux parents*. Que l'un ou l'autre fléchisse ou, au contraire, exagère dans sa détermination à le prononcer, aussitôt l'équilibre se rompt et la pathologie pointe.

Ce « non » qui fait loi n'est structurant que s'il vise exclusivement le commerce sexuel intergénérationnel. Le petit ange est exclu du paradis conjugal, parce qu'il a un sexe, mais il reste accueilli dans l'enclos familial, parce qu'il est l'enfant de ses parents. Le « non » à l'inceste doit s'accompagner d'un « oui » à l'amour filial, qui vient en amortir la rigueur. Néanmoins, l'accès de l'*in-fans* au statut de sujet, avant d'être une « assomption jubilatoire », est toujours une « chute » dans un contexte de peur et sur fond de mort, tandis que la sexualité devient honteuse et coupable, puisque cause de la « chute ».

Pour Georges Bataille, ce « non » n'a pas la même résonance selon qu'il vienne de la mère ou du père : « La maternité est révélée par les sens, la paternité est une conjecture basée sur des déductions et des hypothèses » (45). C'est pourquoi le « non » de la mère peut être discret, il ne vient que confirmer ce que l'enfant sait déjà, alors que celui du père doit retentir clairement pour être entendu. C'est pourquoi également la culpabilité est davantage en rapport avec l'interdit paternel et la honte avec celui de la mère.

La culture unit

Là où sont la peur et la honte, l'alcool peut faire son apparition. Elles sont d'autant plus présentes que la mère paraît davantage en cause dans la « chute ». Qu'elle soit morte ou paraisse trop libre, le père ne peut plus être tenu pour unique responsable, et le fantasme protecteur « être l'enfant chéri de sa mère » a du mal à faire écran à la vérité. De plus, la rivalité avec le père étant moins forte, puisqu'il est moins propriétaire que partenaire de la mère, la culpabilité qui en découle s'atténue ; à l'inverse, mais pour la même raison, la honte d'être repoussé par la mère augmente [1]. C'est ainsi que l'on peut essayer d'expliquer des variations de la prévalence de l'alcoolisme dans certaines régions ou pays en fonction à la fois du rôle de la honte dans la culture considérée et de la place qui y est attribuée à la mère.

La Bretagne, par exemple, était la région de France qui avait en 1979 le taux de mortalité par alcoolisme le plus élevé. Parmi les départements bretons, les plus touchés étaient le Finistère, les Côtes-d'Armor et le Morbihan, les trois départements bretonnants [2]. Or la culture bretonne d'origine celtique est une culture de honte, il n'est qu'à lire pour s'en convaincre le célèbre *Cheval d'orgueil* de P.-J. Hélias, ouvrage que l'auteur dédie d'ailleurs à sa mère et dans lequel il montre comment le couple honte/orgueil organise le fonctionnement social et combien le rôle de la femme y est privilégié : « Dans mon pays, ce sont les femmes qui méritent de commander à force de sacrifices, d'abnégation et d'orgueil indomptable » (23).

Cette tendance « matriarcalisante », A. Audibert (3) et P. Carrer (9) l'ont également repérée dans leurs recherches ethno-psychiatriques,

---

1. En outre la honte réduit l'envie de rivaliser avec le père, le combat serait par trop inégal, ce qui diminue d'autant la culpabilité.

2. In *Alcoolisme et Bretagne,* juin 1977, Bertrand Y. et Caro G. Document CIRREES, Rennes.

tandis que de son côté V. Brékilien a noté la place importante de la mère et, à l'arrière-plan, de la déesse mère dans le folklore (8). Dans cette région où les us favorisent la consommation d'alcool, on retrouve bien le couple honte-alcool.

À l'inverse, chez les musulmans, en Arabie Saoudite par exemple, même l'usage modéré de l'alcool est considéré comme un comportement déviant (boire un verre, c'est satanique, puisque l'alcool est mère des diables) et l'alcoolisme est exceptionnel[3]. Dans ce pays la femme est rigoureusement bridée ; la mère est sous la coupe du père.

Il faudrait se garder de simplifications abusives, car nombreuses sont les difficultés pour faire émerger tel ou tel facteur dans une conduite surdéterminée comme l'alcoolisme. Les risques de biais sont importants. Par exemple, les Japonais boivent, mais ils n'étaient « qu'à » 5,1 litres d'alcool pur de consommation annuelle par habitant en 1979, quand les Français culminaient à 15,4 litres. La honte joue un rôle important dans la culture japonaise[4], mais, comme beaucoup d'Asiatiques, les Japonais ont une certaine difficulté à métaboliser l'alcool faute d'une enzyme hépatique spécifique. La biologie aurait ici un rôle protecteur dans un contexte où par ailleurs, la relation parents/enfants étant privilégiée traditionnellement par rapport à la relation conjugale, le fantasme « être l'enfant chéri de sa mère » risque moins d'être malmené.

Cependant les choses changent vite : « Il existe, dans le Japon de 1987, 2,2 millions de malades alcooliques recensés, soit dix fois plus qu'en 1977 » (*Impact du médecin*, n° 251, janvier 1988) (32). Les contacts avec les modèles occidentaux, qui privilégient la relation de couple, ne sont pas sans retentir sur les familles nippones. L'acculturation joue son rôle, comme elle a pu le jouer en Bretagne dans l'augmentation des conduites d'alcoolisation lors de la « fran-

---

3. In *The Effect of Islamic Sharia on Behavioral Disturbances*, 1981, MFM, El Sendiony, Thèse Ummal Qura University.

4. Même si, comme le signale M. Mathelin, l'opposition honte *(haji)*, faute *(tsumi)* n'est pas aussi marquée qu'en Occident, « le *haji* implique un sujet fortement conscient du regard d'autrui ». In *De l'ivresse à l'alcoolisme*, Dunod, Paris, 1989, p. 178.

cisation » de cette région. D'une façon générale d'ailleurs, les chocs culturels s'accompagnent souvent d'un accroissement ou de la découverte de l'alcoolisme, sans qu'il soit toujours possible de savoir s'il s'agit d'une défense pathologique du « colonisé » face au « colonisateur » ou d'une provocation délibérée de ce dernier pour mieux asseoir son pouvoir.

Dans tous les cas, ce qui fait traumatisme, c'est moins la découverte de la différence que celle de l'altérité. L'ébranlement est lié au fait que, prisonnier de son système culturel, l'individu évoluait dans un monde de relatives certitudes. Qu'un autre système se présente, et c'en est fait de la tranquille assurance du savoir (la lanterne que constituait le système symbolique redevient ce qu'elle est : une vessie). La foi dans les valeurs est ébranlée, le doute fait son apparition, il y a « malaise dans la civilisation », et chacun à sa façon s'empresse de faire cesser le scandale. Crispation sur les coutumes, adhésion aux apports étrangers et reniement de la culture d'origine ou création d'un néo-système dans une assimilation équilibrée... la rencontre imposée ne laisse personne indifférent, elle peut être féconde ou tragique. Elle baigne facilement dans l'alcool, pour le meilleur d'une facilitation des rapports et pour le pire d'une colonisation.

Ce qui se joue à l'échelle des nations reproduit ce qui se passe avec l'enfant, c'est aussi ce que l'on retrouve dans les grands mythes qui nous gouvernent.

L'alcool réunit

Sémélé, fascinée à mort par son divin époux, n'a pu remplir le rôle de bonne mère. Il a fallu que le dieu du vin fasse beaucoup d'efforts pour la mettre à la place qu'il souhaitait pour elle, dans l'Olympe. Ce n'est qu'après maintes péripéties, au milieu de l'hostilité et non sans avoir semé pas mal de désordre, que Dionysos est arrivé à son but. Dans l'affaire, son père Zeus n'a pas ménagé sa peine pour lui permettre de survivre. Les récits des alcooliques, pourtant rarement férus de légendes grecques, rappellent cette histoire. Comme Dionysos, ils sont ou se sentent orphelins de mère, comme lui, ils portent leur génitrice au pinacle, comme lui, ils sèment le désordre.

Dans la chrétienté, Jésus de Nazareth est le fils bien-aimé de Dieu et d'une terrienne dont l'assomption assure la place au ciel. Sa vie publique s'ouvre sur le miracle de Cana, transmutation d'eau en vin à l'occasion d'un mariage, tandis que peu avant sa mort il consacre le vin comme son sang.

Indiscutablement, il y a des similitudes entre Dionysos et Jésus. Il y a aussi d'intéressantes différences.

Dionysos pratique volontiers la vengeance vis-à-vis de ceux qui ne le reconnaissent pas. Il les frappe de folie, ce qui les amène à s'entretuer et, plus précisément, conduit les parents à détruire leur progéniture.

Le Christ, au contraire, s'interdit la résistance et refuse la vengeance : « Père, pardonne-leur, ils ne savent pas ce qu'ils font[5]. » Il fait également fi de la jalousie fraternelle. Avant de mourir sur la croix, « voyant sa mère et près d'elle le disciple qu'il aimait, Jésus dit à sa mère : "Femme, voici ton fils." Puis il dit au disciple : "Voici ta mère"... » Lui qui déjà à douze ans avait marqué sans ambiguïté sa liberté en réprimandant Marie qui lui reprochait une fugue, au moment de trépasser il donne sa place de fils et fait de son ami son frère.

Dionysos fait voler en éclats les barrières du quant-à-soi. Avec lui et grâce au vin il n'y a plus de censure. Jésus sacralise le vin et le met au service de l'amour pour rassembler les humains.

Dionysos préside à la bacchanale, Jésus est au centre de l'agape. Union des corps ou union des cœurs, dans les deux cas il s'agit de supprimer la « discontinuité », de dépasser les limites. Tantôt en accédant à l'ivresse, tantôt en sublimant le désir.

Dionysos est le maître de l'orgie qui, toute honte bue, rassemble les corps dans la confusion des sexes, des genres et des généalogies. Avec le Christ, c'est la fraternité du corps mystique. Dans la cité céleste, la question sexuelle ne se pose plus : « Il n'y a plus ni homme ni femme. »

---

5. Les citations bibliques sont extraites de *« La Bible de Jérusalem »*, Éd. du Cerf, Paris, 1955.

Au rigoureux ordonnancement de la loi qui désigne, classe et sépare dans la clarté et la logique, Dionysos substitue la pagaille et le désordre qui se moquent des limites, moins pour les transgresser dans la révolte que pour les effacer par leur négation. L'ivresse que permet le vin sème la confusion et autorise le retour à la promiscuité sexuelle.

C'est aussi par rapport à la loi que se situe Jésus, non pour l'abolir, précise-t-il, mais pour l'accomplir. Lui aussi propose de dépasser les limites étroites qui corsètent les hommes et les empêchent de se rapprocher, mais il veut transcender les règles en les fécondant par l'amour. C'est lui, et non le vin, qui relie les tenants de la religion qu'il fonde. L'amour est plus fort que la loi, mais il ne se moque pas d'elle. La sacralisation du vin est symbolique de son action unificatrice par sa capacité à abaisser les barrières relationnelles. La messe n'est pas une bacchanale, le vin n'y est pas consommé massivement pour favoriser la licence, mais discrètement (religieusement !), comme sang divin. L'agape est fraternelle et chaste. La liberté des enfants de Dieu n'est pas liberté de faire n'importe quoi, mais libération de la crainte de la mort, qui est mortifère et meurtrière.

Au-delà de la mère et de l'alcool

Plus que la légende dionysienne, les récits évangéliques (qu'on les accepte comme relevant d'une vérité historique ou qu'on ne leur reconnaisse qu'une dimension mythique) constituent le fonds culturel de l'Occident et imprègnent notre pensée depuis deux mille ans. Ce n'est que depuis un petit siècle que le trio Œdipe, Jocaste et Laïos tend à se substituer à la Sainte Famille comme référence.

Alors qu'il y a des points communs entre le dieu du vin et le Fils de Dieu qui divinise le vin, ce n'est pas le cas avec Œdipe. D'abord, ses parents sont tous deux des humains ; ensuite, ils ne veulent pas de lui et se gardent bien de le nommer, c'est-à-dire de le reconnaître. Ils font tout ce qu'il faut pour le faire disparaître et, s'il survit malgré tout, ce n'est vraiment pas leur faute.

On est loin de la sollicitude de Zeus pour son rejeton, loin également de l'acceptation de Marie lorsque l'ange lui annonce les projets de Dieu sur elle. Même Joseph, qui n'est que le père adoptif, inscrit le fils de sa femme dans sa propre filiation et n'hésite pas à le protéger des poursuites d'Hérode en l'emmenant en pays étranger.

En reprenant ces trois histoires, on constate que Dionysos a perdu sa mère, que Jésus s'est arraché à une mère aimante et qu'Œdipe a été rejeté par sa mère avant de l'épouser. Dionysos est dieu de la vigne, Jésus s'identifie à la vigne, seul Œdipe n'a pas de rapports avec le raisin [6]. Dionysos et Jésus sont aidés par leurs pères respectifs, Œdipe tue le père qui ne l'a pas reconnu et qu'il ne peut donc reconnaître lorsqu'il le rencontre à la croisée des chemins. De plus, il se retrouve dans le lit de sa mère, qu'il ne peut reconnaître non plus puisqu'elle l'a rejeté dès sa naissance.

Faut-il tuer le père et coucher avec la mère pour rester abstinent ou, à l'inverse, le respect du père et la chasteté vis-à-vis de la mère ont-ils besoin d'alcool pour se manifester ? Une idée se fait jour et trouve quelque écho et quelque fondement aussi bien dans la clinique individuelle qu'à l'échelle des groupes sociaux ; l'alcool est présent lorsque, au niveau fantasmatique, mais aussi dans la réalité, il y a un doute sur la bienveillance maternelle à l'égard de l'enfant.

Jésus, l'Enfant-Dieu, échappe miraculeusement à une conception interhumaine. Il bénéficie de parents dont la chasteté absolue rend sans objet la rivalité avec le père, tandis que sa nature divine rend incongrus des désirs libidinaux incestueux. En outre, Dieu incarné, il est le créateur de ses parents qui ne peuvent le « concevoir » que comme un enfant sacré et l'attendre comme le messie, sans aucun désir infanticide à son égard.

Dans cette conjoncture, nouveau-né, il est pleinement reconnu et accepté par ses parents, il n'a aucune raison de se sentir dévalorisé ou en danger. Il ne connaît ni la peur ni la honte, et peut sans réticence sortir du giron maternel. Indépendant, il n'a pas plus besoin de sa mère que de l'alcool pour marcher vers son destin de mortel, assuré qu'il est d'un au-delà éternel. Parce qu'il est sans honte et sans peur, ses frères humains ne peuvent provoquer sa jalousie, c'est le contraire qui se produit. Parce qu'il est sans haine, il n'a pas à

6. Tout au plus, certaines versions de la légende attribuent à un serviteur ivre un rôle dans le dévoilement au héros de sa malheureuse situation.

recourir à l'alcool pour aimer. Il laisse ce viatique au commun des mortels qui, eux, sont empêtrés dans la rivalité, la jalousie et la haine, alors qu'ils rêvent d'amour.

Œdipe est un modèle plus courant. Né de parents qui ne sont pas enthousiasmés à l'idée de sa venue, il traîne comme un boulet ce handicap insécurisant et il le gère d'une façon radicale. D'une part, il tue son père. D'autre part, par son intelligence à manipuler les phrases et à comprendre ce que les mots veulent dire, il pousse au suicide la Sphynge, ce monstre ailé, mi-femme, mi-lionne, énigmatique et cruel qui dévore les passants incapables de répondre à ses questions et qui, à n'en pas douter, est une représentation de la mauvaise mère débauchée et mortifère.

Ce faisant, débarrassé de géniteurs peu accueillants, il devient le maître de l'héritage paternel, le conjoint de la femme de son père, mais aussi l'esclave d'une représentation maternelle mythique. Ayant pu se débarrasser de la partie mauvaise (féminine ?) de la mère, il ne garde en son esprit que l'image de la bonne. Si ce clivage le sécurise et lui permet d'être un conquérant, c'est au prix du sacrifice de la femme. « Elle perd ce qui fait son charme justement, pour n'être réduite qu'à deux morceaux disjoints : d'un côté, le monstre femelle dévoreur d'hommes, s'ils ne savent résoudre son énigme, de l'autre, la mère inaccessible, sinon dans l'inceste. La femme sujet, partenaire libre d'un homme qui serait lui-même libéré de ses secrètes frayeurs comme de ses rêves de possession ou de fusion, cette femme-là a complètement disparu. Incapable d'accéder à ce type de relation, l'homme est condamné à voir dans l'autre féminin soit la femelle en rut qu'il faut dompter, soit la mère qu'on doit respecter » (4).

Dans ces conditions, il ne peut être question de se laisser séduire, c'est beaucoup trop dangereux. Il faut contrôler la situation et se contrôler. Le plaisir n'est jamais abandon, il n'est que la réduction d'une tension désagréable. L'ivresse de la jouissance comme la jouissance de l'ivresse sont interdites. Œdipe est frigide et sobre, mais il est le maître. Ceux qui suivent son exemple font de bons bourgeois, mais de mauvais compagnons de beuveries.

Persuadé d'être marié à une femme aimante qui le met en garde contre l'idée saugrenue de rechercher l'assassin de son père, Œdipe découvre avec horreur qu'il est, en fait, un parricide et l'amant d'une mauvaise mère qui a voulu sa mort. Dans son histoire, tout a échoué lamentablement. L'interdit de l'infanticide, celui du parricide et celui de l'inceste, ils ont tous été bafoués. Plutôt que de remettre en question ses illusions perdues, il s'enfonce dans son erreur et, pour faire bonne mesure, se crève les yeux afin de ne pas voir la vérité : la mère, quoique interdite, est une femme comme les autres ; la femme est la partenaire de l'homme, elle est libre et a droit à une parole, sa parole. Comme lui, ses fils jouent avec les mots, leurs mots, et réduisent la mère au silence, au « Nom du Père ».

Dionysos, lui, montre combien il est difficile de se passer de la représentation maternelle mythique et protectrice. Orphelin par la faute d'Hera qui joue le rôle de la méchante sorcière jalouse et meurtrière, il reste attaché à Sémélé, mais, à la différence d'Œdipe, il ne peut se leurrer, car il sait depuis sa naissance qu'il n'a pas sa mère. Dans son errance sauvage il bouscule, dérange et perturbe, mais apporte aussi un éclairage sur la réalité de nos désirs et de nos craintes lorsque la mère n'est pas là. Nous sommes incapables d'assumer la condition humaine, qui fait de nous des individus morts de peur d'être des mortels, désireux de se rassembler, mais terrorisés de se rencontrer. Il nous faut des lois pour nous respecter mutuellement et de l'alcool pour dépasser notre respect humain. Toutes les civilisations sont boiteuses à la mesure de notre peur. Tantôt elles répriment l'usage de l'alcool et oppriment les femmes, tantôt elles sont un peu plus tendres avec ces dernières, mais alors les hommes ont besoin de l'alcool pour rencontrer leurs compagnes qui, trop libres, seraient susceptibles de leur infliger l'affront d'un refus.

Au-delà des mots, de l'alcool et de la mère, il y a l'amour. Plus fort que les mots et l'alcool, il n'est accessible qu'à ceux qui ont su renoncer à la mère. Alors, et alors seulement, l'homme peut aller à la rencontre d'une femme, elle-même libérée d'une représentation maternelle tyrannique. Cette libération est loin d'être aisée. Le plus souvent, lorsque la femme et l'homme s'unissent, le « oui » prononcé à haute voix est altéré d'un « non » silencieux. La crainte de l'autre et la nostalgie de la mère expliquent cette réticence qui bride le désir et fond dans l'alcool.

Ce n'est sans doute pas par hasard que les peintres classiques, reprenant la tradition gréco-romaine, ont substitué la feuille de vigne à celle du figuier du récit de la Genèse pour dissimuler le sexe d'Adam sur les tableaux représentant nos premiers parents (le plus souvent Ève, elle, utilise dans le même but sa longue chevelure ramenée devant elle en un geste pudique). Ils savaient que dans la famille humaine l'alcool noue des connexions subtiles avec l'amour et le sexe. Ils se doutaient bien que, plus souvent que la femme, l'homme recourrait à l'alcool s'il cessait de se sentir le fils de sa mère. Les filles, elles, placées dans la même situation, garderaient toujours la possibilité de devenir mères à leur tour et de jouer à la maman au lieu de se contenter de jouer avec une bobine et des mots ou d'écluser du vin.

Avec les récits concernant Dionysos, Œdipe et Jésus, on touche du doigt l'ambiguïté de l'objet-alcool. Symbole de l'union, de l'amitié et de l'amour par sa capacité à créer la convivialité, il est aussi perçu, non sans quelque plausibilité, comme source de cette convivialité. L'instrument qui permet l'harmonie peut être facilement pris pour l'harmonie elle-même. Quand il en est ainsi, le symbole devient un fétiche. Boire parce qu'on est ensemble n'est pas la même chose que boire pour être ensemble ni boire pour boire. Symbole, médicament et orviétan, l'alcool est tout cela à la fois, d'où la complexité et l'ambivalence de nos attitudes à son égard. D'où aussi sa place dans les familles.

5

Alcoolisme et famille

L'alcoolique et sa famille

Sylvain

Sylvain s'est engagé dans les commandos dès sa majorité. Il y a été poussé par sa crainte de ne pas être considéré comme un homme. À l'entendre, une brisure s'est produite en lui au moment où l'adjudant de sa compagnie, désireux de pousser ses hommes à grimper le long d'une falaise escarpée, s'était exclamé : « À partir de maintenant, vous n'avez plus ni père ni mère ! » « Depuis ce jour-là, je me suis foutu de tout. »

Ce garçon, dont la trajectoire existentielle est celle d'un psychopathe alcoolique, a eu à cette occasion la révélation de sa piètre valeur comme sujet aux yeux des autres. Matricule, sans père ni mère pour s'interposer, il s'est soumis à l'ordre en serrant les dents et en ravalant sa frousse. En même temps, littéralement mis au pied du mur, il a quitté brutalement le monde des braves gens pour n'être plus, au nom de la bravoure, qu'un peu de chair à canon. Sous l'influence conjuguée de la peur et de la honte de défaillir, il a perdu définitivement tout espoir d'être aimé et reconnu : si « on » lui a fait risquer sa vie, c'est que sa vie n'est pas très précieuse.

Pour lui, l'initiation au métier des armes, revendiquée pour s'affirmer, a eu l'effet inverse. Il s'était engagé pour être quelqu'un et, en quelques secondes, il s'est senti transformé en un moins que rien.

Persuadé après cette expérience de ne rien valoir aux yeux des autres, il est devenu un vaurien. Antisocial, buveur et bagarreur, après avoir été réformé pour ces dernières raisons, il s'est installé dans la marginalité. Faisant le coup de poing dans une revendication affective haineuse et maladroite qui achève de le déconsidérer à ses yeux comme aux yeux des autres, insoumis à la loi, davantage vécue comme injuste et mortifère que protectrice, il est devenu incapable de s'intégrer. L'alcool lui procure le courage de tenir ce rôle, tout en l'y maintenant. À trente ans, ses vols et agressions lui ont déjà valu de se retrouver près de trois ans derrière les barreaux. Pour lui (comme pour nous tous), dès lors que la rencontre avec l'autre ne peut se vivre dans un climat d'estime et de respect mutuel, elle se fait sur le mode de la loi du plus fort. Or non seulement il se sent méprisé et méprisable, mais en plus il a l'impression de ne pas être assez solide pour se battre, car il a « des petits mollets ». Un jour, vers ses douze ans, des camarades de classe se sont moqués de lui à cause de ses jambes d'échalas. Depuis, il ne se sent pas assez armé dans le combat pour la vie, d'autant que celui-ci lui paraît très rude. À la puberté il a déplacé son inquiétude de ne pas être assez viril et l'a transformée en crainte de ne pas paraître bien membré. (C'est une des raisons qui l'ont poussé à rejoindre un corps militaire particulièrement physique.) Alors que ses mollets n'ont rien d'extraordinaire, il a pris l'habitude de les mettre en valeur par le port de pantalons étroits, car « ils sont trop minces » *(sic)*. Maintenant qu'il a grandi, l'alcool l'aide à supporter son complexe. Ivre dès le matin, il est sans arrêt à l'affût du danger. Méfiant, il épie ceux qui l'entourent et pourraient lui vouloir du mal ou se moquer de lui. Incapable de croire qu'il peut être aimable, il gâche la vie qu'il a cru perdre et se rend insupportable. Il vit des jours pénibles dans l'univers paranoïaque du mauvais garçon, cet antihéros qui, à l'opposé du noble et courageux chevalier Bayard, connaît la peur et les reproches.

En fait, telle qu'il la raconte par petites bribes éparses lors des différents entretiens (une dizaine en tout), cette histoire commence dès sa naissance. L'épreuve qu'il a vécue à l'armée n'a pas été une révélation, mais une confirmation. Elle a été psychiquement traumatique en transformant un doute – « on ne m'aime pas, je ne suis pas aimable » – en une certitude.

Aîné de nombreux frères et sœurs, Sylvain est venu au monde pendant que son père faisait la guerre en Algérie. Il est persuadé que ses parents ne se sont mariés que parce que sa mère était enceinte. Il a toujours eu le sentiment d'être le « bouc émissaire » de son géniteur, un alcoolique violent qui n'a renoncé à la bouteille que depuis peu, à la suite de la découverte d'un cancer de la gorge. À l'inverse, il pense que sa mère l'aime beaucoup.

Il a eu des liens très étroits avec son cadet. Contrairement à lui, c'était un des favoris du père. Mais, jeune adulte, il s'est suicidé, apparemment pour des raisons sentimentales. Sylvain n'a pas été mis en cause dans ce drame, mais il ne peut s'empêcher de se sentir coupable, car il pense qu'au moment d'accomplir son geste fatal son frère écoutait un disque qu'il lui avait offert. Sans doute, sa jalousie refoulée de mal-aimé par rapport au préféré est à l'œuvre (« Caïn, qu'as-tu fait de ton frère ? »).

Dans ses souvenirs il y a aussi un autre épisode, qu'il situe vers ses quatre ans. Il s'est retrouvé à l'hôpital après un coma et avec « les yeux au beurre noir ». « On » lui a dit que c'était la conséquence d'une chute du sommet d'une meule de foin. Il n'est toujours pas persuadé que cette version soit exacte. Sans preuves, il incrimine son père et pense que sa famille lui a caché la vérité. À la lumière de ce récit, on comprend mieux l'écho en lui de la phrase du sous-officier dans les circonstances où elle a été prononcée...

Il a une jeune sœur qu'il aime beaucoup. Elle a dix ans de moins que lui, c'était aussi une des préférées du père. Après sa naissance, par comparaison il a mieux repéré la sévérité de son père à son égard. Par rapport à ce qu'il avait connu, elle avait un traitement de faveur. C'est à l'occasion de l'hospitalisation de cette sœur pour un avortement qu'il a interrompu les entretiens. Je ne peux pas m'empêcher de penser qu'il y a eu un lien entre ces deux faits. Rescapé de fausse couche dans son mythe, rattrapé par la réalité de l'interruption de grossesse de la sœur idéalisée et jalousée, Sylvain n'a pas pu continuer l'effort qu'il faisait pour sortir de sa galère et de son alcoolisme. Il a « rechuté ». La perte du fœtus a trop remué l'enfant perdu.

Avec le personnage de cette sœur dans la fratrie et sa place privilégiée dans l'imaginaire de Sylvain, il est aussi possible de repérer un autre des éléments de sa quête virile. Il lutte contre la tentation de vouloir être comme elle, de se comporter comme une faible femme pour être aimé.

L'horreur suprême pour un dur qui accepte facilement qu'une fille soit un garçon manqué serait d'admettre cette vérité d'évidence : un mauvais garçon est toujours peu ou prou en lutte contre son désir d'être aimé, de peur d'être pris pour une fille. En en rajoutant de façon caricaturale sur le thème de la virilité, l'homme s'efforce de démontrer qu'il n'est pas une femme. Dans cette perspective, il se trouve en situation très délicate. Ses modèles identificatoires sont masculins, et sa revendication affective majeure est de se faire reconnaître par ses semblables du même sexe. Pour être un homme, un vrai, il doit conquérir des femmes sans se laisser aller à éprouver de la tendresse à leur égard ni à s'abandonner à elles, de peur de se déconsidérer vis-à-vis de ses frères. C'est par rapport à « eux » qu'il mesure son pouvoir de séduction, mais ce sont « elles » qui arbitrent. Quand les attributs virils sont « des petits mollets », il est difficile d'être à l'aise au milieu des hommes normalement constitués. De même, le désir d'aimer et d'être aimé par une femme est contrecarré par la crainte d'être repoussé et ridiculisé, faute de pouvoir lui plaire et de la satisfaire. Pourtant, il faut se mesurer aux autres et draguer comme eux, à moins que, l'alcool aidant, tout ceci ne paraisse plus que balivernes et que les entorses à la loi qu'il favorise permettent de prouver une virilité douteuse et de retrouver la promiscuité homosexuée des geôles, loin des filles, de l'alcool et du danger. Entre « vrais » durs.

Vers ses vingt ans, Sylvain a eu une fille. Il l'a perdue de vue et ne s'en occupe pas, car il a rompu avec la mère après cinq ans de concubinage, sous le prétexte qu'elle lui avait demandé de choisir entre l'alcool et elle. Il a préféré la bouteille.

L'histoire de Sylvain est assez exemplaire. On retrouve chez lui la dysmorphophobie, le sentiment de dévalorisation, la rivalité et l'ambivalence vis-à-vis des semblables, le recours à l'armée pour essayer de se valoriser et l'échec existentiel avec l'incapacité à établir un lien affectif durable avec une femme autre que sa génitrice.

Son existence, telle qu'il la raconte et surtout telle qu'il l'organise, est directement liée à la façon dont il a vécu son enfance. Empêtré dans sa conviction d'être le mal-aimé de sa fratrie, il s'est forgé peu à peu un monde amer de réprouvé dans lequel il reproduit inlassablement avec l'entourage social le jeu relationnel de ses jeunes années. Dévalorisation, honte et jalousie empoisonnent tous ses rapports avec ses semblables des deux sexes, tandis que l'alcool est au rendez-vous pour mieux l'enfermer dans son ratage.

On pourrait croire que son alcoolisme découle de son histoire familiale : il n'a pas été désiré et c'est pour cela qu'il boit. Qu'en est-il en vérité ? Son roman est-il totalement imaginaire, édifié à partir d'indices douteux pour cicatriser l'inévitable plaie ouverte lorsqu'il lui a fallu admettre qu'il n'était pas tout pour sa mère ? Ou bien son triste récit est-il, au contraire, le compte rendu à peine déformé d'une histoire tout à fait plausible : deux êtres mal assortis se sont unis « pour réparer une bêtise », mais n'ont pas pardonné son existence au fruit de leurs amours ? Il est difficile de faire la part des choses, mais il est vraisemblable que la pathologie de Sylvain est au centre d'un inextricable embrouillamini de fantasmes (les siens et ceux de son entourage familial) auxquels elle donne corps, qu'elle contribue à entretenir et qui l'alimentent. Sylvain a bien de la peine et il donne bien des soucis. Il pense qu'il est venu au monde et que les siens ne l'ont pas reçu – et il se demande pourquoi. Il interroge tous ceux qui sont amenés à le côtoyer. Mais, cherchant à ignorer la question qui le hante et l'agite, voulant et ne voulant pas en connaître la réponse, de peur qu'elle ne lui soit défavorable, il est incapable d'utiliser des mots que la honte de toute façon lui interdirait de prononcer. Dès lors il s'exprime par des actes dont le sens ultime échappe à l'entendement. Maladroit et inquiétant, il se comporte suffisamment mal pour ne pas se faire comprendre et pour se faire rejeter, ce qui renforce son inquiétude et le pousse à boire.

Quêtant l'amour avec rage, plus proche de Dionysos que d'Œdipe, il est loin d'être un petit Jésus !

Sylvain n'a pas oublié les siens, qu'il fréquente épisodiquement et auxquels il n'hésite pas à demander de l'aide. Comme lui, qu'ils soient isolés ou qu'ils vivent dans leur famille, tous les buveurs restent tributaires de leur parentèle, à laquelle les unissent des liens serrés qui souvent sont loin d'être purement imaginaires. Ils ne sont que souvenir pour le clochard, ce sans-domicile-fixe qui boit trop par nostalgie de sa mère perdue et n'a que la rue comme foyer ; ils sont obsession de chaque instant pour la femme et les enfants d'un homme tyran domestique qui, soirée après soirée, perturbe par ses ivresses la tranquillité du pavillon où ils demeurent. On connaît aussi des sans-abri qui viennent rôder autour de parents mieux installés dans la vie afin de se rappeler à leur bon souvenir, tout en se plaignant de n'être jamais invités à partager sinon leur réussite, du moins leur table. Si par hasard un élan de générosité les ramène au sein du groupe, il n'est pas rare qu'ils en profitent pour semer derechef la pagaille, au grand dam de l'hôte apitoyé qui jure alors ses grands dieux qu'on ne l'y prendra plus. Aussitôt les accusations réciproques pourront recommencer sur le thème : « On ne demanderait qu'à l'aider, mais, à chaque fois qu'on essaie, il fait des promesses et puis il ne change pas. » Avec en écho : « Je m'arrêterais sûrement de boire si ma famille m'aidait un peu, mais ils me rejettent. Seul, comment voulez-vous que je m'en sorte ? »

Hector

Je me souviens d'une mère qui racontait à propos de son fils Hector, psychotique et alcoolique, combien elle trouvait douloureux d'entendre son enfant, un adulte quadragénaire, lui téléphoner assez systématiquement à l'heure du repas pour lui dire d'une voix pitoyable qu'il était à la rue et qu'il avait faim, alors qu'elle quittait sa cuisine pour se mettre à table avec son conjoint. Ce dernier, lassé des frasques de son rejeton et jaloux de la tendresse de sa femme à son égard, lui avait interdit l'accès de la maison. Elle se doutait bien que le fils maudit n'appelait pas par hasard à ce moment-là. Elle était sûre qu'au bout du fil il savourait le plaisir de couper l'appétit de sa mère et de semer la zizanie à table entre les deux époux. C'était sa façon toute personnelle et assez sadique de partager le repas. La situation était désagréable pour tous, mais chacun campait sur ses positions. Le père, qui ne buvait pas et ne jurait que par le travail, était indigné d'avoir un héritier qui ne faisait rien et qui mendiait. Hector s'était ingénié à faire échouer toutes les tentatives d'aide de son géniteur, qui lui offrait un insupportable modèle de travailleur acharné. Il était évident que le fils servait de repoussoir au père et réciproquement, ce qui bouclait la boucle et interdisait toute possibilité de changement.

Malgré leur farouche opposition, père et fils étaient soumis à une même loi qui, à leur insu, organisait leurs comportements opposés : « Le travail est une valeur sûre qu'il faut respecter, sinon on tourne mal. » La réussite du père étant une preuve de cette vérité tout autant que l'échec du fils.

La situation était plus complexe encore : le père pouvait se plaindre de ce que sa femme était trop gentille avec son fils, n'ignorant pas qu'elle lui donnait parfois de l'argent en cachette et qu'elle le recevait à la maison quand lui n'était pas là. Cependant, tout en demeurant ferme, il voulait rester humain, ce qui l'amenait à fermer les yeux, voire à encourager les transgressions par rapport à la loi d'exclusion qu'il avait lui-même édictée. Le fils naturellement s'engouffrait dans la brèche ouverte, jouant tout autant de la culpabilité paternelle que de l'attachement maternel. Par son comportement il accroissait la jalousie du père qui, dès lors, avait plus envie encore de le chasser, mais se sentait davantage coupable de le faire ! De son côté, la mère, qui trouvait son mari courageux, travailleur et estimable, mais ne ressemblant plus guère au joyeux drille qui l'avait fait sortir du droit chemin en l'engrossant, jeune fille, à une époque et dans un village où de telles pratiques étaient déshonorantes, cette mère avait un faible pour son grand enfant qui vivait dans la marginalité. Elle ne pouvait qu'avoir une attitude ambiguë entre ses deux hommes.

L'enfant de l'amour transformé en schizophrène alcoolique leur rappelait par l'exhibition de ses pathologies qu'ils avaient fauté. Même s'ils avaient voulu imposer la loi des amants, ils étaient inconsciemment tributaires des lois morales de leur enfance et ils étaient inéluctablement amenés à apprécier leur devenir en fonction de leur transgression (« si nous n'avions pas fait cela, nous n'en serions pas là »). Non seulement ils ne pouvaient remettre en question le choix décisif de leurs vingt ans sans risquer de s'effondrer, mais, en plus, ils étaient incapables d'offrir à leur fils un modèle cohérent de loi puisque eux-mêmes s'étaient mis dans l'illégalité au nom de l'amour et se devaient d'en être fiers. Ils ne se rendaient pas compte qu'en sous-main, par leurs attitudes contradictoires, ils maintenaient leur fils dans sa position de trublion.

Lui, de son côté, s'inscrivait avec génie dans le rôle qui lui avait été dévolu. Énervant son père, apitoyant sa mère, il faisait payer à ses deux parents le prix fort pour sa venue sur la planète. Avait-il été aussi désiré qu'on le prétendait ? Œdipe recueilli par ses propres parents qui n'avaient pu se résoudre à l'exposer, il ne pouvait faire de reproches ni à son père, qui l'avait accepté, ni à sa mère, qui l'avait porté, mais il restait dans le doute quant à leur réel désir à son égard. Vouliez-vous bien de moi ou m'avez-vous eu malgré vous ? Question sans réponse, mais qui le taraudait. Quoi d'étonnant à ce que son délire ait éclaté au moment où la compagne qu'il s'était choisie avait décidé d'avorter du fruit commun de leurs amours sans lui demander son avis. Quoi d'étonnant également à ce que, entre une lignée maternelle riche en bigotes et un père plus porté sur la grivoiserie, son délire soit « dissocié » en thèmes érotiques, avec d'incessantes fixations érotomaniaques sur les femmes qu'il rencontrait, et en préoccupations mystiques ? Proche d'Œdipe par sa rivalité avec le père, apparenté à Dionysos par son goût pour l'alcool, il lorgnait du côté du ciel à la recherche d'un possible salut dans cette situation difficile. Son esprit s'y perdait entre les femmes, les anges et les faiseuses d'anges. Attaché à sa mère comme un psychotique, il doutait d'elle comme un alcoolique, car il avait vécu par sa compagne interposée qu'une mère peut ne pas vouloir de son enfant. Alors il avait tenté de revenir à la maison, mais le père n'avait pas accueilli le fils prodigue... Une fois, ça va...! Parce que derrière le « non » du père s'inscrivait le « oui » de la mère, il délirait. Parce que ce oui n'était pas franc, il buvait. Le chagrin de sa mère quand un frère d'Hector était mort accidentellement lui avait prouvé que non seulement elle se soumettait aux désirs de son mari plus facilement qu'à ses exigences de fils, mais en outre qu'elle restait plus attachée à l'autre fils, si sage dans son cimetière.

GWENDOLINE

À trente-deux ans, Gwendoline est déjà une vieille routière de l'alcoolisme. Jolie et le sachant, elle est encore capable de faire des ravages autour d'elle, même si l'alcool commence déjà à faner ses traits. Elle est mariée à Denis, un fonctionnaire de son âge, aussi taciturne et terne qu'elle est pétillante et vive. Tout les oppose, et en même temps ils donnent à certains moments l'impression d'être très complices dans leur mésentente.

Elle est la fille d'un alcoolique qui a divorcé d'avec sa mère alors que Gwendoline avait huit ans. Son frère jumeau s'est suicidé à quinze ans. C'est elle qui aurait trouvé le corps au retour d'une fête. Souvent elle évoque sa culpabilité à propos de ce drame, elle pense qu'elle n'aurait pas dû aller s'amuser ce jour-là. Parfois elle incrimine le mariage d'une sœur peu de jours avant le décès. Il n'en reste pas moins qu'à la suite de cet événement sa mère s'est beaucoup rapprochée d'elle, au point qu'elles ont partagé le même lit pendant plusieurs mois. Elle dit de son mari qu'il est « aussi secret que l'était son frère », à propos duquel elle évoque des rêves érotiques si précis qu'au réveil il lui arrive de se demander si elle va retrouver son frère ou son mari auprès d'elle. Manifestement, un des rôles du conjoint est de faire revivre le disparu. D'ailleurs, si Gwendoline trouve qu'elle pense trop à son frère, elle dit aussi qu'elle n'a pas le droit d'oublier « parce qu'il ne faut pas que sa mort soit inutile ! » *(sic).* Elle affirme que c'est grâce à l'ivresse qu'elle le retrouve lorsque son souvenir s'estompe. Mort, le frère est peut-être plus présent que lorsqu'il était vivant. Double masculin qu'elle enviait et qui lui portait ombrage lorsqu'elle était petite fille et garçon manqué, il est devenu une ombre familière et qu'elle peut manipuler au gré de ses fantasmes dans un curieux mélange de jouissance et de culpabilité.

Outre qu'il doit occuper cette place de remplaçant, le mari est astreint à la tâche de dire à sa femme « qu'elle est belle et qu'il l'aime ». Seulement voilà : ce garçon secret comme le frère en est incapable ! Une éducation rigide, une constante répression des affects pendant son enfance auraient entraîné une inhibition de l'expression des émotions. Choisi parce que difficile à mobiliser, Denis se contrôle au maximum ; pour lui, pas question de boire, il faut rester maître de soi. Il se veut de glace, elle veut le faire fondre. Plus elle lui demande d'exprimer son admiration et son amour, moins il peut le faire, de peur qu'elle ne prenne l'ascendant sur lui. Alors elle le provoque et il s'efforce à l'impassibilité. Parfois, avec l'aide de l'alcool, elle le trompe, il n'aime pas cela et se venge en la frappant et en la possédant brutalement, ce qui la rassure : elle a pu le faire sortir de ses gonds, donc il tient à elle. Et puis, les hommes sont si bêtes de perdre leur self-control dès qu'il est question de sexe. Alors que dans la vie quotidienne elle se trouve faible et vulnérable par rapport à eux, dans ce domaine précis elle les domine et en tire une jouissance certaine. Elle a besoin d'être insupportable vis-à-vis de son mari pour vérifier qu'il tient à elle et qu'elle le tient. Paradoxalement, il s'accroche pour démontrer qu'il est le plus fort, puisque partir serait admettre qu'elle le fait souffrir, tandis que battre l'infidèle n'est que manifester une juste colère !

Ange ou démon ? Cette question préoccupe Gwendoline depuis son enfance. Un jour, au catéchisme, une religieuse lui a fait don d'une image pieuse, disant qu'elle était la meilleure élève. « C'était une vierge avec une auréole. » « Comment pouvait-elle savoir que j'étais celle qui priait le mieux ? » À cette occasion, elle a réalisé qu'on pouvait tromper les gens sur les apparences. Cette découverte fut grisante par les perspectives de pouvoir qu'elle lui donna, mais également inquiétante et traumatisante, parce qu'elle lui fit comprendre en même temps que non seulement elle ne pourrait plus jamais se fier à personne, mais qu'en plus on pourrait ne pas la croire. Ce jour-là, elle mesura la distance qui sépare l'être du paraître et elle fut effrayée de l'importance du gouffre. En outre, si la nonne l'avait désignée comme angélique, à l'inverse, sa mère la traitait souvent de démon ! Laquelle fallait-il croire de ces deux femmes qui prétendaient la connaître et aboutissaient à des diagnostics opposés ? Devinaient-elles ses pensées intimes sur ou malgré les apparences ou, au contraire, était-ce elle qui était capable de les flouer sur ou malgré les apparences ? On ne saurait jurer de rien, si ce n'est que rien n'est sûr, ce qui n'est pas particulièrement sécurisant.

Avoir le diable au corps (« que diriez-vous, docteur, si j'étais possédée du démon ? ») est un scénario qu'elle joue volontiers et avec plus de brio que de réel plaisir. C'est aussi un moyen de n'être pas sage comme une image (pieuse) et de se démarquer du rêve maternel d'une fille admirable. C'est une façon d'être libre, de n'être pas bridée. Être « diabolique », « pas sage », « méchante », autant d'adjectifs qu'elle utilise pour se définir. Si personne ne la tient, elle est libre, il lui faut donc être intenable pour être. Mais si on ne tient pas à elle, elle est seule et elle ne supporte pas la solitude. Il faut aguicher et séduire mais sans s'attacher pour, en cas de rupture, ne pas souffrir à en mourir, comme le frère.

Perverse, Gwendoline ? Sans doute, avec son incapacité à se laisser emporter par ses émotions et son brio pour faire de ses partenaires, et plus particulièrement de son mari, des complices dans la mise en acte de ses fantasmes. Alcoolique surtout !

Les histoires de ces trois patients témoignent de la formidable intrication entre la vie fantasmatique du buveur excessif et ses relations avec les siens. À partir de ses confidences, rétrospectivement, il est à peu près toujours impossible de déterminer dans quelle mesure il fabrique le monde dans lequel il s'enferme et attire les siens et dans quelle mesure, au contraire, il est façonné par l'entourage. De fait, l'alcoolisme est une des conduites humaines qui donnent le plus le sentiment d'une continuité sans faille entre la réalité vécue par le buveur et le vécu qu'il a de cette réalité. Sans doute parce que, avant d'être une maladie ou d'engendrer des pathologies, le recours chronique à l'alcoolisation excessive est le traitement sauvage d'un malaise existentiel, et que, comme on l'a vu, cette autothérapie est dans la logique de la honte qui interdit de demander du secours à quiconque. Doutant de lui et doutant des siens avant de douter de tous, sûr de ne pas être compris et surtout d'être rejeté s'il se dévoile, celui qui l'utilise trouve dans l'éthanol le médicament miracle grâce auquel les difficultés s'aplanissent et la souffrance s'estompe sans qu'aucun tiers ne soit dans la confidence.

On ne naît pas alcoolique, on le devient. L'alcoolisme est à la portée de tous si les circonstances s'y prêtent, car il n'y a pas une personnalité alcoolique type. Nul doute cependant que la personnalité joue son rôle dans l'alcoolisation excessive. Par exemple, il est difficile à un obsessionnel d'accepter de perdre le contrôle de soi, ce qui le protège de l'ivresse ; en revanche, un sensitif anxieux et persécuté utilisera assez facilement l'alcool pour se donner du courage et calmer son angoisse, quitte à sombrer secondairement dans la jalousie pathologique qui lui donnera une raison supplémentaire de boire. Mais si, plus que la maladie ou ses symptômes, c'est le vécu humiliant de leur présence qui est responsable de l'alcoolisation excessive et surtout de sa pérennisation, de même le rôle de la personnalité doit se mesurer à la sensibilité à l'humiliation qu'elle favorise ou non chez l'individu concerné à un moment donné de son existence.

Le sentiment de n'être pas comme tout le monde et la crainte de paraître ridicule ne préoccupent guère le « grand » paranoïaque sûr de lui et de son bon droit. Il est peu enclin à boire excessivement s'il arrive à se maintenir dans l'illusion de sa grandeur et de sa maîtrise sur un monde hostile, surtout si ses convictions sont étayées grâce à la fiction délirante. Mais le « petit » paranoïaque, ce tyran domestique, petit chef hargneux au travail, est plus sensible à l'alcool. Qu'il vienne à douter de lui parce que sa cuirasse caractérielle se rompt sous l'effet de l'accumulation des échecs sentimentaux et professionnels (qu'elle a provoqués à son insu) et qu'il n'arrive plus à rendre autrui responsable de tous ses malheurs, alors il peut être amené à se consoler avec la bouteille surtout lorsque l'alcool lui avait déjà servi à donner quelque consistance à une suffisance dont, confusément, il sentait qu'elle cachait une insuffisance. Si la réalité le rattrape trop durement pour lui signifier la profondeur de son échec, parce que son conjoint lassé est parti et qu'il n'a plus de travail, parce qu'il n'a plus rien et qu'il n'est plus rien, alors son alcoolisme devient volontiers cataclysmique. Étiqueté buveur, sommé de se traiter, il sera tenté de récupérer un peu de sa grandeur passée en devenant un « grand » alcoolique qui mettra en échec tous ceux qui s'escrimeront à l'aider. De son point de vue et pour la sauvegarde de sa dignité, seule une maladie très grave a pu le faire tomber de son piédestal. C'est pourquoi il doit se faire soigner et courir les spécialistes les plus éminents, mais aucun alcoologue ne doit être capable de venir à bout de sa maladie, dût-il en mourir. Se penser incurable est paradoxalement un baume. Il soulage de l'humiliation insupportable d'avoir failli.

Les personnalités évitantes, chez lesquelles la timidité et l'appréhension des contacts sociaux fait partie du quotidien, sont assez facilement tentées par l'alcool, même en l'absence de réels symptômes de la lignée anthropophobique. Boire pour avoir un peu plus d'aisance au milieu d'amis qui boivent pour la même raison dans une convivialité de bon aloi peut devenir progressivement un plaisir solitaire, d'abord au milieu des autres puis dans une franche solitude. Se détachant des circonstances qui l'ont fait naître, le plaisir de l'ivresse ne sert plus à entrer en contact, il est sa propre finalité. L'habitude de s'enivrer chez soi se substitue progressivement à l'effort de sortir au milieu des autres. L'alcool, qui permettait la rencontre appréhendée, vient meubler la solitude détestée que, grâce à lui, il n'est plus nécessaire de fuir puisque l'ivresse en noie le sombre ennui. Mais lorsque l'alcoolisme est bien avancé, il est à son tour intégré dans l'univers phobique. La peur d'avoir un comportement mal adapté, une allure suspecte ou la peur de manquer d'aisance deviennent peur d'être étiqueté alcoolique. Les sorties que la timidité avaient limitées, et dont l'alcoolisme solitaire avait permis de réduire la fréquence, se font plus rares encore, tellement elles sont appréhendées. Le périmètre de marche se réduit à quelques rues autour du domicile, balisées par les magasins où aller s'approvisionner. Il faut apprendre à en user avec discernement. Savoir organiser un tour entre eux pour en changer régulièrement, et ne pas faire remarquer l'excès des achats. Mais, sur place, il y a encore la peur de trembler qui interdit de faire des chèques. Celle de lire le mépris dans l'œil de la caissière tout comme celle de trembler à cause de son regard et de penser qu'elle s'interroge narquoisement en son for intérieur sur l'origine du trouble : alcool ou timidité ?

Quel serait le plus humiliant ? Sans doute qu'elle imagine que c'est à cause de l'alcool, pour une femme, et à cause de la timidité, pour un homme. Mais qu'elle ait raison ou qu'elle se trompe, que ce soit l'un ou l'autre, ou le mélange des deux, ce qui met mal à l'aise, c'est de savoir que quelqu'un d'autre que l'alcoolique sait qu'il a un problème. C'est cela qui est humiliant. Quelles que soient les ruses utilisées pour éviter les situations gênantes, la crainte d'être mal jugé comme individu, crainte qui est à l'origine de l'alcoolisme, s'entretient et s'amplifie des stratagèmes utilisés pour dissimuler cet alcoolisme dans la crainte d'être mal jugé comme alcoolique. La vie devient un enfer dans lequel la lutte pour éviter les contacts sans subir une accablante solitude entraîne une quête permanente d'alcool pour entretenir l'ivresse. Que cette dernière soit calculée au plus juste pour pouvoir sortir en restant présentable et garder ainsi les indispensables contacts, qu'elle soit beaucoup plus libre et abondante, le soir devant la télé et avant de retrouver le sommeil qu'elle est chargée d'induire, elle centre toute la journée. Demain sera un autre jour. Un jour sans alcool ? Oui, pense-t-il parfois en s'endormant. Non, une autre fois, décrète-t-il le lendemain au réveil quand il lui faut faire cesser le manque.

Ce n'est pas une personnalité ou un type de famille qui amène à l'alcoolisme. Des facteurs multiples : individuels, familiaux, sociaux, etc., se conjuguent. L'alcoolisation excessive est une conduite complexe et multifactorielle, mais, en fin de compte, elle se développe toujours dans une atmosphère de peur et de honte.

Sylvain, Hector et Gwendoline sont trois patients graves qui superposent chacun un alcoolisme sévère et une pathologie mentale aisément repérable. Compte tenu des tendances nosographiques actuelles, on pourrait les considérer comme des « alcooliques secondaires ». En effet, on décrit « des formes d'alcoolisme "primaires", dans lesquelles l'abus d'alcool est le premier trouble chronologiquement installé chez le sujet ; des formes "secondaires", conduites alcooliques apparues secondairement chez un sujet porteur d'un trouble mental ou d'un trouble manifeste de la personnalité » (1). Mais cette distinction parait bien artificielle et peu opératoire à la lumière de ce qu'ils livrent de leurs histoires. L'abus de boisson a des liens avec leurs perturbations mentales comme avec leurs personnalités, mais seulement de façon indirecte. Ce n'est pas parce qu'il est psychopathe, mais parce qu'il se sent sous-estimé que Sylvain se saoule, se conduit en vaurien et se fait traiter de déséquilibré. Ce n'est pas tant sa psychose qui pousse Hector à l'ivresse que le sentiment d'être rejeté par sa mère et le malin plaisir de lui faire payer ce qu'il vit comme une disgrâce. Enfin, si Gwendoline s'enivre, c'est sa compétition avec son double masculin (son jumeau mort) qui prioritairement la pousse dans les bars.

Dévalorisation de soi pour le premier, sentiment d'un rejet maternel pour le second, jalousie fraternelle pour la troisième, voilà, se retrouvant chez ces trois personnages, mais en des proportions variées, les trois ingrédients du cocktail affectif qui conduit aux excès alcooliques dès lors que le contexte s'y prête. Cependant, et toutes ces observations en témoignent, l'alcoolisme (qui est toujours une conduite individuelle) s'inscrit toujours aussi dans une histoire de famille, qu'il s'agisse d'une histoire passée ou présente, voire, le plus souvent, passée et présente. Reconstruite à grand renfort d'imagination ou très proche de la réalité, elle est la vérité de l'alcoolique. À ce titre, elle est toute sa vie, c'est pourquoi il s'y cramponne, refusant de faire sa propre vie.

L'alcoolisme est une conduite acquise. La seule transmission héréditaire envisageable concerne l'équipement biologique qui peut soit freiner ou interdire la consommation d'alcool en réduisant la tolérance au produit (comme le déficit enzymatique retrouvé souvent chez les Asiatiques, et plus particulièrement les Mongols [7]), soit, au contraire, la faciliter en augmentant cette tolérance.

Quant au syndrome d'alcoolisme fœtal décrit par Lemoine en 1968, il est lié à un effet tératogène de l'alcool pendant la grossesse. Il se caractérise par des malformations spécifiques chez l'enfant, et non par une appétence particulière à l'alcool de ce dernier.

Cela dit, la vieille notion d'hérédo-alcoolisme qui a sévi pendant des années resurgit périodiquement. Il est vrai que les travaux actuels semblent confirmer la notion d'alcoolisme familial. Mais « alcoolisme familial » n'est pas hérédo-alcoolisme. Il peut y avoir l'association de la transmission d'un patrimoine génétique qui

7. « Cette intolérance est fondée sur la production très rapide d'une grande quantité d'acétaldéhyde qui produit nausées, rougeur de la face, tachycardie... » (F. A. Fernandez, « Alcoolisme et discours sociologique » in *Bulletin de l'Association française de psychiatrie et psychopathologie sociale,* n° 7, 1981, p. 18.)

« gère » la tolérance à l'alcool et de celle de modèles de comportements par rapport auxquels les enfants ont à se situer et qu'ils reproduisent plus souvent qu'ils ne les rejettent.

Pour imager les choses : le fils n'a pas de gros biceps parce que le père est forgeron, et le fils ne devient pas alcoolique parce que le père boit, mais il y a quelques bonnes chances de voir ces fils prendre la suite de leurs pères respectifs devant l'enclume ou le comptoir du café. Le premier, s'il est robuste comme son ascendant, pourra cultiver sa musculature comme lui en héritant de la forge, tandis que le second, s'il a les gènes convenables, acquerra une polynévrite comme son géniteur s'il en copie les habitudes.

Dès lors qu'elle ne s'explique pas par l'hérédité, la répétition de la conduite alcoolique d'une génération à la suivante choque beaucoup. Comment un individu qui, pendant des années, a souffert des abus d'un ou de ses deux parents peut-il reproduire à son tour le même désordre et imposer à ses enfants ce qu'il n'aurait pas voulu vivre ? C'est sans doute pour cette raison que périodiquement l'hérédité est mise en avant alors que son rôle n'est, ne peut être, qu'indirect et modeste.

Il est nécessaire d'admettre l'existence d'autres processus que le simple legs génétique et de prendre en compte l'incontournable facteur humain.

Les observations cliniques, si elles offrent l'évidence d'enfants qui boivent autant que leurs parents, montrent aussi des enfants qui se tiennent à l'écart de l'alcool pour ne pas leur ressembler. « Tel père, tel fils » ; « À père avare, fils prodigue » : la recherche doit prendre en compte les effets de l'identification et/ou du refus d'identification. Sans compter que les petits enfants peuvent vouloir ressembler à des grands-parents alcooliques, mais plus aimants que des parents abstinents, mais sévères, dont ils peuvent vouloir, au contraire, se démarquer.

Dans l'alcoolisme familial, la complexité des interactions humaines est au rendez-vous. Réduire l'alcoolisation excessive d'un individu à une question d'enzymes ou de membranes cellulaires, voire même de difficultés psychiques, est une simplification indigne des drames qui la font naître, qui l'entretiennent et qu'elle provoque dans les familles. C'est aussi l'assurance de se priver de possibilités thérapeutiques réelles, c'est surtout le risque d'aggraver les choses au moment même où on voudrait les améliorer.

Développant le concept de « loyauté », Boszormenyi-Nagy affirme que la structure du groupe consanguin est ineffaçable. « Qu'ils le reconnaissent ou pas, l'attachement des membres de la famille entre eux est toujours profondément réel, de façon consciente, et surtout inconsciente. Tout se passe comme s'il existait un livre transgénérationnel des dettes et des mérites, et comme si chaque membre de la famille était contraint de participer à son équilibre » (31).

C'est ainsi que des parents sobres peuvent reprocher son alcoolisme à leur enfant. En réalité, les remarques qu'ils lui font s'adressent à leurs propres parents, eux-mêmes alcooliques, mais auxquels ils n'ont jamais osé faire la moindre critique, car une règle implicite du fonctionnement de cette famille pourrait être : « Un enfant ne critique pas ses parents, il leur doit le respect. » Ici l'alcoolisme saute une génération et peut paraître héréditaire ; il n'est que familial. Le petit-fils (ou la petite-fille) alcoolique, s'il semble « déloyal » vis-à-vis de ses parents qui le morigènent pour ses excès, est en fait « loyal » vis-à-vis de la famille dans son ensemble. Grâce à son « sacrifice » (prendre le mauvais rôle), la règle « on ne critique pas ses parents » est respectée.

En outre, à travers son alcoolisme entretenu par les critiques des siens, le « sacrifié » est aussi un reproche vivant pour ces grands-parents qui n'ont pas su respecter une autre loi, qui complète logiquement la précédente : « Les parents doivent donner le bon exemple. » Sans que rien ne soit dit, les comptes sont réglés. Parce que rien n'est dit, un trouble de la conduite s'installe et se transmet de génération en génération, jusqu'à ce qu'une parole, peut-être, vienne interrompre la chaîne à l'occasion, par exemple, d'une thérapie familiale. Les règles implicites du fonctionnement familial devenant explicites, chacun pourra désormais se situer par rapport à elles, au lieu d'être mû inconsciemment par elles. Dans les meilleurs cas, si les troubles engendrés par l'alcoolique qui évolue pour son propre compte n'ont pas trop embrouillé le réseau des communications familiales, voire extra-familiales, la guérison se produira.

Il est clair que des jeux relationnels de ce type ne se mettent en place que dans un contexte facilitant, dans une famille où parler de ces choses-là est un véritable tabou. Il est également évident que ce n'est pas n'importe lequel des petits-enfants qui assumera la tâche de l'alcoolique : il faudra que la fonction de victime lui convienne par rapport à son histoire personnelle, sans compter ses relations avec ses frères et sœurs, son équipement biologique et les habitudes de consommation d'alcool de ses amis.

Ailleurs, malgré les apparences, l'alcoolisme d'un des membres de la famille sert à diminuer l'anxiété de tous. Chacun préférerait sans doute voir les choses se passer autrement, mais il est parfois moins angoissant de savoir à quoi s'en tenir que d'affronter une angoisse diffuse. Quand le père est ivre, l'inquiétude se cristallise sur lui et une certaine détente s'amorce quand il rentre à la maison avec sa cuite, car, dès cet instant, on sait où est le danger. Le scénario de ce qui va se passer est déjà connu, les membres de la famille savent ce qu'ils ont à faire. Dans cette politique du pire, à l'acmé de la crise, la cohésion familiale qui, de l'extérieur, paraît si menacée est, au contraire, renforcée. Femme et enfants se regroupent pour faire bloc face à l'ivrogne si gentil lorsqu'il n'a pas bu. Au décours de la scène, la réconciliation du père et de la mère sur l'oreiller les rapproche de nouveau. La crise en a été le préalable indispensable.

L'alcool a de multiples fonctions dans les familles qui, à leur insu, s'en servent comme liant. Les membres du groupe ne se rendent absolument pas compte de leur coparticipation à la chronicisation de l'alcoolique dont ils se plaignent, que sincèrement ils voudraient voir guérir ou, au pire, disparaître. Ce n'est qu'à travers la résistance de tous à un traitement cohérent qu'il est possible de mesurer leur complicité inconsciente.

Ici, l'alcool sert à réduire la vie sexuelle d'un couple à un niveau minimum. « Je ne couche pas avec un sac à vin », dit madame tandis que son mari rétorque : « Je bois parce que tu es frigide. » Elle achète, officiellement pour d'éventuels amis de passage, le vin qu'il boit en cachette... et qu'elle renouvelle. Ailleurs, sans être éméchés tous deux, mari et femme ne peuvent avoir de relations sexuelles.

Un père boit pour calmer son inquiétude. Ce faisant, il offre à son enfant un modèle de comportement. Celui-ci, plus tard, saura se souvenir de cette leçon et recourir, lui aussi, à l'alcool pour calmer son anxiété, anxiété acquise à force de subir les ivresses de ce parent alcoolique (dont il a hérité de l'équipement biologique) ; en outre il a pu être mis en garde par sa mère, sobre, elle, de ne pas imiter son père. Comme il connaît, et pour cause, les désagréments de l'ivresse pour l'entourage, il a pu d'abord vouloir suivre les conseils maternels, quitte à se sentir déloyal vis-à-vis de son père et malheureux de ce fait au point de vouloir boire. Un jour il craquera peut-être, car il voudra en plus calmer l'anxiété de sa mère qui vit dans la terreur de voir son fils devenir le portrait de son mari. Ainsi la crainte de la transmission du trouble contribuera à son apparition. Paradoxalement, celle-ci entraînera un soulagement certain. « Je vous l'avais bien dit : avec le père qu'il a ! Cela devait arriver. » Il n'y a plus rien à craindre, le danger redouté s'est concrétisé. De plus, alors que la transmission transgénérationnelle s'est faite « grâce » au travail psychique et communicationnel de chacun, c'est l'hérédité qui sera accusée. Aucune remise en question des personnes ou des relations entre elles ne sera possible, tant la nature génétique du trouble sera évidente pour tous. Quant au buveur, rassuré de n'y être pour rien, il aura un alibi pour continuer à boire : ce n'est pas sa faute, c'est la faute de Mendel !

De telles familles marchent à l'alcool, qui est le carburant du système à la fois par son action chimique et par les occasions de séparations et de retrouvailles qu'il provoque. Tantôt l'alcoolique, éméché, fait des siennes et tout le monde est réquisitionné pour le contenir ou l'envoyer se faire soigner, tantôt, à jeun, il est « sage », bon époux, bon père, et la paix règne. C'est une trêve fragile, vite rompue, car « c'est trop beau pour durer », et les ivresses reprennent, provoquant des interventions extérieures : policiers pour juguler la violence, médecins pour donner des médicaments (« Docteur, on m'a dit qu'il y avait un produit qui empêche de boire et qu'on pouvait mettre dans sa nourriture sans qu'il s'en aperçoive »), assistante sociale pour que l'argent du ménage ne parte pas seulement au bistrot, membre d'une association de buveurs guéris pour « lui » faire entendre raison, juge des enfants, voire psychiatre (« mais je ne suis pas fou... »), etc. Tous ceux dont notre société a sécrété la fonction pour contrôler ses désordres internes peuvent être appelés au chevet de cette famille empoisonnée par les problèmes d'alcool et qui perturbe l'ordre.

Mais attention, au moment où les pompiers sont appelés pour éteindre l'incendie familial, chacun des membres de la famille se transforme en pyromane et s'ingénie à mettre en échec les solutions trouvées. L'hospitalisation du « malade » est écourtée et le gamin fugue du centre où le juge l'a placé. Il veut rejoindre la famille dont il n'a cessé de se plaindre, mais dont il ne supporte pas d'être séparé. Les troubles de son comportement sont autant de raisons supplémentaires de boire pour le parent buveur, qui découvre rapidement qu'il aime particulièrement cet enfant et que le placement est la seule cause de la souffrance familiale et de son alcoolisme. Il est soutenu dans son argumentation (spécieuse) par l'attitude de l'enfant et la dépression de l'autre parent qui supporte d'autant moins de ne plus avoir son rejeton qu'il se retrouve en tête-à-tête avec son conjoint : la dernière chose qu'ils souhaitaient tous deux !

Dans ce type de situation, où les passages à l'acte tiennent lieu de discours, on imagine aisément la multiplicité des erreurs qui peuvent être faites en voulant bien faire, car si les alcoolisations excessives ont du sens, le symptôme est polysémique. S'ajoutent, bien entendu, pour accroître la confusion les projections inconscientes des gens qui gravitent autour de cette famille en difficulté. Ils ont tous été enfants et ils ont tous quelques vieux comptes secrets à régler avec leur famille d'origine. Ils peuvent trouver dans la gestion du désordre des familles à risques des satisfactions dont la nature n'est peut-être pas aussi noble qu'ils le pensent. Nous tous qui, professionnellement ou non, sommes amenés à nous mêler des affaires d'autrui, nous devons être particulièrement attentifs à bien faire plutôt qu'à faire le bien.

Dans beaucoup de cas pour lesquels les solutions sont difficiles à trouver, les membres de la famille sont devenus aussi dépendants de l'alcoolisme de l'un des leurs que celui-ci l'est de son toxique. À ce stade, atteint en plusieurs années, voire en plusieurs générations, l'alcoolique a une « utilité » dans l'équilibre familial : focalisant l'angoisse, comme on l'a vu, il rassemble en fait plus qu'il ne sépare. C'est alors que les interventions extérieures peuvent pérenniser et aggraver les choses malgré (à cause ?) des intentions louables.

Dès que quelqu'un se mêle de modifier le fonctionnement de l'ensemble, tous font bloc contre lui, par solidarité familiale et par rivalité avec l'intervenant dont la réussite démontrerait l'échec de la famille, mais aussi pour des raisons personnelles : si le bouc émissaire disparaît, plus personne n'a d'excuse, que ce soit pour un échec scolaire ou une frigidité. Lui-même n'a plus de raisons avouables de boire puisqu'il ne peut plus se plaindre d'être le bouc émissaire. Certes, si la guérison intervenait, la tranquillité et le bonheur pourraient s'installer, mais il faudrait renoncer à tant de petits bénéfices secondaires, accepter tant de remises en question qu'il est difficile de se mobiliser.

Lorsque, dans la famille, les règles qui président au fonctionnement cessent de constituer une trame souple propice à l'épanouissement de chacun pour devenir des règlements impératifs et contraignants, le cocon devient une prison et, paradoxalement, tous concourent à cette transformation. En effet, menacée d'éclatement par la mésentente, la famille mobilise ses membres pour resserrer les liens. Ce faisant, ceux que la discorde sépare sont amenés à se rapprocher, ce qui multiplie les sources de conflit, augmente la tension et aggrave la situation. L'alcool peut être à l'origine de cette mise en tension, comme il peut être appelé au secours pour la soulager, avec, en prime, une aggravation à peu près certaine des choses. Parfois une intervention extérieure opportune ou un sursaut de raison de la part de certains membres de la famille suffisent à faire baisser la pression et à éviter la crise. Ailleurs, elle éclate. Tantôt sous forme dramatique (crise de violence, voire tentative de meurtre ou de suicide), tantôt de façon plus discrète, mais à peine moins grave, par le biais d'une maladie ou d'un accident qui modifient les rapports de force. Il n'est pas rare que, si l'alcoolique décède, la veuve, pourtant échaudée par le souvenir de son père buveur et ce qu'elle vient de vivre avec feu son conjoint, convole en justes noces avec un autre alcoolique, divorcé et nanti d'enfants peu désireux d'accueillir cette belle-mère ; à moins qu'elle ne se mette en ménage avec un puceau plus jeune qu'elle et qui cherche une maman. Dans ce dernier cas, ce sont ses propres enfants qui verront d'un mauvais œil un beau-père à peine plus âgé qu'eux partager le lit de leur mère, auquel ils n'ont pas droit. Là encore, l'alcool risque fort d'être de la partie.

Pour peu que les familles s'en mêlent ainsi que les amis, le manège infernal s'emballera, prêt à happer toutes les bonnes volontés apitoyées par une si triste situation.

Inutile d'ajouter que les professionnels, eux, ne seront guère invités à se mêler de ce qui, de l'avis des intéressés, ne les regarde pas (sauf parfois quand la situation est trop intenable), et ils seront mal accueillis s'ils s'imposent. « Le linge sale se lave en famille », *a fortiori* quand la honte est au rendez-vous (et elle est toujours au rendez-vous lorsqu'il y a des problèmes d'alcool).

La famille et l'alcool

On ne le dira jamais assez : toutes les familles qui sont confrontées durablement à l'alcoolisme de l'un des leurs sont dans la souffrance. D'ailleurs comment pourrait-il en être autrement alors que l'alcool jeté dans le chaudron familial pour apaiser certaines tensions en libère d'autres, bouscule les sentiments, affole les esprits et malmène les limites ? Face à cette souffrance collective associant celle de l'alcoolique, celle de ses proches, et celle née des interactions entre eux, alors que pour tous et chacun le rêve d'un foyer confortable et sécurisant est brisé sous le choc d'une réalité violente et parfois franchement sordide, avant d'entreprendre quoi que ce soit, l'intervenant sollicité pour ramener la paix en chassant l'alcool doit s'interroger sur l'échec de cette famille à faire cesser elle-même sa torture. Il doit essayer de comprendre pourquoi le bonheur que tout le monde semble désirer si ardemment est impossible à obtenir. En prenant du recul, il pourra entrevoir que, si l'alcool est un problème réel pour la famille et s'il est érigé officiellement comme son problème central, la place du produit dans l'économie familiale n'est pas aussi claire qu'il y paraît de prime abord. S'il n'arrive pas à définir cette place et à élaborer sa stratégie thérapeutique en fonction de ce qu'il aura perçu, son intervention risquera fort d'être vouée à l'échec faute qu'il ait su repérer les liens secrets unissant la famille à l'alcool par le biais de l'alcoolique.

Si aucune situation n'est vraiment comparable à une autre, car toutes les familles ayant maille à partir avec l'alcoolisme de l'un des leurs ont des histoires singulières, vivent dans des contextes particuliers et sont constituées d'individus différents, il est tout de même possible de repérer trois grands types de fonctionnement. Tantôt la famille apparaît plutôt comme victime de l'alcool, tantôt plutôt comme la complice de l'alcoolique, et, dans les cas les plus graves, elle semble franchement incitatrice, poussant l'alcoolique à boire tout en lui demandant de s'arrêter de le faire.

La famille victime

C'est celle qui fait comme si elle n'était pas impliquée dans les rapports de l'alcoolique avec sa bouteille. Tout se passe comme si la famille victime ne faisait que subir une situation dont elle ne voulait même pas se rendre compte. L'alcoolisme du buveur se présente comme une affaire privée ne concernant que lui. Très généralement, il consulte seul. Sa démarche est discrète, parfois à l'insu des siens. Si proposition lui est éventuellement faite de le rencontrer avec son conjoint dont il ne se plaint pas, car il n'a rien à lui reprocher (si ce n'est précisément d'être irréprochable), il refuse. Par la suite, si un traitement a été entrepris et si l'entourage le sait, il ne fera aucune tentative pour s'immiscer dans la relation thérapeutique avec l'intéressé ou simplement pour en savoir plus sur ce qui se passe. La discrétion est la règle commune à tous.

Dans ce mode de fonctionnement, qui n'est pas le plus fréquent, tout est organisé comme s'il y avait un accord tacite de tous les membres de la famille pour considérer le problème de l'alcool comme un problème étranger. Elle n'a rien à y voir et n'a donc pas à s'en mêler. D'ailleurs, souvent, lors de la première consultation, le buveur met en avant des difficultés professionnelles pour expliquer sa consommation excessive, et il justifie volontiers sa demande de soins par son souci de protéger les siens des conséquences d'un alcoolisme lié à son travail.

La famille est en position de victime dans la mesure où, pour elle comme pour le buveur, l'origine du mal est à l'extérieur d'elle. L'alcool est un ennemi venu de l'extérieur et qui s'est introduit dans les lieux pour troubler la paix familiale. Mais il y a plus grave, car, confrontée à l'alcoolisme de l'un de ses membres, elle fait comme si ce problème n'existait pas. Victime de l'alcool, elle est aussi victime de ses efforts pour nier le problème alcool.

L'hypothèse d'une quelconque participation de sa part à la genèse de l'alcoolisme de l'un de ses membres est inenvisageable car elle défend le mythe de son excellence et elle a besoin de se considérer comme une famille « bien ». Trop bien pour pouvoir être suspectée aussi peu que ce soit d'être en cause dans la survenue d'un tel malheur. De plus, si elle est une famille aussi bien, il lui est également impossible d'admettre qu'un de ses membres puisse avoir le comportement honteux d'un buveur excessif. Elle est donc coincée dans la souffrance par la lutte pour sauver les apparences qui interdit de prendre le problème à bras-le-corps. L'ivrogne qui perturbe l'harmonie n'est censé boire que « comme tout le monde ». Ses excès, ses débordements sont isolés derrière un mur de silence. Tant qu'on ne parle pas de ces choses-là, elles n'existent pas et tout va bien.

Ce qui n'est pas dit, mais qui est agi par tous, alcoolique compris, est la mise hors famille de l'alcool. Le foyer est en quelque sorte sanctuarisé pour préserver son image de lieu sacré où l'entente et la correction sont la règle. Le besoin de sécurité de tous alimente la fiction et organise les mensonges, car chacun a un impérieux besoin de se raccrocher à l'idée d'une famille digne où il fait bon vivre ensemble.

« Vous n'y êtes pour rien si je bois », ne dit pas l'alcoolique qui affirme ne pas boire, « nous n'y sommes pour rien si tu bois », ne lui répondent pas les siens qui font comme s'il ne buvait pas, mais l'un et les autres s'entendent assez bien pour appliquer dans leur vie de tous les jours les conséquences de toutes ces dénégations sans avoir à prononcer les phrases correspondantes qui sont nécessairement imprononçables. Si jamais elles étaient énoncées, le problème d'alcool dont il ne faut surtout pas parler, puisqu'il ne peut pas y avoir de problème dans une famille unie et dont les membres savent se tenir, ce problème éclaterait au grand jour et la fiction serait brisée.

L'attachement de tous à cette politique de l'autruche, qui vise à dénier si farouchement la présence de l'alcool dans la famille alors qu'il y est omniprésent, ne doit pas être sous-estimé. Il est considérable. Pour sauver le rêve collectif, chacun vit un cauchemar. Autant on peut essayer de garder pour soi les symptômes discrets d'une légère névrose, autant il est impossible que des ivresses répétées passent inaperçues dans l'enclos familial. Sauf si tout le monde est d'accord sans jamais le dire pour faire semblant de ne rien voir et pour ne pas parler de ces choses-là. Cette censure collective est terrible. Elle rend obligatoire le refoulement de la rage, de la dépression ou de la culpabilité qui sont nécessairement présentes chez chacun. Le refoulement à son tour avive tous ces affects qu'il prétend contenir. Mais ils sont plus source de haine que d'amour, or l'expression de la haine est interdite, donc il faut les refouler davantage et davantage encore dans l'espoir insensé de les faire taire et de sauver l'image d'une famille aimante. Cela sans rien en dire à personne et donc sans pouvoir demander d'aide.

Les mensonges à soi-même et aux autres pour ne pas dire tout haut ce que l'on ne peut pas ignorer, pour ne pas penser à ce qui vient à l'esprit, pour ne pas sentir la douleur et la rage, tout cela qu'il ne faut pas voir, qu'il faut feindre de ne pas savoir et qu'il faut dénier ressentir, malmène les esprits de tous. La souffrance est profonde, mais l'honneur est sauf.

Cet objectif de sauver les apparences peut paraître dérisoire surtout quand on réalise le prix à payer par chacun pour évacuer le problème alcool de la famille sans faire partir en même temps le produit alcool. Il n'empêche que de telles situations existent et qu'elles sont graves. Elles posent toujours la difficile question des limites de l'ingérence thérapeutique quand il est posé que non seulement le linge sale se lave en famille, mais en plus quand il est proclamé, contre toute évidence, qu'il n'y a pas de linge sale à laver. Au mieux on admet qu'une petite salissure est à nettoyer chez un seul. Elle n'a pu être occasionnée que par une éclaboussure venant de l'extérieur, et il convient de la faire disparaître dans la plus grande discrétion pour ne pas gêner les autres qui, pendant ce temps-là, s'efforcent de regarder ailleurs afin de ne pas gêner non plus celui qui se fait soigner.

Il a fallu qu'une complication digestive gravissime conduise Samuel dans un service de réanimation pour que la question de son alcoolisme, qui se posait depuis de longues années, soit abordée de front, l'évidence ne pouvant plus être niée. Non seulement avec lui, mais aussi avec son épouse venue au chevet de ce mari encore jeune (il avait trente-cinq ans) mais que l'alcool avait conduit aux portes de la mort. Ils sont restés très discrets sur la place que le produit était venu occuper entre eux et sur la façon dont petit à petit il les avait éloignés l'un de l'autre. Mais, grâce à la complication brutale immédiatement suivie d'une abstinence totale assez facilement obtenue dans ce contexte dramatique, ils se sont retrouvés. La vie de la famille a repris un cours plus normal. Ce n'est que par des allusions, au cours des entretiens avec le couple qui les avait acceptés comme une prothèse utile pour réapprendre à vivre sans l'alcool, que la souffrance antérieure de tous a pu être appréhendée, par comparaison avec leur nouvelle joie de vivre. Samuel n'avait plus d'angoisses et pouvait travailler sans craindre le jugement d'autrui ; Noémie, son épouse, évoquait la satisfaction des enfants à avoir enfin un père sur lequel pouvoir compter pour leurs jeux ou pour leurs devoirs. C'était une famille heureuse.

Une fois, trois mois après sa sortie de l'hôpital, Samuel a voulu regoûter un verre de vin. La colère à peine contrôlée de sa femme, quand elle racontait cet incident en sa présence quelques jours après, a été l'occasion fugitive de l'entendre exprimer son désarroi, sa tristesse et sa rage à l'époque où il buvait, et qu'elle souhaitait plus que tout ne pas revivre. Elle avait alors à affronter deux personnages différents chez son mari. L'un sobre et agréable, qui était devenu de plus en plus absent, l'autre enivré et détestable, qui était devenu de plus en plus présent. Ne sachant jamais vraiment à l'avance auquel elle serait confrontée, elle avait vécu des moments terriblement pénibles.

L'alcool a été chassé, mais il a fallu qu'un vrai danger de mort apparaisse pour obtenir ce résultat. Seule la complication médicale, en dénonçant dramatiquement sa présence, a permis de lever la censure et de soulager toute la famille de sa tâche tragiquement douloureuse de (se) cacher ce qui la faisait souffrir. Après le dévoilement brutal qui a balayé les résistances de l'amour-propre et de la peur et permis l'expulsion du trublion, il n'a pas été possible de saisir le pourquoi de la venue de l'alcool dans cette famille. Entrouverte à l'occasion du drame, la porte verrouillée sur des secrets qui n'étaient pas légers (dont quelques-uns furent rapidement évoqués), cette porte s'est promptement refermée dès la fin de l'alerte, et de nouveau verrouillée. On ne parle pas de ces choses-là !

Samuel, qui l'a échappé belle, ne boit plus, car il ne veut pas mourir, et il revit ce qui le protège de son désir de boire. Pour tout le monde, à commencer par lui, tout son malheur est venu de l'alcool, et l'alcool est venu de son travail. Il n'y a plus de problèmes puisqu'il n'y a plus d'alcool et qu'il a changé de travail. La famille peut de nouveau se réunir et elle resserre l'unité entre ses membres en mobilisant le ban et l'arrière-ban de la parentèle dans la lutte pour éviter le retour de l'intrus.

Quand il est venu me voir pour la première fois, César était très sérieusement éméché. Il a parlé d'emblée de son alcoolisme et de son désir d'y mettre fin. Il disait consommer quotidiennement environ deux litres de vin et à peu près autant de bière. Mais il ne buvait pas chez lui, sauf lors des repas et alors de façon modérée. Âgé de près de cinquante ans, il était menacé de licenciement, mais pas précisément à cause de son intempérance. Il avait déjà fait une cure de désintoxication, mais elle n'avait pas permis qu'il devienne abstinent plus de quelques semaines. Il faudra de longs mois pendant lesquels il est venu me voir très irrégulièrement et souvent en état d'ivresse avant qu'il ne se décide à faire de nouveau un séjour hospitalier pour rompre avec l'alcool, faute d'y parvenir autrement. Entretemps, il avait été licencié, officiellement pour motif économique.

Après un sevrage réalisé en milieu hospitalier, il est enfin devenu abstinent. Apparemment sans trop de difficulté. Pendant les premières semaines de convalescence, il a réalisé son manque d'entrain et sa fatigabilité dès lors que l'alcool n'était plus là pour le doper, et il a pu mesurer la baisse de ses performances. Certes, il était content d'avoir meilleure allure, mais l'étendue des dégâts et la lenteur de la récupération l'ont beaucoup inquiété. Comme pour Samuel, cela l'a aidé à prendre conscience des effets néfastes du produit et à résister à la tentation d'y recourir de nouveau, mais cela aurait pu tout aussi bien avoir le résultat inverse, s'il n'avait été soutenu et encouragé à tenir bon.

Pour retrouver l'énergie d'entreprendre et voir disparaître ses difficultés de concentration et ses troubles de mémoire, il lui a fallu près d'un an, comme c'est souvent le cas dans ces alcoolismes graves menacés de rechute si la lenteur de la restauration organique n'est pas prise en compte et que le découragement s'installe ou que la reprise du travail est trop rapide.

Quand il a vraiment refait surface, les capacités intellectuelles de César étaient redevenues tout à fait normales. Bien que son chômage ait encore duré assez longtemps après qu'il eut récupéré une santé suffisante pour pouvoir travailler normalement, il n'a pas rechuté malgré son inquiétude grandissante au fil des semaines d'inactivité. Il a enfin retrouvé un emploi et, pendant les années qui ont suivi, l'alcool a toujours été hors de sa vie. Vie qu'il gagnait normalement.

À de nombreuses reprises lors de nos entretiens, il m'a parlé de sa femme et de ses deux fils. J'ai su que le couple n'avait plus de vie sexuelle depuis longtemps, et que cela tenait plutôt à lui dont les capacités génésiques étaient nettement émoussées ; et que l'un de ses fils avait des difficultés scolaires et des problèmes psychologiques. Mais, en fait, il n'a jamais été très disert sur sa vie familiale ; guère plus, à dire vrai, sur ses fantasmes. Très réservé sans être réticent, il me semble qu'il ait voulu me signifier à la fois qu'il y avait des problèmes importants dans ses relations conjugales et familiales, et qu'il fallait en tenir compte, et à la fois que ces problèmes n'avaient que peu de rapport avec son alcoolisme. À la rigueur, ils pouvaient en être des conséquences, mais sûrement pas des causes. Son alcoolisme était son problème. C'était à lui de le résoudre. Sa famille était sa famille, et elle n'y était pour rien, pas question donc de la mêler à ses problèmes qui ne regardaient que lui.

La dérision est à peu près le seul mode sur lequel César pouvait s'exprimer pour parler des sentiments. Mais il ne fallait pas s'y tromper, c'était un moyen de défense. L'affectivité était tellement importante pour lui, malgré ce qu'il en disait, qu'il était obligé d'en minimiser le rôle dans le vain espoir de la placer sous le contrôle de la raison. Pour lui, il valait mieux paraître sans cœur que de montrer le moindre sentiment au risque d'être pris pour un faible. Ce qu'il exprimait abruptement en affirmant : « Il vaut mieux passer pour un sale con que pour un con ! »

C'est en tenant compte de cette difficulté majeure à accepter d'avoir des sentiments, et donc des liens affectifs, qu'il faut comprendre le comportement de César, son alcoolisme et sa façon d'essayer de résoudre les problèmes familiaux sans impliquer les siens, qui dès lors ne peuvent être que des victimes.

Mi-cynique, mi-ironique selon son habitude, il avait pu dire une fois de sa femme : « Elle est très chrétienne, je suis sa croix, c'est très bien comme cela. » Sous la boutade, énoncée avec suffisamment d'humour pour lui enlever son caractère odieux, se cachait une analyse vraisemblablement pertinente du fonctionnement de son couple.

On y retrouvait en effet ce mode relationnel, assez banal en matière d'alcoolisme, dans lequel la femme représente la vertu et l'alcoolique le vice, tandis que leurs relations s'établissent sur le mode d'un combat entre un ange et un démon. Mais en fait il n'y a pas plus de vice que de vertu, ni d'ange que de diable, il y a seulement une partie de bras de fer entre deux humains qui se font souffrir mutuellement afin de garder entre eux une distance suffisamment raisonnable pour ne pas risquer que l'amour qu'ils se portent l'un à l'autre les rapproche trop. Inquiets l'un et l'autre de dépendre l'un de l'autre, ils s'efforcent l'un et l'autre de se cacher l'un à l'autre qu'ils s'aiment et qu'ils tiennent l'un à l'autre. Chacun a trop peur que l'autre sache qu'il a un faible pour lui. L'introduction de l'alcool minore largement ce risque en altérant le lien d'affection entre eux par les problèmes que font surgir les ivresses. L'homme a un faible pour la bouteille car il se sent faible devant sa femme. Cela l'éloigne de cette femme qui prend ses distances avec lui et lui fait des reproches, qu'il lui reproche de lui faire. Plus il boit, plus il s'abaisse et plus elle l'abaisse. Plus elle l'abaisse, plus elle s'élève, plus il s'abaisse. Ils vivent ensemble mais renoncent à être intimes car ils sont séparés par leurs reproches mutuels. Les enfants se réfugient dans les études quand ils le peuvent ou au contraire cessent d'étudier faute de pouvoir s'y investir, parce qu'ils n'arrivent pas à réprimer leurs affects selon la stricte loi familiale, et pour essayer d'attirer l'attention. Dans ces familles qui cultivent l'individualisme par peur de reconnaître les liens affectifs qui en unissent les membres, l'apparition de l'alcool marque tragiquement les limites d'un chacun pour soi érigé paradoxalement comme règle de fonctionnement d'une communauté. Mais quand l'alcool apparaît, s'il dérange, et il dérange, cela ne peut être dit, à la fois parce que l'alcoolisme est le problème d'un seul individu, problème qui ne regarde pas les autres (« C'est son problème »), à la fois, là encore, parce que, si rien n'est dit, rien ne se passe. La souffrance liée à l'alcoolisme est niée en même temps que ce dernier est ignoré.

Dans ces familles victimes, le remède paraît pire que le mal, et il l'est sans doute ; mais, comme c'est celui qui est utilisé, il faut en tenir compte. Le respect des usages familiaux est une nécessité absolue pour que les interventions qui se veulent thérapeutiques le soient réellement. Quand tous les membres d'une famille ont décidé que l'alcoolisme de l'un des leurs était son problème, quoi que l'intervenant en pense, il doit lui aussi se conformer aux usages en vigueur dans cette famille s'il ne veut pas se faire remercier avant d'avoir entrepris quoi que ce soit. Son acceptation des points de vue de ceux qui sont directement concernés est le préalable indispensable à la possibilité de faire évoluer ces points de vue de telle façon que l'alcool devienne inutile dans cette famille.

Il ne s'agit pas de provoquer une révolution dans une famille en souffrance, personne ne la demande ; il faut obtenir d'elle un assouplissement de ses règles de fonctionnement dont la rigidification a provoqué l'arrivée de l'alcool ; à moins que ce soit l'introduction de l'alcool dans le cercle familial qui ait entraîné la rigidification desdites règles.

Dans la famille de César comme dans celle de Samuel, la règle de non-ingérence et de discrétion a été respectée par tous. Une fois l'alcool parti et la paix revenue, les problèmes scolaires du fils ont disparu, ils ont été rattachés aux mauvaises conditions de travail dans l'établissement qu'il fréquentait. Tous les malheurs venaient de l'alcool. À preuve... la guérison et le mieux-être qui en a résulté. Dans les familles victimes, l'alcool ne peut pas être un problème familial. C'est cela leur problème !

FAMILLE COMPLICE

Ici point d'abstention ni de discrétion. L'ingérence est un devoir que chacun s'efforce d'accomplir. Jamais l'alcoolique n'arrive tout seul en consultation. Souvent sa venue est précédée de coups de téléphone émanant de son conjoint ou de parents, quand ce n'est pas d'un ami, d'un employeur ou d'un buveur guéri, mobilisés pour la circonstance. Tous les membres de la famille sont pleins de bonnes intentions à son égard et ils veulent « tout faire pour lui ». Des formules comme : « Il faut qu'il se soigne, car il est si gentil quand il ne boit pas », ou à l'inverse : « Il faut qu'il se soigne, car il est si violent quand il boit » sont habituelles. La maladie de l'alcoolique est un drame pour les siens qui en souffrent et le font savoir.

Lorsque le rendez-vous a enfin été pris et accepté, parfois sans rechigner, plus souvent après de longs palabres, le buveur est généralement accompagné jusqu'à la salle d'attente. Quand son tour vient, ce n'est pas lui qui se lève le premier, c'est son accompagnant qui tend à le précéder. Il faut souvent un peu d'autorité et beaucoup de diplomatie pour faire admettre que le patient, majeur, doit être vu seul et que ce n'est qu'après évaluation avec lui de sa demande de soins et de ses problèmes que l'accompagnant pourra être entendu en sa présence, si toutefois il le désire. Cette phase est délicate car, sur le pas de la porte, avant même que la consultation soit entamée, s'affrontent des points de vue différents.

Il y a le point de vue de l'accompagnant, véritable porte-parole familial, pour lequel l'alcoolique ne peut pas se débrouiller tout seul pour expliquer son problème à l'alcoologue : il risque de ne pas savoir s'exprimer (« Il est tellement timide, docteur »), de ne pas « tout dire », pire, de mentir (« On ne peut pas lui faire confiance, docteur, il ment comme il respire »).

Il y a le point de vue du thérapeute qui aimerait bien entendre son éventuel futur client parler lui-même de son problème et de sa façon de le comprendre, dans le secret d'une consultation réellement privée. Il sait qu'il n'y a pas de confiance sans la garantie de la confidentialité.

Il y a le point de vue de l'alcoolique qui est relativement imprévisible et varie en fonction des enjeux entre sa famille et lui au moment où intervient la consultation. Il risque de dire qu'il n'a aucun problème et qu'il vient seulement pour faire plaisir à son conjoint ou ne pas contrarier sa famille. Il peut au contraire affirmer qu'il boit, qu'il est coupable de perturber les siens, et assurer que la présence d'un accompagnant ne le dérange nullement, parce qu'il n'a rien à dire, ou parce que la personne qui l'accompagne est mieux à même de parler de lui pour lui, car effectivement il est timide, étourdi ou menteur... et puis, de toute façon, il n'a rien à cacher à personne... D'ailleurs il ne boit pas, ou en tous cas il peut s'arrêter s'il faut qu'il s'arrête, à moins qu'au contraire il reconnaisse qu'il manque de volonté, qu'il boit trop, que c'est bien malheureux, mais qu'il est prêt à faire tout ce qu'on lui dira de faire pour arrêter de boire. Il le promet. Et l'écho répond : « Ne le croyez pas, docteur, il ment, il ne tient jamais ses promesses, on ne peut pas lui faire confiance. Faites quelque chose, on n'en peut plus, mais il n'y a rien à faire, on a déjà tout essayé... »

Si, dans ce contexte, il est possible d'expliquer aux protagonistes que le cadre pour soigner une personne qui a des problèmes avec l'alcool est différent du cadre dans lequel il faut venir en aide à une famille qui a des problèmes avec l'alcoolisme de l'un des siens, il ne faut pas croire que la chose soit facile à faire admettre. Les mêmes qui disent comprendre que chacun a droit à son jardin secret et qu'il est normal que le tête-à-tête entre le patient et le médecin ne soit troublé par aucune intrusion, ceux-là sont aussi capables de téléphoner après l'entretien pour essayer de savoir ce qui s'y est dit ou surtout ce qui ne s'y est pas dit.

Autour du traitement, il y a un enjeu formidable. La famille est unie par l'alcoolisme de l'un de ses membres. Il ne doit pas s'échapper dans un traitement solitaire qui ôterait la mainmise sur lui, dont il est complice. En plus, il serait capable de guérir ; que deviendrait la famille si elle n'avait plus son alcoolique !

À l'inverse de la famille victime toujours absente des soins, la famille complice est omniprésente. Il faut donc faire avec elle, mais en sachant tenir un cadre thérapeutique rigoureux. Pour avoir quelques chances d'aboutir à un résultat satisfaisant pour tous, il faut là aussi comprendre les enjeux. Si cette famille est si désireuse de soins pour son alcoolique, c'est qu'elle souffre des conséquences de cet alcoolisme, et cela doit être reconnu. Mais, et ce n'est pas le moindre des paradoxes, elle a aussi besoin de son alcoolique. Tout le talent du thérapeute est de naviguer entre les deux demandes contradictoires qui lui sont faites. L'une directe et claire : s'efforcer de faire cesser l'alcoolisme. L'autre, latente, secrète, de ne pas y parvenir... Cet échec programmé n'est ni aussi fou ni aussi pervers qu'il peut en avoir l'air. Inconscient, il répond principalement à deux objectifs.

Le premier, le plus facile à comprendre, est que le thérapeute ne doit pas réussir là où la famille a échoué. Son succès accuserait implicitement cette famille d'être une mauvaise famille puisqu'elle n'est pas arrivée à bout de l'alcoolisme de l'un des siens. Si même un professionnel n'arrive à aucun résultat, elle n'a rien à se reprocher...

Le second renvoie au rôle de l'alcoolique dans la famille. Par sa faiblesse vis-à-vis de l'alcool, il prouve que les autres sont forts. Il a littéralement une fonction de garde-fou. Si la règle familiale est par exemple : « Dans la vie on ne réussit que par la volonté », l'alcoolique, qui, dans la définition familiale, est un être qui manque de volonté, confirme le bien-fondé de la règle en ne réussissant pas sa vie à cause de l'alcool devant lequel il est sans volonté. Son contre-témoignage renforce chacun des autres membres dans sa croyance en la volonté. Mais comme lui-même est défini comme manquant de volonté puisqu'il boit, il ne peut pas s'arrêter de le faire, ne serait-ce que pour bien prouver qu'effectivement il manque de volonté (« Puisque vous dites que je suis faible devant l'alcool, eh bien ! je bois. Ce n'est pas de ma faute, je n'ai pas de volonté »). Buveur invétéré, l'alcoolique pris dans ce jeu est donc subtilement poussé à récidiver à la fois pour se venger d'être méprisé, à la fois pour se sacrifier au maintien des valeurs familiales.

Par son inconduite, il prouve que sans volonté on ne peut pas s'en sortir... Mais, comme il est défini comme sans volonté, il ne peut pas guérir, puisque seule la volonté permet d'arrêter de boire. Et pire, il ne doit pas guérir, sinon il mettrait en péril la règle familiale de nécessité d'avoir de la volonté (à laquelle tous sont soumis, lui y compris), en démontrant qu'un être sans volonté comme lui peut guérir...

Ce qui se joue autour de la volonté peut se jouer également autour d'une autre valeur, la confiance par exemple. Au lieu de se livrer à une épuisante tentative d'éducation de la volonté du buveur, lui et sa famille peuvent engager une impitoyable partie de cache-cache des bouteilles autour de la question de la confiance. Le verbe avoir confiance est alors décliné à tous les temps. L'alcoolique boit parce qu'il n'a pas confiance en lui, à moins que ce ne soit parce qu'on ne lui fait jamais confiance. Mais on ne lui fait pas confiance parce qu'il n'est pas fiable, il ment toujours, etc.

Dans ces familles complices, le problème est moins l'alcool que l'alcoolique. L'alcool est à la fois le prétexte et le témoin des dysfonctionnements familiaux. Mais, au-delà de lui et de ses effets sur l'individu et sur le groupe, il a une fonction homéostatique dans le maintien des valeurs familiales. Là encore, il ne saurait être question pour le thérapeute de remettre en cause ces valeurs. Mais il doit les repérer avant d'entreprendre quoi que ce soit. Il doit découvrir que patient et famille qui se déchirent, se font souffrir et essayent de lutter contre l'alcool, sont en sous-main secrètement complices d'une autre tâche plus impérieuse encore : la défense des valeurs familiales dont l'incurabilité de l'alcoolique est d'une certaine façon le garant. C'est dire la difficulté de la tâche à laquelle il faut s'atteler pour faire cesser cet alcoolisme qui fait souffrir chacun mais qui est aussi au service de tous. Elle nécessite généralement de pouvoir associer un traitement individuel de l'alcoolique à une prise en charge familiale.

Les familles incitatrices

C'est parmi elles que l'on trouve les cas les plus graves. Les familles victimes faisaient de l'alcool un ennemi extérieur pour mieux nier sa présence en leur sein. Dans les familles complices, l'alcoolique était le problème plus que ne l'était l'alcool, l'enjeu étant davantage de faire arrêter de boire le buveur plutôt que de chasser le produit. Ici au contraire l'alcool est LE problème et doit être le SEUL problème. Il est le bouc émissaire chargé de porter tous les soucis et d'expliquer tous les conflits de la famille. Ce que tous ses membres résument dans une formule du genre : « S'il n'y avait pas l'alcool, tout irait bien. »

Dans cette configuration particulière, il y a un buveur, bien sûr. Mais, à la différence de ce qui se passe dans la famille victime, il n'est pas ignoré mais au contraire parfaitement désigné, et, à la différence de la famille complice, il n'est pas vilipendé pour des carences personnelles. Il est considéré à l'égal des autres membres de la famille, ayant les mêmes genres de qualités et de défauts qu'eux, simplement il est atteint d'une maladie grave : l'alcoolisme. Pour lui comme pour les siens, il n'y a pas à rechercher de raisons ni dans son entourage ni dans sa personnalité. C'est la faute de l'alcool. À l'occasion, par hasard, il y a mis le nez dedans, et déjà c'était trop tard, il ne peut plus s'en passer. Il a une sorte d'allergie spontanée contre laquelle il n'y a pas grand-chose à faire, alors il faut faire avec.

Dans ces familles, la règle implicite à laquelle tous se soumettent est que l'alcool est radicalement et définitivement le seul en cause dans les troubles qu'il provoque. Tout questionnement qui tenterait de déborder un abord simplement médical du problème est nul et non avenu. D'ailleurs ce type d'alcoolique se retrouve assez facilement dans les services de médecine ou de chirurgie, à l'occasion d'une complication liée à l'alcool. S'il est admis en psychiatrie pour un trouble du comportement, lui et les siens n'ont qu'une envie, l'en faire sortir le plus vite possible. « Je ne suis pas fou », proclame le buveur qui a recouvré tous ses esprits. « Il a toute sa tête ! c'est l'alcool qui l'a mis dans cet état », affirment les siens. Par ailleurs, il fréquente les centres d'alcoologie avec assiduité, en cure et post-cure, car il est à sa place dans ces lieux où il est clairement question de traiter la maladie alcoolique. Mais, s'il y va volontiers, c'est plus pour se refaire une santé dans un milieu *ad hoc* et reconnu comme tel que dans une véritable perspective de guérison et surtout de remise en question personnelle, malgré les efforts des équipes soignantes pour (re)donner du sens à sa conduite. On attend de lui qu'il soit motivé, qu'il cherche en lui et éventuellement autour de lui l'origine de ses alcoolisations excessives, mais c'est le plus souvent peine perdue. Il a sa conviction, qu'il partage avec les siens. Il ne peut pas se passer d'alcool, ce n'est pas de sa faute. Il est né comme cela. Il peut toujours lutter contre la tentation, elle reviendra. Il sait que de chute en rechute il va vers la mort, mais il ne peut rien de plus qu'essayer de reculer l'échéance.

Quand la certitude est bien ancrée sans le moindre doute, de fait la guérison est très difficile à obtenir. On peut alors parler d'un alcoolisme malin, comme il y a des tumeurs malignes.

Dans les familles qui fonctionnent sur ce modèle, le buveur est littéralement sacrifié à l'omerta familiale qui interdit d'ouvrir les vannes sur les sentiments négatifs que les uns ou les autres peuvent éprouver les uns pour les autres. La haine, la jalousie, la honte, les désirs de meurtre, l'angoisse, le désespoir, etc., tous ces sentiments douloureux ne peuvent que proliférer dans ces contextes où les histoires familiales, baignant dans l'alcool, abondent en drames variés, accidents, échecs et maladies. Juxtaposées, additionnées mais non dites de peur de provoquer l'explosion de la famille, toutes ces douleurs sont attribuées uniquement à l'alcool pour surtout ne rien se dire de ce que l'on a sur le cœur et qui est bien moins lié à l'alcool qu'à la déception de rencontres ratées et de rêves brisés.

Quand la peur de parler soude les lèvres, le silence écrasant d'une fatalité prenant les traits de l'alcoolisme recouvre les reproches qui restent dans la gorge. En détournant la haine vers lui, l'alcool permet que la famille reste tout de même un foyer alors qu'elle ressemble davantage à un enfer. Tant pis si l'alcoolique en meurt. De toute façon cela devait arriver... Mais l'unité familiale est sauvée, c'est cela qui est important. Avoir une famille, aussi désastreuse soit-elle, vaut mieux que de ne pas avoir de famille du tout.

Ces familles sont incitatrices non pas tellement dans la mesure où l'alcoolisme y apparaît comme une tradition transgénérationnelle que parce qu'il y est nécessaire. Et donc que l'un des membres au moins doit tenir le rôle du malade alcoolique. D'une façon générale, les efforts pour l'amener à l'abstinence y sont réservés aux spécialistes. À la maison les freins n'existent pas, en revanche les occasions de boire ne manquent pas. Souvent l'alcoolique n'a même pas à acheter sa boisson, ses proches s'en chargent. Parfois sans y prêter garde, parfois sous la menace du buveur, ou encore par pitié pour lui (« par humanité », m'avait dit une fois le père d'un de ces alcooliques alors que je m'étonnais d'apprendre qu'il conduisait son fils au bistrot et lui donnait un peu d'argent pour boire malgré la contre-indication formelle vu la gravité de ses complications). Mais ils le font régulièrement. Jamais l'alcool ne manque.

Ces alcoolismes mortifères, destinés à empêcher que les membres de la famille ne s'entretuent, tuent souvent le buveur. Ils sont difficiles à traiter, car tout ce qui pourrait introduire une compréhension des mécanismes en jeu est rigoureusement balayé dans la crainte de l'ouverture des hostilités et de l'éclatement familial subséquent.

Il faut beaucoup de persévérance et de patience, alors que souvent le temps est compté vu l'état du patient, pour trouver une ouverture thérapeutique qui ne soit pas vécue comme une intrusion sauvage, et il ne faut pas non plus basculer dans un attentisme plus ou moins démissionnaire. L'échec est souvent au rendez-vous. C'est dans de tels cas que le recours à des mouvements de buveurs guéris donne parfois des résultats spectaculaires, car les pratiques de ces mouvements sont dans l'ensemble construites autour d'une diabolisation de l'alcool identique à celle que l'on retrouve dans ces familles. Le même qui était un alcoolique dramatiquement atteint peut se transformer en un militant dévoué en très peu de temps, comme par une conversion. Hier il était adepte et victime de l'alcool, aujourd'hui il s'en fait l'adversaire et le maître en s'en tenant à l'écart et en arrachant d'autres buveurs de ses griffes. Il sait qu'il n'est pas guéri mais seulement stabilisé, « hors alcool », toujours sous la menace d'un retour cataclysmique de celui-ci si jamais il essaye d'y « retoucher », mais il vit plus librement ainsi que les siens. Qu'il soit buveur ou abstinent, l'important est d'incriminer l'alcool et seulement l'alcool. Ni la psyché ni les relations affectives ne doivent être évoquées. L'alcool doit toujours être présent. Si l'alcoolique n'en boit plus, il milite contre lui et ne cesse de parler de ses méfaits. Sans l'alcool tout irait bien, donc sus à l'alcool.

Familles victimes, familles complices, familles incitatrices, ces descriptions sont naturellement trop schématiques pour rendre compte de réalités beaucoup plus mouvantes et changeantes. Il y a d'ailleurs de multiples formes de passage entre ces différentes configurations. Cependant ces trois cadres sont utiles à connaître car ils sont assez faciles à repérer dès les premiers contacts avec l'alcoolique, selon la façon dont se dessine immédiatement la présence ou l'absence de la famille et, lorsqu'elle est là, la façon dont elle articule ses relations avec le buveur. À partir des informations recueillies, il est ensuite relativement aisé d'élaborer une stratégie pour les soins et de se décider pour une thérapie individuelle, une thérapie du couple ou de la famille, ou éventuellement leur association. De même le choix du moment le plus opportun pour proposer une cure de désintoxication, avec un espoir raisonnable de succès, sera facilité par une meilleure compréhension de ce que l'obtention de l'abstinence peut paradoxalement créer comme désordre dans le système familial.

La guérison, que tout le monde semble appeler de tous ses vœux, peut être inconsciemment crainte pour les remaniements interpersonnels qu'elle induit nécessairement. Que l'angoisse liée à la présence de l'alcoolique diminue, ce peut être une autre peur qui apparaît, celle qu'il avait pour fonction d'occulter. Qu'il devienne « sage », ce sont d'autres conflits qui peuvent éclater, ceux dont il empêchait l'expression en occupant toute la scène. Qu'il se ressaisisse, il peut vouloir reprendre le pouvoir qu'il avait perdu, encore faut-il que les autres veuillent bien le lui rendre. Dès lors, que le traitement de l'alcoolique soit plus ou moins saboté par lui et par ses proches (inconsciemment, bien sûr) pour éviter qu'il ne guérisse, cela ne doit pas étonner. Savoir qu'il ne peut en être qu'ainsi, pouvoir décoder les vrais enjeux qui se cachent derrière la demande d'abstinence à partir de quelques petites particularités cliniques, permet à l'alcoologue d'être plus serein et de ne pas interpréter les entraves aux soins qu'il propose comme des preuves de mauvaise volonté ou de mauvaise foi, mais comme les signes d'une peur et d'une résistance au changement.

Une famille qui a supporté longuement l'alcoolisme de l'un des siens ne peut pas l'avoir fait sans de sérieuses raisons. Si elle n'a réussi ni à se séparer du trublion ni à l'amener à la sobriété, c'est qu'elle tient à lui malgré les soucis qu'il lui crée. Si l'alcoolique n'a pas réussi à s'arrêter de boire tout en restant dans sa famille qui le garde avec elle, c'est qu'il n'a pu ni la quitter pour la laisser tranquille ni sacrifier l'alcool au bien-être des siens. Si donc l'alcool est resté si longtemps présent entre eux tous malgré l'inconfort qu'il entraîne, c'est sans doute qu'il a une fonction. Il faut la découvrir et en tenir compte pour espérer pouvoir modifier les choses.

Alcool et inceste

On le sait, là où l'alcoolisme sévit, l'inceste fait souvent partie des choses de la vie. Que l'abus des boissons conduise à la misère, que cette dernière entraîne la promiscuité dans un taudis exigu et que le partage d'une même couche aboutisse à des privautés entre parents et enfants, ce type d'explication est trop simpliste pour pouvoir être entériné autrement que comme facteur adjuvant. Dans la réalité, c'est bien parce que les jeux relationnels entre les différents membres de la famille sont perturbés que des situations troubles se créent. Elles sont propices à des passages à l'acte, eux-mêmes favorisés par l'érosion des barrières éthiques sous l'influence de l'alcool et par la fermentation des affects dans un univers clos interdit aux étrangers. Indiscutablement, c'est l'inceste entre père alcoolique et fille(s) qui est le plus classique.

Lorsqu'un homme épouse une femme qu'il prend pour remplacer sa mère, alors que de son côté la conjointe règle des comptes avec lui, qu'elle prend pour son père, il y a un certain flou dans les frontières transgénérationnelles, et ce n'est pas l'alcool, bien au contraire, qui permettra de mieux se repérer. Dans cette confusion la fille est d'autant plus facilement considérée comme objet possible du désir que la femme se refuse à son mari (puisqu'il est le père) et/ou ne peut être abordée sans le secours de l'alcool (puisqu'elle est la mère). Malencontreusement l'interdit de l'inceste s'inscrit davantage entre les conjoints qu'il ne se place entre parents et enfants. Si on ajoute que pour notre homme les femmes sont des moins que rien, la fillette risque fort d'être en danger. Par la suite elle se dira parfois que ce qui lui est arrivé était la faute de l'alcool, plus souvent elle prendra la faute à son compte, se demandant ce qu'elle a bien pu faire pour que son père ne se conduise pas comme un père. A-t-elle le diable au corps, est-elle aussi innocente qu'elle le pense ? Autant d'interrogations douloureuses qui ne faciliteront pas son équilibre ultérieur. En plus, elle a pu être accusée de mentir, éventuellement par sa mère, ou être rendue responsable de l'éclatement familial après l'incarcération du tyran. Si le père se suicide, le verrou névrotique sera encore plus serré et elle aura encore plus de raisons d'aller chercher un conjoint alcoolique et suicidaire pour vérifier si vraiment elle est une moins que rien, qui ne vaut même pas une bouteille de vin... À moins de le choisir alcoolique et jaloux pour vérifier qu'elle n'est pas une traînée...

Les transgressions par rapport à l'interdit de l'inceste ne prennent pas toujours, tant s'en faut, cette dimension catastrophique. G. Délaisi de Parseval signale très justement que « l'une des motivations à être parent est (donc) de *donner un enfant à ses parents* » (11). Parfois le désir n'est pas que de donner un enfant à ses parents, mais de faire cet enfant avec l'un ou l'autre. Inconsciemment, le partenaire conjugal est choisi comme remplaçant du père ou de la mère. Il n'y a pas inceste dans la réalité, mais fantasmatiquement : c'est ce que l'on appelle une filiation para-incestueuse (2). Très généralement, le grand-parent auquel est destiné l'enfant arrive à en récupérer la garde sous des prétextes variés, tandis que le géniteur, dont le rôle n'a été que celui d'un donneur de sperme ou d'une mère porteuse, sombre dans l'alcoolisme (qu'on se souvienne de l'histoire des filles de Loth !).

L'alcoolique et sa mère (le syndrome du kangourou)

On l'a vu, la place de la mère dans l'imaginaire de l'alcoolique est importante. Il arrive parfois que la réalité vécue par l'alcoolique soit celle d'une mère omniprésente et d'un père absent, et qu'elle rejoigne ainsi la fiction sans que l'on sache très bien si la réalité a précédé la fiction pour la faire naître (ce qui paraît logique) ou si la fiction a précédé la réalité pour l'ordonner (ce qui ne paraît pas moins logique). Mais la réalité d'un adulte alcoolique toujours fortement attaché à sa mère est une constatation fréquente. C'est une dyade particulièrement stable, un véritable *syndrome du kangourou* (39). La mère et le grand enfant alcoolique sont inséparables. Le père est absent, parce qu'il est mort, parce qu'il est parti ou parce que, marginalisé dans la famille, il n'arrive pas à y occuper sa place.

Quand l'enfant alcoolique est un garçon, l'enjeu semble être celui d'une séparation impossible parce que plus redoutée encore que la mort. C'était le cas de Lucien. Il était venu me voir pour essayer de mettre un frein à ses ivresses, et il m'avait dit qu'il n'accepterait de partir faire une cure de désintoxication que si sa mère l'accompagnait. Compte tenu de ses quarante printemps, il y avait manifestement un problème. Il a accepté que je le voie avec sa mère qui, de son côté, a accepté de venir à des entretiens conjoints avec lui. En quelque temps le problème a pu être élucidé.

La mère de Lucien lui assurait toujours le gîte et le couvert dans son appartement, pratiquement depuis la mort de son mari, le père de Lucien, car, du fait de son alcoolisme, ce dernier travaillait trop peu pour subvenir à ses besoins et pouvoir se loger. Le moment déterminant pour comprendre ce qui se passait entre eux a été celui où il a pu dire devant elle qu'il ne pouvait pas supporter l'idée de la perdre et qu'il voulait mourir avant elle pour ne pas vivre cette séparation. Ce à quoi elle lui avait répondu du tac au tac qu'il la tuait avec son alcoolisme en l'obligeant à se fatiguer à travailler à sa place alors qu'elle aurait pu prendre sa retraite. Bref, ils étaient engagés dans une course-poursuite à qui mourrait le premier pour ne pas laisser cet adulte-enfant seul. Elle devait se tuer au travail pour qu'il puisse vivre, c'était son devoir de mère, mais la vie n'avait plus de sens pour lui s'il n'avait plus sa mère ! Il n'avait pas pu la quitter, la vie sans elle était inimaginable. Son autonomie était comme celle d'un petit kangourou encore larvaire incapable de s'éloigner de la poche marsupiale et qui mourrait si sa mère disparaissait. L'élucidation de cette dialectique a eu dans ce cas des effets bénéfiques, car non seulement il a pu aller faire sa cure tout seul, mais il est resté abstinent par la suite.

Quand l'enfant alcoolique est une fille, on a plus le sentiment d'assister à une quête d'amour insatiable que de découvrir les effets d'une peur de la séparation. La demande est moins : « Ne me quitte pas », que « Dis-moi que tu m'aimes ». Certes, les deux formules sont bien proches, mais, entre la mère et son garçon, l'inquiétude réciproque est la peur de perdre l'objet d'un amour qui s'impose comme une évidence, alors qu'entre mère et fille c'est la présence ou non de l'amour qui est le moteur d'un questionnement torturant.

C'est le cas pour Bérénice accrochée à une consommation d'alcool impressionnante, de l'ordre d'une bouteille de whisky par jour. Elle n'a jamais connu son vrai père. Elle n'a su qu'à douze ans que l'homme qu'elle prenait pour son père n'était qu'un beau-père. Elle a alors compris pourquoi ses parents semblaient lui préférer son petit frère. Ce n'était pas, comme elle l'avait pensé, parce que c'était le garçon qu'ils avaient espéré après elle, c'était parce qu'il était l'enfant de l'amour, alors qu'elle n'était qu'un accident, le souvenir d'une liaison sans lendemain : souvenir malheureux, pensait-elle, mais sa mère n'avait jamais voulu répondre à ses rares questions sur le sujet.

Comment peut-elle être sûre que sa mère tient à elle ? Le fait « qu'elle l'ait gardée » ne la rassure pas du tout. C'est loin d'être une preuve d'amour à ses yeux. Pour savoir la vérité, elle n'a trouvé qu'une solution : être odieuse. Si elle était une gentille fille, sage comme une image, elle aurait toujours un doute sur l'amour de sa mère. Toutes les mères aiment les enfants sages, tandis que les mères encore capables d'aimer les filles qui deviennent des pochardes et roulent dans le ruisseau, celles-là sont vraiment des mères aimantes. L'ennui d'une telle stratégie, c'est qu'elle est toujours insatisfaisante. Même en descendant au plus bas de la déchéance, jamais elle ne sera sûre de l'amour maternel car elle le veut sans limites, et sa descente à elle ne peut aller que jusqu'au bord de la mort. Et elle y va. Pourtant, la mère essaye de venir en aide à cette grande fille de quarante-cinq ans. Elle la loge, elle la nourrit, mais ou elle en fait trop, et elle l'étouffe, ou elle n'en fait pas assez. De toute façon elle ne fait jamais ce qu'il faut. Seule une mère aimante connaît les vrais besoins de son enfant. Preuve que cette mère n'est pas une mère aimante...

Cette soif d'amour, qu'elle étanche à grandes lampées de whisky, Bérénice la transporte partout où elle passe. Elle joue son scénario avec tout le monde. Elle a su se faire héberger par une amie de sa mère pour montrer à cette dernière qu'elle pouvait être mieux aimée par une autre femme qu'elle, jusqu'à ce qu'elle épuise la bonne volonté de cette mère de substitution. Elle est allée ensuite dans une communauté religieuse qu'elle a à son tour lassée par ses frasques répétées. Elle se tue à petit feu dans un scénario répétitif dont l'argument est toujours le même : « Maman, dis-moi que tu m'aimes, mais de toute façon, quoi que tu dises, quoi que tu fasses, je ne te croirai pas. » La mère, de son côté, ne peut comprendre le manège de sa fille que comme une preuve de manque d'amour à son égard, puisqu'elle n'est pas gentille avec sa mère. Elle pourrait la rejeter, mais, comme elle est culpabilisée d'avoir mis au monde cette fille sans père, elle se rachète en l'aidant. Elles sont liées à la vie à la mort.

Le fils kangourou est plutôt un enfant qui ne veut pas perdre une mère qui s'accroche à lui, la fille kangourou est plutôt un enfant qui s'accroche à sa mère pour vérifier qu'elle est attachée à elle. L'un et l'autre ont peur s'ils lâchent prise, car, pour eux, hors de la mère point de salut. Il n'y a que le vide. Ce vide que l'alcool a pour but de combler.

L'alcoolique et sa femme

« Je ne me suicide pas, car ma mère aurait trop de chagrin », me disait un de ces buveurs au bord de la psychose et qui torturait sa famille par ses troubles de comportement largement induits par la bière. De fait, malgré quelques rares surdosages de médicaments, il ne passait jamais véritablement à l'acte. Crucifié en permanence par la souffrance que son incapacité à vivre normalement l'amenait à imposer aux siens, il jouissait aussi amèrement de disséquer soigneusement son mal-être et de leur expliquer, ainsi qu'à son thérapeute, combien il était malheureux de rendre les autres malheureux. Cette complaisance à étaler sa souffrance était sa raison de vivre. En éclaboussant tous ceux qui tenaient à lui de ses larmes de désespoir, il s'évitait de changer et de mettre à l'épreuve de la réalité ses rêves d'un grandiose destin christique au service du prolétariat. Interdit de suicide sous le prétexte honorable et commode de ménager sa mère, il mesurait sa valeur de façon moins définitive en testant l'attachement de son épouse.

On ne laisse pas tomber quelqu'un qui pleure et qui vous dit combien il est indigne de vivre, combien il a conscience de la souffrance qu'il impose, combien il le regrette (mais n'y peut rien, car c'est la faute de l'alcool que sa grande sensibilité l'oblige à boire pour supporter la vie) et combien il vous admire de rester avec lui.

Sa femme, vertueuse, était piégée avec sa complicité dans les rets d'un filet où l'amour de Narcisse supplantait celui d'Éros. Elle était héroïque, lui n'était qu'un misérable. Elle avait besoin de l'abaissement de son conjoint pour se sentir utile, il avait besoin de s'abaisser pour qu'elle se sente utile et que lui, devenant inutile, puisse malgré tout garder la maîtrise de la situation en imposant son incapacité à être maître de lui. Ils étaient liés pour le pire. Elle ne pouvait le quitter, car la règle tacite était qu'il se serait tué si sa femme le quittait et donc sa mère serait morte de chagrin par la faute de sa bru s'il avait renoncé à la vie qu'elle lui avait donnée.

Le doute sur sa propre valeur est capable d'amener à organiser ainsi autour de soi des situations diaboliquement contraignantes par un chantage permanent aux bons sentiments. Si, par malheur, il y a de l'écho et que la demande d'amour rencontre la crainte d'une incapacité à aimer, alors la situation est mûre pour les pires désastres existentiels. Si une femme qui doute de pouvoir jamais être une bonne mère aimante rencontre un homme qui est persuadé que sa mère l'a rejeté, à son insu elle se forge un destin de femme d'alcoolique tandis qu'il voit s'ouvrir en grand devant lui les portes des bistrots.

Se vivre comme un mal-aimé et en souffrir ne conduit pas nécessairement à devenir bon époux. Avoir connu les méfaits de l'alcool dans son enfance ne protège pas d'unir son destin à un alcoolique. Par un paradoxe aussi effrayant que décourageant, c'est souvent le contraire qui se produit.

La femme de l'alcoolique

Particulièrement pitoyable est l'histoire de la femme de l'alcoolique, ce grand classique de la littérature alcoologique. Elle est souvent décrite comme une espèce de virago frigide et masochiste qui se plaint des excès de son époux tout en le poussant à boire. De fait, elle est redoutable par son militantisme persévérant à sommer son conjoint de se mettre à l'eau. Dans cet apostolat elle est si peu diplomate que le plus accommodant des hommes aurait envie d'aller retrouver ses amis au café, histoire de ne plus l'entendre, de se venger de ses cris et de prendre des forces pour l'affronter au retour, quitte à lui clouer le bec à grand renfort de coups ou à la chasser dehors avec les enfants.

Cette femme s'y prend toujours mal. C'est elle qui vient à contretemps trouver le médecin quand il est surchargé de travail et peu disponible pour l'écoute. En larmes, elle laisse entendre qu'un drame se prépare. La police refuse d'intervenir, dit-elle, tant qu'il n'y a pas eu de morts, et l'assistante sociale, qui connaît bien la famille, est de son avis. Il faut faire quelque chose, sinon cela va mal se terminer. Parfois elle a même quelque hématome à montrer pour prouver la réalité de son malheur. Mais elle s'oppose avec la plus grande fermeté à ce que le médecin fasse état de sa démarche : « Si mon mari l'apprenait, il ne me le pardonnerait pas. » Le silence qu'elle impose rend à l'évidence impossible la moindre intervention cohérente. Si, après des tergiversations plus ou moins prolongées, l'époux violent est enfin hospitalisé, il n'est pas rare qu'elle fasse tout son possible pour le faire sortir du lieu de cure avant que le traitement ait réellement eu le temps d'être mis en place. De nouveau, après quelques heures ou jours d'accalmie, le conflit conjugal reprendra et les mêmes scènes seront jouées, entraînant à la longue des dégâts physiques et psychiques pour tous les membres de la famille et la lassitude des intervenants, de moins en moins enclins à la compréhension et donc de moins en moins efficaces.

Il est terrible de constater que cette femme est généralement fille d'alcoolique et de penser qu'elle a dû se dire, lorsqu'elle était jetée dehors avec sa fratrie ou obligée de coucher l'ivrogne que sa mère n'osait pas approcher : « Jamais je n'épouserai un alcoolique. » Pourtant elle l'a fait, la preuve. Quand on l'interroge sur le « pourquoi » de son choix, c'est toujours la même réponse : « Oui, je savais qu'il buvait, mais je pensais que pour moi il s'arrêterait ! » Aveu tragique qui en dit long sur les espoirs brisés. C'est cet amour assassiné qu'il faut retrouver derrière ces scénarios lamentables.

Ils se sont rencontrés, ils se sont aimés. Elle a été princesse, il a été prince. Comment croire cela quinze ou vingt ans plus tard, lorsque la haine et la rivalité occupent le devant de la scène ? Il a bonne mine, le prince, avec sa trogne d'ivrogne et son gros ventre de cirrhotique ; elle a une drôle de dégaine, la princesse, mal coiffée, vêtue d'un terne sarrau qui cache mal son corps déformé par les grossesses qu'il lui a imposées. À les voir tous deux, rien ne permet d'évoquer « les amoureux qui se bécotent sur les bancs publics ». Ils ne sont pas seuls au monde, au contraire, ils rameutent des spectateurs et des intervenants, plus prêts à huer qu'à applaudir. Ils n'inspirent ni la sympathie ni la jalousie, mais donnent envie de fuir sinon de vomir, à moins que ce soit de boire pour oublier le tragique de cette rencontre humaine ratée qui a toutes les apparences d'un blasphème par rapport à une histoire d'amour. Pourtant, à l'origine, c'en est une et, au-delà des horions et des coups, caché derrière l'obscène qui scandalise, persiste une revendication affective effroyablement douloureuse et complètement pervertie.

« Je pensais que pour moi il s'arrêterait de boire. » Quel échec ! Valoir moins qu'une bouteille, quelle blessure d'amour-propre ! Qui pourra réparer les ravages d'une telle déception ? Mieux vaut accuser l'alcool et l'entraînement par les mauvaises fréquentations. Mieux vaut s'engager dans une impossible course-poursuite à l'abstinence que de s'arrêter sur des sentiments pénibles. Ils le sont trop pour les laisser émerger à la conscience. Tant pis si la bête meurt, ce sera la faute de l'alcool, et le rêve d'un amour parfait sera sauvé. Ah ! s'il n'y avait pas eu l'alcool...

Sinistre, la dialectique de cette histoire répétée à de multiples exemplaires et sans trop de variantes est extraordinairement simple. La fille de l'alcoolique qui a vécu avec un père capable de sacrifier sa famille à la bouteille, cette fille qui a vu sa mère battue et injuriée et qui, elle-même, a constaté qu'elle ne valait pas grand-chose pour son père si ce n'est parfois pour des avances sexuelles, voire des relations incestueuses, cette fille a un besoin vital de vérifier qu'elle est quelqu'un, qu'elle vaut quelque chose, qu'elle n'est pas qu'une chose. Plus que sa mère, débordée par sa nichée et éventuellement complice silencieuse des privautés paternelles, sa rivale, c'est la bouteille. C'est à elle qu'elle doit se mesurer, c'est par rapport à elle qu'elle devra s'évaluer. Elle sera abstinente, car définitivement dégoûtée de la boisson, mais elle restera vouée à l'alcool qui organisera ses amours sous le signe du malheur.

Après un tel début dans la vie, elle ne pourra pas, elle ne pourra plus rencontrer un homme « ordinaire ». Il lui faudra un buveur, quelqu'un à mettre au défi de l'aimer plus que la bouteille. « Dis-moi que tu m'aimes plus que l'alcool » : telle est l'injonction qu'elle lancera à son futur. La réponse, capitale pour elle, n'aura de valeur que si l'effort demandé est important. Obtenir d'un abstinent de toujours qu'il préfère son amie à un bon verre n'est pas très probant. Cela n'apporte pas le moindre petit bout de preuve d'une quelconque valeur, alors qu'être capable de transformer un ivrogne, même débutant, en un bon-époux-bon-père est une performance qui peut rassurer celle qui doute d'elle au point de s'abaisser à se comparer à de la bibine.

Quand les choses commencent sous ces auspices, elles sont bien mal engagées. Cette femme qui, refusant l'alcool et les alcooliques, s'amourache d'un buveur pour qu'il s'arrête de boire et lui offre sa sobriété en hommage, cette femme douloureuse ne peut que rencontrer un homme qui a besoin d'alcool pour pouvoir l'aborder, sinon il ne boirait pas ! Ainsi l'étau se resserre et l'incompréhension est prête à occuper la place de l'élan amoureux. Elle lui demande la seule chose qu'il ne peut lui accorder, parce que, précisément, sans alcool, il n'ose pas manifester son amour à l'élue.

L'amour, dit-on, fait des miracles. Il y a sans doute des couples qui réussissent à se bâtir une destinée heureuse malgré un début si funeste. Au début, elle tolère l'alcool, et lui est buvable malgré son ivresse. Le breuvage sert de liant entre eux. Elle découvre que tous les hommes ne sont pas des monstres, lui s'aperçoit qu'une femme peut l'apprécier. Elle se détend, lui n'a plus besoin de boire. Éros l'a emporté sur Narcisse et l'amour sur la haine. Ils sont heureux, ils se marient et ils ont des enfants. C'est un conte de fées.

Cette version, légèrement fleur bleue, est (pour moi) une hypothèse d'école, je ne l'ai jamais rencontrée. Elle est vraisemblable et à ce titre rassurante pour le moral de l'alcoologue, mais elle ne conduit pas les protagonistes à le fréquenter. Ils ont su se débrouiller seuls. Il ne peut que rêver qu'ils soient nombreux dans ce cas.

Ceux qu'il voit sont les couples pour lesquels cela n'a pas marché. Parce que la peur de l'autre impose la loi du silence et que la honte verrouille la communication, la relation d'amour se transforme en un défi permanent. Il boit pour prouver qu'il est un homme, elle lui dit qu'il n'est pas un homme puisqu'il boit. Il boit pour lui montrer qu'il peut s'arrêter quand il veut, elle le fait boire pour lui démontrer qu'il ne sait pas s'arrêter, et il ne s'arrête pas pour lui prouver qu'elle est incapable de l'obliger à s'arrêter de boire. De quel droit le ferait-elle ?

Mme Lemaître, lorsque son mari rentre à la maison le regard brillant et la démarche peu ferme, enlève ostensiblement la bouteille qui trône sur la table du repas. Dans ce cas Mr Lemaître, non moins ostensiblement, va chercher la bouteille dans le placard et se verse un verre supplémentaire. Histoire sans paroles... c'est l'alcool qui gagne.

Dans ces situations, tout le monde souffre. Peu à peu, au-delà du couple, grands-parents et enfants sont entraînés dans une compétition mortifère, dans laquelle la maîtrise de la bouteille est le challenge. L'un désire la boire, les autres veulent la lui confisquer. Ensuite, l'enclos familial ne suffit plus, on fait appel à des aides extérieurs, les copains de boisson d'un côté, les buveurs guéris et les professionnels de l'alcoologie de l'autre. Oubliée, l'histoire d'amour du début, il s'agit de vaincre coûte que coûte. Pas question de se séparer, ce serait une défaite. La menace de divorce est souvent brandie, mais rarement mise à exécution, les séances de conciliation pouvant servir de périodes de repos, pendant lesquelles chacun réorganise ses forces. Dans cette ambiance les enfants apprennent les étranges lois des familles qui se structurent autour de l'alcool. Fascinée, la fille, l'aînée le plus souvent, plus proche de son père que l'épouse meurtrie dans ses rêves et dans sa chair, cette fille jouera le rôle de mère pour ses frères et sœurs plus jeunes, voire d'objet sexuel pour son géniteur et, dans la honte et l'humiliation, elle rêvera d'un prince charmant qui ne boira pas ; puis elle rencontrera un alcoolique qu'elle épousera et... ainsi de suite.

Fille et femme d'alcoolique, ces observations aussi tragiques que banales sont tellement semblables qu'elles se confondent. Mais il n'y a pas que la fille qui se fasse piéger, le fils de l'alcoolique peut très bien avoir son rôle à jouer dans le conflit du couple parental. Cependant lui, souvent, n'ira pas chercher bonne (mauvaise) fortune, il restera entre papa et maman.

Mr et Mme Bonteau ont longtemps vécu avec l'alcoolisme de l'époux. Chef de chantier, il craint de n'être pas respecté par les ouvriers et redoute de déplaire aux ingénieurs. Il boit pour avoir de l'autorité par rapport aux premiers et pour oser s'adresser aux seconds. Sa femme, relativement frigide, tolère ses avances lorsqu'il est à jeun, mais ne peut supporter qu'il s'approche d'elle s'il a bu. Or, pour se sentir un homme, il doit être alcoolisé, et dans l'intimité conjugale il lui est interdit de boire. Pour être sûr de sa virilité, il « doit » coucher avec sa femme, mais elle se refuse à lui s'il a bu. Cela le pousse à essayer de la forcer à des étreintes lorsqu'il est éméché, avec pour seul résultat de se faire repousser et de mesurer combien il n'est pas un homme, puisqu'il est incapable de la faire jouir. Mortifié par son échec conjugal, il a besoin de s'affirmer davantage sur les chantiers, ce qui lui est d'autant plus difficile qu'il est moins sûr de lui puisqu'il ne satisfait pas son épouse. En plus, s'il n'est pas un homme, il est indigne de commander. Seul l'alcool peut lui en donner le courage, d'autant que les hommes, les vrais, boivent. Ainsi, plus qu'hier et bien moins que demain, il boit, au grand dam de sa femme.

Ce couple, uni et séparé par l'alcool, a trouvé une certaine sérénité lorsque, l'âge venant, la retraite approchant, Mr Bonteau a dû renoncer à son idéal viril. Bridé dans ses ambitions professionnelles, en partie à cause de son alcoolisme, il s'est déprimé et est devenu partiellement impuissant, puisqu'il n'était pas vraiment considéré par ses chefs, mais aussi un peu à cause du traitement de sa dépression et d'une artériosclérose. La découverte opportune d'une hypertension artérielle et d'un taux de cholestérol élevé lui a fait peur, ce qui lui a permis d'arrêter ses excès alcooliques ; elle a permis de mettre la baisse des capacités génésiques sur le compte de la maladie artérielle et donc de ne pas trop le blesser dans son amour-propre (l'homme restait un homme, seule la mécanique était atteinte). Plus calme, plus agréable aussi, il était mieux accepté par sa femme et, surprise, ils arrivaient parfois à avoir des relations sexuelles quasi satisfaisantes pour les deux. Bref, une gentille lune de miel. Retrouvailles nostalgiques quelques décennies plus tard d'un amour oublié depuis longtemps. Leur bonheur aurait été total et ils se seraient acheminés sereinement vers la vieillesse si le fils unique n'avait choisi ce moment pour entrer à son tour en alcoolisme.

La situation est loin d'être exceptionnelle. L'hérédité n'y est pour rien (ou pas grand-chose). Simplement, le retour du mari auprès de sa femme après avoir dit « non » à la bouteille détrône le fils qui occupait la place laissée vacante. Non qu'il soit question d'inceste, simplement d'un rapprochement favorisé par la mésentente conjugale. Au fil des années, le fils était devenu le confident et le soutien de sa mère. Parfois, il avait eu à s'interposer entre ses deux parents, ce qui l'a davantage éloigné de son père et rapproché de sa mère.

L'abstinence du père est occasion de « chute » pour le fils délaissé. Frustré, il noie sa déconvenue dans l'alcool, comme son père lui a appris à le faire, et en même temps par sa conduite il montre à ses parents qu'ils sont de mauvais parents, puisqu'ils n'ont pas su lui donner une bonne éducation avec de bons exemples. Parfois, comme chez les Bonteau, l'alcoolisme du fils soude un peu plus le couple reformé qui voit dans le sauvetage de l'enfant devenu un alcoolique une occasion de se rapprocher encore plus. Comme on s'occupe de nouveau de lui du fait qu'il boit, l'enfant, devenu grand, mais resté immature, n'a pas de raisons de s'arrêter de s'enivrer. À moins qu'il ne rencontre une femme qui rêve de l'arracher à sa mère...

Bien sûr, on parlera d'hérédité, d'autant plus facilement que le père de la mère a été alcoolique, ce qui l'a amenée à épouser un alcoolique. Un bon prétexte pour ne pas parler des problèmes qui persistent et qui font que la famille a « besoin » d'avoir un alcoolique chez elle.

La souffrance éprouvée à cause de l'alcool amène à faire vivre à la descendance des choses que, officiellement et très sincèrement, je crois, on aurait voulu lui épargner pour les avoir trop bien connues soi-même. Dans cette répétition se niche toute l'ambivalence de l'adulte vis-à-vis de l'enfant. Adoré pour tout ce qu'il apporte comme concrétisation d'un rêve et pour ce qu'il offre comme possibilités de réparation, il est jalousé et haï pour la même raison et parce que, en outre, il vient prendre de la place dans le cœur de sa mère, la conjointe du buveur, qui décidément ne peut se fier qu'à la bouteille. La seule qui soit fidèle et toujours disponible.

Si, quand Mr Bonteau est devenu sobre, son fils est entré en alcoolisme, innombrables sont les situations où l'on constate, à l'inverse, que l'alcoolisme d'un père, souvent rampant jusque-là, prend une ampleur accrue lors de la naissance d'un enfant, même désiré. *A fortiori* si c'est un garçon.

Le couple alcoolique

De Mme ou Mr Lavoué, il est difficile de savoir lequel est le plus attaché à l'alcool. Petit homme malingre et qui marche presque sur la pointe des pieds pour se rehausser, Mr Lavoué affirme qu'il n'est pas alcoolique, malgré une consommation très substantielle, une nervosité et un habitus qui le trahissent. Il précise que son usage de la boisson est sans commune mesure avec celui de sa femme qui, elle, ne dit rien, mais, de fait, présente des signes cliniques et biologiques patents d'intoxication chronique. D'après lui, Mr Lavoué arriverait sûrement à se passer de boissons alcoolisées, mais il n'en voit pas la nécessité, puisque, à la différence de sa femme, il n'a pas de problèmes à cause de l'alcool. Lorsqu'il lui est suggéré qu'à défaut de devenir abstinent pour sa santé il pourrait faire cet effort pour aider son épouse en réduisant les occasions de la tenter, Odette, sa femme, vient à son secours en affirmant que quand il boit de la bière, s'il lui en offre, elle refuse, car : « Ça me fait plaisir de voir que je peux lui résister ! » À les entendre, ce serait presque par amour qu'il boirait devant elle, pour la sortir de ses mauvaises habitudes. Odette boit énormément.

Entre Mr et Mme Lavoué, l'alcool est un lien puissant. Ils partagent un goût commun pour les libations, mais Julien Lavoué, qui prétend maîtriser sa propre consommation, entend régenter celle de son épouse. Il se considère comme le protecteur de cette femme avachie et silencieuse (près de deux fois plus volumineuse que lui), à laquelle il a uni son destin. Il lui fait la morale, estimant, par exemple, qu'une mère « ne doit pas se lever trop tard », ce qui est toujours difficile pour elle qui boit, entre autres, pour dormir et n'a pas assez d'une nuit pour cuver sa ration de la veille.

Plus il cherche à contrôler sa consommation, plus elle essaie d'échapper à son contrôle, tout en l'incitant par son comportement à le renforcer. Une des activités favorites du couple consiste en cette partie de cache-cache. Quand son mari est au travail (elle-même est en congé de maladie à cause de son intoxication chronique), Odette va acheter des provisions d'alcool qu'elle dissimule dans tout le pavillon. À son retour, Mr Lavoué inspecte le domicile et, lorsqu'il retrouve des bouteilles, ce qui arrive régulièrement, il fait une scène à son épouse. Elle subit sa colère et reçoit ses coups avec une relative passivité, bien décidée à recommencer à boire le lendemain pour lui démontrer qu'il n'est pas le plus fort et qu'elle est libre de faire ce qu'elle veut. En plus, le fait d'être battue lui donne un motif supplémentaire de s'enivrer, tandis que Julien, de son côté, va boire pour oublier qu'il n'arrive pas à être le maître de cette femme, faible et pourtant insoumise, ce qui lui prouve tristement qu'il n'est pas un homme. Rechargé d'alcool et de sympathie virile au café du coin, dans lequel il fait une halte quotidienne en rentrant à la maison, il est « mûr » pour recommencer ses fouilles et frapper de nouveau Odette, qui n'aura plus qu'à retourner acheter de la bière à boire et à stocker pour se consoler et se venger, mais rester maîtresse du terrain. En outre, le soir après la dispute, elle aura eu la volupté de refuser le bock qu'il lui offrira en sirotant devant elle...

Quand ils se sont rencontrés, tous deux buvaient déjà. Âgé de trente-cinq ans, Julien était un vieux garçon timide et complexé dont l'enfance n'avait pas été très heureuse du fait, estime-t-il, du divorce de ses parents lorsqu'il avait deux ans. Odette, elle aussi âgée de trente-cinq ans, avait déjà été mariée, mais son premier mari était décédé brutalement d'un infarctus du myocarde (elle l'avait trouvé mort dans son lit), la laissant veuve à trente ans avec trois enfants dont l'aîné avait huit ans. Huit ans étant aussi l'âge qu'elle avait lorsque son propre père était mort, également d'un infarctus...

Devant cette pauvre femme seule, Mr Lavoué, qui travaillait dans le même bureau qu'elle, poussé par l'émotion et aidé par l'alcool, avait surmonté sa timidité et trouvé enfin l'occasion de donner un sens à son existence dans un rôle de défenseur de la veuve et des orphelins. Odette, qui, avant de sombrer dans l'alcoolisme, aurait été l'épouse sobre d'un premier mari décrit comme un malade mental, avait endossé à son tour le rôle de la malade après son remariage, comblant ainsi les appétits de dévouement de son nouveau conjoint. Meurtrie par la vie, angoissée par la solitude qu'elle avait connue à l'occasion de son veuvage, elle avait eu envie d'être soutenue à son tour, même si quelque chose en elle se révoltait sourdement à l'idée de dépendre de quelqu'un qui pouvait disparaître comme son premier mari et la laisser de nouveau seule.

Dans l'organisation du duo, Mr Lavoué veut occuper la position haute, celle du sauveur, Mme Lavoué se trouve reléguée à la position basse, celle de la naufragée. Il leur est impossible de se placer au même niveau sous peine de rompre leur fragile équilibre. Mû par ses complexes, Mr Lavoué à besoin de s'affirmer supérieur à sa femme et doit boire pour tenir un statut de dominant pour lequel il se sent malgré tout mal armé. Brisée par un destin cruel, Mme Lavoué est condamnée à un rôle beaucoup plus médiocre de malheureuse sans volonté, rôle d'autant moins acceptable qu'elle connaît les faiblesses de son partenaire. Nouvelle injustice du sort, qui l'écœure et qui contribue également à la faire boire.

Appuyés l'un sur l'autre, malgré ou à cause de leur présentation caricaturale, Julien et Odette sont très touchants. Ils semblent s'aimer sincèrement à leur étrange façon. Ils parlent de leur vie de couple avec chaleur et, même si l'alcool apporte son surcroît d'émotion larmoyante et si Mr Lavoué ne cesse de dénigrer son épouse pour mieux se démarquer d'elle, toujours leur complicité est palpable. Derrière les deux pochards, on aperçoit parfois deux amoureux.

Odette a très peur que son mari ne l'abandonne. « Elle est jalouse », explique-t-il, gratifié d'être présenté comme un séducteur, alors que c'est moins son départ avec une autre femme qu'elle redoute que sa disparition. Pendant quelques années, ils ont continué à travailler dans le même bureau, ce qui lui permettait d'avoir toujours Julien sous son regard, mais l'administration, inhumaine, les a séparés pour des raisons de réorganisation des services, peu de temps avant qu'elle soit mise en congé de maladie. Ils sont sûrs que cette malencontreuse décision qu'ils n'ont pu faire rapporter est responsable de l'aggravation de l'alcoolisme d'Odette (grâce à ce déplacement, les difficultés internes du couple peuvent être escamotées et la responsabilité de chacun transférée et diluée dans l'anonymat de l'administration).

Odette et Julien se ressemblent trop pour pouvoir se rapprocher en toute lucidité. Ils verraient qu'ils sont aussi fragiles et paumés l'un que l'autre, ce qui serait très insécurisant pour tous deux. Alors, malgré leur désir d'intimité, ils s'éloignent l'un de l'autre en mettant l'alcool entre eux ; lui pour se sentir à la hauteur, elle pour s'abaisser. Ainsi ils trouvent la bonne distance. Ils sont aidés en cela par les préjugés qu'ils partagent avec le reste du groupe social : Julien en tant qu'homme « boit comme tout le monde » tandis qu'Odette sa femme est, ne peut être qu'une misérable alcoolique, puisqu'elle boit.

D'après les théoriciens de l'école de Palo Alto (49), les communications humaines, pour être satisfaisantes, doivent pouvoir être nuancées à chaque instant. Tantôt nous minimisons nos différences avec nos partenaires (relations symétriques), tantôt nous les maximalisons (relations complémentaires), selon que nous voulons leur ressembler et donc nous rapprocher d'eux ou, au contraire, nous démarquer d'eux et les tenir à distance... respectueuse. Dans ce va-et-vient relationnel, l'équilibre est harmonieux et agréable lorsque la modulation est souple et adaptée au contexte. Ce n'est pas le cas si les mécanismes sont figés et qu'un unique mode de communication est privilégié.

Chez les Lavoué, le rapprochement n'étant possible qu'en noyant les différences dans l'alcool, dès que la magie de ce dernier n'agit plus, immédiatement la complémentarité se réinstalle, Julien le petit coq se dresse sur ses ergots et Odette s'écrase plus bas que terre.

Odette et Julien s'étaient mariés pour le meilleur et pour le pire, le pire est devenu leur meilleur, et apparemment ils s'en satisfont. Vu leur génie à se malmener mutuellement dans leur bain d'alcool, on peut même se demander si parfois ils ne se délectent pas de leur situation !

Alors que son veuvage était censé l'avoir rendue stérile (depuis la mort subite de son mari, Odette n'était plus réglée), à sa surprise (?) le couple a eu un enfant après quelques années de mariage. Ils se disent très attachés à lui, mais il a tout de même fallu qu'il soit placé en foyer par le juge des enfants avant ses cinq ans, compte tenu de l'alcoolisme maternel, affirme Julien, compte tenu de l'état des deux parents, faudrait-il plutôt dire.

Si le couple accepte de parler de ses problèmes, c'est en grande partie dans le but avoué de récupérer la garde de l'enfant. Leurs frasques répétées, les états d'ébriété souvent flagrants qu'ils présentent lorsqu'ils rencontrent les travailleurs sociaux chargés d'aider la famille disent mieux que des discours leur angoisse à l'idée d'assumer leurs responsabilités de parents. D'autant plus sensible à la souffrance d'un petit qu'il a été lui-même un enfant malheureux, Julien, qui n'a pas vraiment eu à intervenir dans l'éducation des autres enfants de sa femme, se trouve bien peu solide pour élever son propre fils, qui de plus pourrait rivaliser avec lui dans l'amour d'Odette. Il n'est pas question pour lui d'admettre consciemment de tels sentiments. Par contre, charger sa femme du rôle de mauvaise mère incapable de se lever tôt, c'est la garder pour lui tout seul, c'est aussi se venger de sa propre mère, c'est la rendre responsable de la séparation et se déculpabiliser de ne pas élever soi-même son enfant, alors qu'un vrai père est capable de le faire ; c'est enfin trouver une raison supplémentaire d'obliger sa femme à cesser de boire, et donc de poursuivre le dressage de la malheureuse, qui sans lui, pense-t-il, ne serait qu'une loque. En écho, l'inconduite d'Odette avalise l'analyse de Julien et permet que, malgré le désir affirmé de retrouver la garde de l'enfant, celui-ci ne leur soit pas confié. Atteinte dans sa dignité de mère, ulcérée d'être seule accusée, Odette n'a plus qu'à boire un peu plus...

Dans ce couple, l'alcool sert à combler l'abîme qui sépare les rêves idylliques de la réalité sordide. Faute de reconnaître leurs faiblesses, ils s'enfoncent dans les difficultés, marchant à grandes enjambées vers une mort réelle, moins redoutée apparemment que celle de leurs illusions. Ce n'est pas pervers, ce n'est pas coupable, c'est humain, tragiquement humain !

Alcool et jalousie

La jalousie est liée à l'alcoolisme comme la bouteille l'est au verre. Ursule doute d'elle, elle a été ravie que Michel, un bel athlète plus amateur de succès auprès des femmes que sur les stades, jette son dévolu sur elle et l'épouse. Au début, sa jalousie la flattait plutôt et la rassurait : s'il craignait tant qu'on lui prenne sa femme, c'est qu'elle avait de la valeur. Par la suite, la cage dans laquelle il la maintenait est devenue une prison dont elle ne pouvait que rêver de s'évader, ce qui justifiait un renforcement de la surveillance par son mari gardien. Maintenant elle ne supporte plus d'être enfermée, d'autant que Michel ne se contente pas de lui imposer ses maîtresses mais l'accuse d'avoir des complaisances pour ses fils, qui ont dépassé l'âge de la puberté. C'en est trop pour elle : si elle a pu accepter de tenir éloignés du domicile conjugal d'hypothétiques amants, elle ne peut admettre de chasser ses petits. Il y a longtemps que la situation s'est dégradée, longtemps aussi que Michel boit, et boit beaucoup. Curieusement, si elle se lamente sur l'alcoolisme de son conjoint, qu'elle dit toujours aimer malgré (à cause de ?) sa jalousie, cette femme se charge d'approvisionner son geôlier en alcool. À l'analyse de la situation faite avec eux, il apparaît qu'Ursule ne peut être libre que si Michel est ivre mort, incapable de se rendre compte de ce qui se passe autour de lui. Endormi le gardien, la prisonnière peut s'évader. Naturellement, la solution est très mauvaise. Lorsqu'il se réveille, Michel, ne sachant pas ce qui s'est passé pendant son sommeil, peut imaginer le pire. Sa jalousie éteinte par l'ivresse est ravivée par la cuite.

Dans cette histoire, il est important de souligner la complicité de Michel et d'Ursule, car elle est plus profonde que leur inimitié. Édifié sur la jalousie, leur couple fonctionne avec l'alcool qui seul leur permet de trouver une distance de sécurité. Exclusif et possessif, l'amour de Michel étouffe Ursule, qui ne peut respirer que si Michel est dans le coma. Chacun des deux ne peut vivre que si l'autre est mort. Pourtant, inséparables, ils veulent vivre ensemble. L'alcool permet de résoudre le dilemme.

Pour Adolphe, la jalousie est une seconde nature, son père et son grand-père paternel étaient jaloux et alcooliques ; comme eux, il est jaloux et alcoolique. Ce travers l'ennuie, mais il ne peut dominer l'inquiétude qui le ronge, bien qu'il soit persuadé qu'à force d'irriter sa femme par ses questions et ses exigences (elle doit s'habiller modestement et porter des pantalons plutôt que des jupes pour ne pas être trop séduisante...), elle finira par le tromper.

C'est peut-être cela qu'il cherche inconsciemment, car c'est l'autre, le rival hypothétique (le frère mieux aimé), avec lequel il veut se mesurer. Si cela arrivait, il voudrait les surprendre, corriger sévèrement l'individu et chasser l'infidèle, pour qu'elle voie qu'il est le plus fort. Entre lui et son double, la femme, sa femme, est l'arbitre. Était-elle mieux avec ses précédents amants, ne va-t-elle pas les revoir, elle qui ne lui avait pas vraiment dit (mais il s'en doutait) qu'elle avait eu des aventures avant de le rencontrer ? Il faut la satisfaire, mais peut-il faire mieux que les autres ? Lui, qui se sentait si timide et si gauche quand il était adolescent, n'est-il pas aussi maladroit en amour ? Il n'est pas possible qu'il la comble, d'autant moins, à vrai dire, que l'alcool qu'il boit pour se sentir à la hauteur ne la rend pas particulièrement tendre à son égard. Il a des doutes, il se raisonne, il rumine, et il boit. Plus il boit plus il doute, plus il doute plus il boit.

Dans son esprit forgé par l'exemple et les discours des hommes de sa famille, la femme doit être dominée. Il faut donc être fort (comme un homme) pour la tenir. Mieux, il faut être le plus fort (des hommes) pour qu'elle ne soit pas tentée de quitter le droit chemin de la soumission. Comment lui prouver qu'il est le plus fort, puisqu'il sait que ce n'est pas vrai ? Comment être sûr d'être le plus fort sans se mesurer aux autres hommes, à tous les autres hommes, ses semblables et ses rivaux, et risquer la défaite ?

Dans sa tête tout cela s'entrechoque, il bâtit des scénarios, imagine des scènes, et il boit. Il pense aimer sa femme, mais il voudrait être sûr d'elle. Impossible, il n'est même pas sûr de lui ! Doutant d'elle comme de lui, il ne peut se laisser aller à la confiance. Dans le vaudeville n'est-ce pas le mari, rendu aveugle par l'amour, qui se fait « ridicoculiser » ? Il faut donc garder l'œil ouvert sans se laisser aller à la tendresse, au risque de perdre l'amour de l'élue.

Daphnée, qui boit parce que son mari l'a trompée, dit-elle, doit (s') avouer, non sans honte, qu'elle voulait un conjoint capable de la tromper. Elle, qui avait douté d'être aimable après s'être sentie rejetée par sa mère, était assurée par son charme d'avoir du succès auprès des hommes. Elle pensait pouvoir rivaliser avec les autres femmes ; néanmoins il lui fallait le vérifier pour en être bien certaine, en poussant le conjoint à la faute... Une fois que celle-ci est advenue, l'échec a été cruellement ressenti, il a réveillé la souffrance de s'être sentie mal aimée par la mère, provoqué un vif sentiment de dévalorisation et lui a fait découvrir une jalousie dont elle ne se savait pas capable. Pour toutes ces raisons, elle s'est mise à boire.

Que l'alcool soit bu en excès par un seul ou plusieurs membres de la famille, il apparaît comme l'épicentre d'un véritable séisme affectif qui bouleverse les relations entre les individus. Aussi bien au niveau de la famille dans son ensemble que dans le couple conjugal ou dans les rapports parents-enfants, il réussit à perturber les sentiments et à bousculer les frontières interindividuelles sans considération pour les personnes. Certes, ce n'est pas l'éthanol en tant que tel qui est responsable de toute cette souffrance. Ce qui torture la famille, c'est que quelqu'un (ou quelques-uns) en son sein ait eu besoin de recourir à lui. Peu importe de savoir s'il a imposé sa façon de boire ou si les autres l'ont poussé aux excès. À partir du moment où l'alcool est là, tous sont concernés, tous perdent leur sang-froid et tous ne pensent plus qu'à l'alcool : pour le boire ou pour empêcher qu'il soit bu.

Dans son sillage, comme toujours, il entraîne la jalousie, la honte et la rivalité, avec leur cortège de haine, de violence et de rage. Parce qu'il brouille tout, il rend floues les limites et ouvre la voie à la transgression des interdits, y compris l'interdit de l'inceste qui fonde la famille. Dire que l'alcoolisme, cette désastreuse conduite individuelle, est aussi une catastrophe familiale n'est pas une exagération. La question de la possibilité pour l'alcoolique de s'arrêter de boire en prend une acuité supplémentaire.

6

Qui a bu (ne) boira (plus) ?

Dépendance, quand tu nous tiens !

La honte de boire

Les alcooliques font donc tous référence à des événements de leur enfance pour expliquer comment ils en sont venus à douter d'eux. Au sein de leur famille ou dans leur proche entourage (village, école, etc.), un jour ils ont découvert la difficulté d'être soi-même au milieu des autres. Dès lors la honte a fait son entrée dans leur univers intime et depuis ne les a plus lâchés.

Mal dans leur peau, mal à l'aise parmi des semblables dont ils se sentent différents, ils ont cru trouver dans l'alcool le moyen de tenir la place qu'ils ne se reconnaissent pas vraiment, et surtout qu'ils craignent de se voir contester. Avec la boisson ils veulent, et souvent ils peuvent, donner le change plus ou moins longtemps.

À force de compter sur cet allié pour vaincre leur timidité et leur peur, ils en deviennent « dépendants ». Ils n'arrivent plus à s'en passer et, « accoutumés » au produit, doivent en absorber des quantités de plus en plus grandes pour obtenir les effets recherchés, tandis que leur organisme, malgré ses capacités adaptatives, renâcle à poursuivre ses efforts pour assimiler l'éthanol qui l'intoxique lentement. Marqués et usés, au bout de plusieurs années souvent, ils dissimulent de plus en plus mal leur lien avec la boisson, tant leur imprégnation est évidente par son retentissement physique et/ou psychique ainsi que par ses conséquences dans la vie de famille et/ou au travail. Généralement c'est à ce stade seulement que l'on parle officiellement d'alcoolisme, alors que celui-ci existe depuis longtemps déjà.

Maintenant, l'alcool qui permettait de résoudre les problèmes commence à faire problème à son tour, et le buveur découvre avec inquiétude qu'il n'arrive pas à s'en passer malgré les ennuis qu'il lui procure. Confusément, il sait qu'il est « dépendant », mais veut s'illusionner encore, car il n'a pas d'autre recette pour vivre normalement que de boire excessivement. Alors, non content de dissimuler son travers aux autres, il se cache la vérité à lui-même. Il veille à avoir toujours de l'alcool à portée de la main pour éviter le manque. Il évite de rencontrer qui pourrait lui dire qu'il boit trop, pour fréquenter au contraire des « copains de boisson » tout aussi dépendants que lui. Au bistrot, ils chantent ensemble les vertus de l'alcool, chacun se rassure sur sa misère en regardant l'autre porter son verre aux lèvres d'une main tremblante et tous prétendent que, pour un homme, une vie sans alcool n'est pas une vie. Malgré les démonstrations de camaraderie, l'amitié n'est plus que prétexte à augmenter le nombre des tournées et maintenir le taux d'alcool dans l'organisme à un niveau suffisamment élevé pour ne pas se sentir en manque. Le corps, qui s'y est accoutumé, réclame de plus en plus fort l'éthanol qui le détruit et dont il ne peut se passer. Seule la peur de tout perdre : femme, enfants, travail, etc., mais aussi la vie, peut à ce stade amener parfois l'alcoolique à résipiscence.

Plus souvent, elle ne suffit pas à lui dessiller les yeux pour voir en face la vérité de sa dépendance et l'affronter. Certes, il est inquiet lorsque le matin, à défaut d'avaler un café qui ne passe pas, il lui faut absorber un bock ou un ballon pour démarrer sa journée, mais, à moins d'un accident, d'une hémorragie ou de la révolte active d'un être aimé, il ne cède pas. Entre mourir par l'alcool et mourir de honte, il choisit la première solution, qu'il trouve moins cruelle, d'autant qu'il garde alors la possibilité d'user (d'abuser) du verre du condamné pour affronter l'échéance fatale.

L'erreur serait de ne voir dans la dépendance que la conséquence de l'alcoolisation excessive. Certes, elle a vraisemblablement une dimension biologique liée aux effets neurochimiques de l'éthanol, absorbé de façon chronique, sur l'organisme. Des travaux contemporains font état de perturbations du métabolisme des neurotransmetteurs cérébraux en rapport avec la production d'acétaldéhyde (qui est un catabolite de l'éthanol), tandis que d'autres incriminent une action directe de l'alcool sur les membranes cellulaires. Mais l'alcoolique devient aussi (et surtout) dépendant, parce qu'à la honte qui l'a fait boire s'ajoute la honte de boire, qui le fait boire davantage et le rend plus dépendant encore.

Ayant abusé de l'alcool pour se déprendre de sa dépendance envers le regard d'autrui (cette réduplication persécutive du regard maternel défaillant à l'admirer), lorsqu'il est étiqueté alcoolique, celui qui boit trop se retrouve en vedette, au milieu du groupe qui le stigmatise comme mauvais buveur et se démarque de lui. Alors, puisqu'on le traite d'alcoolique, il boit.

Toute sa vie il a fui la honte, et c'est elle qu'il retrouve au bout de sa course, accrochée à un diagnostic en forme de jugement. Il a toujours eu peur de se faire mal voir, il a bu pour se faire accepter et il devient la cible de regards malveillants ou moqueurs. Il est sûr que, s'il admet de reconnaître qu'il est un alcoolique, tout le monde lui tournera définitivement le dos. Dans cette conjoncture, il boit de plus belle non seulement parce que sa honte redouble (et c'est la seule chose qu'il sait faire pour la soulager), mais parce que s'arrêter équivaudrait à un aveu. Pire, il se sentira obligé de prouver qu'il n'est pas dépendant. Non content de le nier, il défiera quiconque de le démontrer, ce qui lui donnera des raisons supplémentaires de boire. C'est dire que la question de la dépendance est loin d'être simple.

« Je peux m'arrêter quand je veux »

Lorsqu'il a connaissance des difficultés personnelles et des problèmes familiaux de l'alcoolique qui l'a consulté plus ou moins volontairement, l'alcoologue a de nombreuses raisons de se sentir mal armé au moment de se lancer dans un traitement qui ne se borne pas à quelques conseils de tempérance assortis éventuellement d'une prescription médicamenteuse. Mais il ne mesure vraiment son impuissance que lorsque le patient ou la patiente, après avoir reconnu, non sans peine, l'existence d'un problème d'alcool, ajoute immédiatement : « Mais vous savez, docteur, si vous me dites d'arrêter de boire, je le ferai, je peux m'arrêter quand je veux ! » Cette formule, les femmes et les hommes qui boivent trop l'utilisent pratiquement toujours dès la première rencontre ; et si en plus ils sont fumeurs, le praticien est à peu près assuré de les entendre ajouter : « Si vous me demandiez d'arrêter le tabac, je ne dirais pas la même chose. La cigarette, il est difficile de s'en passer, mais l'alcool, pas du tout. »

Cette affirmation n'a rien de rassurant. Elle piège l'alcoologue au moment où il commence à s'imaginer qu'un climat de confiance est en train de s'établir avec celle ou celui qui est en face de lui. À peine a-t-il l'impression d'avoir « gagné », d'avoir trouvé une ouverture, qu'il se trouve de nouveau devant une porte dont il n'a pas le sésame. Après le « je bois comme tout le monde » ou le « je ne bois pas » qu'il lui a fallu digérer, contourner et faire modifier délicatement, il a obtenu enfin un aveu : « Oui, c'est vrai, je bois trop. » Il est rassuré, il reprend son souffle et puis, patatras ! tout est à recommencer.

Alors que la question de la dépendance n'est pas encore évoquée par le médecin, le malade, qui vient juste de se reconnaître malade, prend l'initiative pour interdire à son partenaire (son adversaire, devrais-je dire plutôt) de marquer un nouvel avantage. En outre, comme ce « je peux m'arrêter », tous le prononcent, qu'ils soient ou ne soient pas dépendants, l'alcoologue est bien incapable de savoir s'il a affaire à un buveur excessif qui fait un constat serein à entériner ou un buveur dépendant qui nie son problème.

Mis au défi de trouver la bonne réponse dans une alternative qui semble ne pas en compter, l'alcoologue peut commencer à s'interroger sérieusement sur les possibilités de venir en aide à son client. Ou bien il acquiesce à ce qui lui est dit et, logiquement, l'autre ne revient pas, persuadé qu'il peut suivre son régime sans aide et qu'en outre le docteur est un imbécile, puisqu'il le croit ; ou bien il conteste l'affirmation et implicitement accuse son interlocuteur de mensonge ou de mauvaise foi, et ce dernier ne reviendra pas non plus, puisqu'on ne lui fait pas confiance. Pour couronner le tout, si, acceptant tout de même de revenir, ne serait-ce que pour la surveillance du traitement de désintoxication, le buveur n'arrive pas à s'arrêter de boire malgré son affirmation, il ne pourra sûrement pas retourner chez le même praticien, pour ne pas perdre la face... Il aura trop honte et trop peur d'entendre un « je vous l'avais bien dit » plus ou moins triomphant.

La formule : « Je peux m'arrêter quand je veux » est chez les hommes la suite logique de la proposition : « Je bois comme tout le monde. » Elle est également l'ultime recours des femmes qui n'ont pu soutenir le postulat : « Je ne bois pas. » Tout aussi stéréotypée que ces phrases, elle doit, comme elles, être entendue avec attention et respect. Elle rend compte dans les deux sexes du même refus catégorique d'être assimilé à un alcoolique, cet « individu qui a, en fait, perdu la liberté de s'abstenir de boire », selon la définition.

C'est déjà beaucoup pour un homme, et surtout pour une femme, de reconnaître des excès alcooliques. Aller jusqu'à admettre une absence de contrôle des débordements est une performance qui est très généralement au-dessus des forces d'un buveur dépendant. La motivation fondamentale de sa conduite, depuis qu'il boit, a été sinon d'acquérir une impossible maîtrise de soi, du moins d'en donner l'apparence. Aujourd'hui il faudrait qu'il avoue à un étranger son incapacité à maîtriser sa consommation d'alcool, alors que les gens « normaux » y arrivent ! La confession de cette faiblesse n'est pas pensable et il s'y refuse avec entêtement.

Les alcooliques courent après la « maîtrise », cette vertu célébrée par tout notre système éducatif. Être maître de soi, ne dépendre de personne, ne pas se laisser aller à ses émotions, retenir ses élans, brider ses instincts, telles sont les consignes qui nous sont inculquées. Il faut raison garder, il faut être fort, mieux, le plus fort. Séduire l'autre pour le tenir, mais ne pas trop se laisser séduire par lui de peur de devenir dépendant de lui...

Les alcooliques prennent au pied de la lettre et sans la moindre distance la consigne du *self-control*. Ils ont appris à leurs dépens ce qu'être abandonné veut dire et restent sur leurs gardes, dans la peur d'être incapables de se défendre et la crainte que cela se sache. Qu'ils aient eu raison de se sentir mal aimés ou qu'ils se soient trompés, là n'est pas la question. C'est leur conviction, elle est leur vérité et ils n'en démordent pas. C'est elle qui fonde leur devise existentielle : à défaut d'être maître de soi, cachons à tout prix cette honteuse faiblesse.

Dans ces conditions, avouer qu'ils sont si petits devant l'alcool, qu'ils ne peuvent s'en passer, est une torture qui leur fait différer au maximum le moment de se mettre à table. Parfois ils meurent avant de s'y résoudre. Faire de cet aveu le point nodal du dispositif thérapeutique entraîne la pérennisation de l'alcoolisation. Pourtant, c'est aussi par cet aveu impossible qu'il faut passer pour se sortir de la dépendance et cesser d'être alcoolique.

Tout le travail du thérapeute, et dire qu'il est difficile est une litote, consiste à créer, par une neutralité vraiment authentique, un contexte tellement sécurisant que l'aveu de dépendance n'en soit plus un, qu'il devienne un simple constat sans connotation péjorative particulière. Autant dire que la partie n'est pas gagnée d'avance. Cet expert en respect humain qu'est l'alcoolique n'est pas près de croire qu'il peut, sans le moindre risque de jugement, énoncer sa dépendance avec la tranquille assurance d'un malade qui déclare sans arrière-pensée qu'il a de la fièvre ou mal au ventre. Il ne suffit pas pour le praticien d'imaginer et de dire qu'il n'a aucun *a priori* concernant les alcooliques, parce que ce n'est pas vrai (il a les *a priori* de tout le monde et que les alcooliques eux-mêmes partagent). Il lui faut aller beaucoup plus loin. Non seulement suspendre son propre jugement par un travail personnel sur son propre contre-transfert, mais en plus amener le buveur à cesser de se considérer comme un moins que rien, toujours en butte au mépris des autres.

Le défi à la bouteille

Non content de ne pas vouloir dire sa dépendance et de tout faire pour saboter les efforts du thérapeute qui voudrait le voir reconnaître ce fait, l'alcoolique se croit obligé d'en rajouter. Il veut démontrer qu'il peut s'arrêter de boire, et pour cela il boit.

C'est à G. Bateson (6) que l'on doit la mise en évidence de ce paradoxe. Observant le fonctionnement du mouvement de buveurs guéris, les Alcooliques anonymes, il a décrit l'existence d'une situation de défi entre l'alcoolique et sa bouteille. Malgré toutes ses dénégations et ses ruses pour ne pas (s')avouer l'inavouable, au fond de lui il sait que la bouteille le tient plus qu'il ne la tient et il en est très mortifié. Il est rare qu'il puisse s'illusionner au point de dire, comme ce patient à demi clochardisé que je n'ai vu qu'une fois : « Je ne peux pas m'arrêter de boire du vin, car je ne supporte pas l'eau. À chaque fois que j'en consomme à la place de l'alcool, je tremble. » Ni cynique, ni plaisantin, il ne mentait pas. Simplement, là où tout le monde aurait vu les signes du manque d'alcool, lui ne pouvait voir que ceux d'une allergie à l'eau...

La plupart du temps, il entame un combat perdu d'avance pour (se) prouver qu'il est indépendant. Il s'épuise et épuise les autres dans une démonstration aussi vaine que dangereuse, comme un prisonnier, solidement attaché à une chaîne et qui essaie de se détacher en secouant son entrave, n'obtient pour résultat que de se meurtrir un peu plus.

Lorsqu'un individu s'entend dire qu'il est alcoolique, il est *de facto* « accusé » à ses yeux d'être incapable de contrôler sa consommation. Même s'il ne connaît pas la définition officielle qui établit la perte de la liberté de s'abstenir de boire comme critère fondamental du diagnostic, même s'il n'est encore qu'un buveur excessif, il sait que pour tout le monde l'alcoolique est moins fort que l'alcool, c'est un faible.

Être considéré comme un alcoolique, c'est donc être condamné à rejoindre un monde de pauvres types à moitié malades, mous et peu estimables. Quand on a un besoin vital de l'estime des autres et que pendant une bonne partie de son existence on a lutté pour éviter l'opprobre, l'idée de recevoir cette étiquette infamante est insupportable. Si, en plus, le diagnostic est justifié, la crainte d'être démasqué interdit de se contenter de la dénégation. Il ne suffit pas de dire « je peux m'arrêter quand je veux », il faut le prouver, car, sous le prétexte qu'il n'y a pas de fumée sans feu, le praticien qui a su faire admettre l'existence d'une consommation excessive est capable de penser qu'il y a aussi une dépendance, ce qui serait la honte.

Ne pas boire du tout ne prouvant rien, prouver qu'on n'est pas dépendant implique de boire pour (se) montrer qu'on peut s'arrêter, car il faut qu'il y ait un commencement pour qu'il y ait une fin.

Alors il est nécessaire d'ingurgiter un verre, mais s'arrêter après un verre ne prouve rien, c'est tellement facile... Alors il en faut deux, puis trois, etc. Bien sûr, « trois verres, bonjour les dégâts », disent les affiches, mais, parmi les copains du bistrot, il y en a plusieurs qui dépassent largement les trois verres et qui ne sont pas dérangés pour autant. « Ce qu'ils peuvent faire, je suis capable de le faire moi aussi », estime le buveur qui, à ce stade de sa démonstration, ne sait peut-être plus très bien ce qu'il fait, car il est déjà « parti » vers l'ivresse, cette perte de contrôle qu'il ne contrôlera jamais.

Il a perdu son challenge, il s'est enivré, et sa démonstration n'a rien démontré, sauf qu'il était incapable de s'arrêter de boire. Erreur de parcours, pense-t-il, « demain, je suis sûr de parvenir à me limiter comme les autres, je ne suis pas dépendant ». Le lendemain et les jours suivants le scénario se renouvelle, d'autant plus facilement qu'il y a l'ivresse à la clé : « C'est la dernière et puis demain je m'arrête... c'est certain ! »

Les Alcooliques anonymes demandent aux adhérents du mouvement qui veulent acquérir l'abstinence de renoncer au défi. Ils doivent admettre que l'alcool est le plus fort et que ce n'est pas la peine de rivaliser avec lui, il faut accepter la défaite sans discussion. Grâce à cette prise de position, l'arrêt de l'alcool devient possible et l'on aboutit à cet étonnant paradoxe dont la clinique démontre tous les jours la réalité : *l'alcoolique s'arrête de boire le jour où il admet qu'il ne peut pas s'arrêter de boire*. La capitulation devant l'alcool supprime le défi et se transforme en victoire sur l'alcool par arrêt de l'intoxication.

Peu ou prou, tous les mouvements de buveurs guéris (ou stabilisés) recourent à des stratégies de ce type. Les anciens buveurs qui en sont membres militent auprès des alcooliques en difficulté avec d'indéniables succès. Ils s'efforcent de les sortir de leur misère en leur montrant par leur exemple qu'il est possible de vivre sans alcool après en avoir abusé, et que la solution consiste à se tenir complètement à l'écart de la boisson.

Outre la stratégie adoptée, les résultats positifs, lorsqu'ils surviennent, sont vraisemblablement favorisés par le fait que les militants se présentent comme ayant connu les mêmes difficultés que ceux qu'ils se proposent d'aider. Bien sûr, la rivalité entre « celui qui s'en est sorti » et celui qui est encore dans la difficulté peut déboucher sur l'échec. De la même façon que cela se passe entre l'alcoolique et l'alcoologue. Le buveur « actif » peut trouver son bonheur (son malheur) dans l'échec du buveur « guéri » à le sortir d'affaire. De son côté, ce dernier peut lui-même contribuer à l'échec en s'offrant de façon trop ostentatoire comme « le bon exemple ». Mais il est certain que la reconnaissance par l'ancien buveur de ses errements antérieurs et de sa fragilité actuelle vis-à-vis de l'alcool favorise les mécanismes identificatoires entre lui et son « client ». Alors que d'habitude l'alcoolique souffre d'une trop grande distance entre lui et les autres (exagération de la complémentarité), ici la distance s'atténue (augmentation de la tendance symétrique), la souffrance également, ce qui réduit d'autant l'envie de boire. Plus proche d'un « semblable » qui le soutient et se déclare « semblable » à lui, l'alcoolique est moins seul. En outre, alors que les autres rencontres étaient devenues pour lui un prétexte pour boire, celle-ci se fait sans alcool et dans le but explicite de s'en passer.

Quand les militants de ces mouvements affirment que seul un alcoolique peut comprendre un autre alcoolique, ils n'ont pas complètement raison, mais ils n'ont pas tout à fait tort, car dans les institutions soignant les alcooliques on retrouve le même problème du défi ; mais, déplacé autour de la notion de dépendance sous laquelle il se masque, il est plus difficile à élucider pour être transformé en levier thérapeutique. Au contraire, on assiste fréquemment à des oppositions et des surenchères entre patients et soignants, préjudiciables à une évolution favorable des habitudes d'alcoolisation des premiers (sinon des seconds).

Lorsque l'alcoolique dit qu'il peut s'arrêter de boire s'il le veut, qu'il suffit de le lui demander, il se pose en sujet normal, normalement constitué et normalement raisonnable. L'institution soignante, elle, a besoin que l'alcoolique soit défini comme un malade pour pouvoir s'occuper de lui. Là se nouent les malentendus.

Tant qu'il s'agit de lutter contre les conséquences de l'alcoolisation excessive : problèmes de sevrage, alcoolopathies diverses, etc., il n'y a pas de difficultés majeures : soignants et soignés peuvent s'entendre sur la définition du problème. On est dans un contexte médical classique.

En revanche, lorsque la question de la dépendance fait surface, le ton change. Le buveur en tient pour son point de vue : il peut s'arrêter quand il veut. « Il a exagéré, c'est entendu, mais cela lui a servi de leçon, il ne boira donc plus et l'institution n'a plus aucune raison de s'occuper de lui, il n'est pas malade. » Elle, au contraire, estime qu'il est dépendant, c'est-à-dire malade, et donc qu'il va rechuter si elle ne s'occupe pas de traiter ce problème. Pire, elle a besoin qu'il soit dépendant pour accepter ses rechutes (dont elle sait qu'elles vont survenir, puisqu'il est dépendant) autrement que comme preuve de mauvaise volonté chez un menteur et un hâbleur qui prétend pouvoir s'arrêter de boire quand il le veut, mais qui ne le fait pas. L'institution alcoolique se raccroche à la notion de dépendance avec la même énergie que celle que l'alcoolique déploie pour défendre sa normalité.

L'un dit : « Je peux si je veux » ; les autres rétorquent : « Vous ne pouvez pas, même si vous vouliez ; vous êtes dépendant. » Et le premier reprend : « Mais non, je vous assure que je peux m'arrêter quand je veux ; d'ailleurs, depuis que je suis rentré pour faire ma cure, je n'ai pas bu, je n'ai pas été tenté, je n'y pense même pas. »

Un combat se livre autour de cette dépendance biologique qui n'est pas aussi marquée qu'on veut bien le dire, même si elle doit être prise très au sérieux, car les accidents du sevrage ne sont pas tous anodins, loin de là. Et, dans ce combat des frères ennemis, elle devient un prétexte. L'alcoolique et l'alcoologue veulent chacun avoir le dernier mot. L'alcoolique ne veut pas se faire traiter de malade, l'alcoologue a besoin que son client soit malade pour pouvoir le soigner. Pour l'un comme pour l'autre, il est important de s'en tenir à sa propre définition du problème. Chacun cherche donc à convaincre l'autre, c'est-à-dire à le vaincre. Mais, tant que l'alcoolique est sommé de se reconnaître dépendant, il est mis au défi et doit boire pour montrer qu'il peut s'arrêter de boire. Il chute et rechute jusqu'à ce que, enfin, il rende les armes et admette la raison médicale. Alors il accepte de reconnaître sa dépendance et s'arrête effectivement de boire, mais il n'y a pas guérison, il y a conversion.

Un jour, s'il n'est pas mort avant, le « déclic » se produit. Il comprend sa méprise et se repent. « J'étais dans l'erreur, j'adorais l'alcool et l'alcool me détruisait, je ne voulais pas le savoir. » Pour avoir la vie sauve, mort à l'alcool ! Alléluia ! le vice a perdu, la vertu médicale a triomphé. Avec la foi du converti, le néophyte fraîchement baptisé à l'eau prêche l'abstinence et, éventuellement, rejoint un mouvement de buveurs guéris pour ramener à la raison les buveurs... « impénitents ».

C'est sans doute l'erreur la plus lourde de conséquences de la part des institutions soignantes que d'adopter sans assez de recul la stratégie empirique des mouvements néphalistes, pour lesquels il n'y a pas de salut hors de l'abstinence et dont le dogme se résume en un aphorisme : « Le premier verre entraîne la rechute. » Ce qui est parfaitement acceptable dans le bénévolat militant est une hérésie de la part de professionnels pour lesquels la mise à l'eau des buveurs ne devrait pas être l'unique objectif, car ce n'est pas le premier verre qui entraîne la rechute, c'est la rechute qui entraîne le premier verre.

La gloire de ne pas boire

Lorsque, adoptant une position basse par rapport à la bouteille en décrétant qu'il est incapable de vaincre l'alcool, l'alcoolique passe d'un affrontement en forme d'escalade symétrique à une relation complémentaire, le combat paraît cesser faute d'un combattant, qui a mis les pouces. En réalité, malgré les apparences, il continue de plus belle, car sous le masque de la complémentarité se cache une symétrie tout aussi intense qu'avant. C'est pour cela que l'on arrive à cet étonnant paradoxe : l'alcoolique réussit à s'arrêter de boire au moment où il affirme qu'il ne peut pas s'arrêter de boire.

Buveur guéri, sa capitulation n'est qu'apparente, il ne cesse de penser à l'alcool. Il ne l'a pas sorti de sa vie, au contraire. Par le militantisme il lui consacre tous ses instants libres, allant parfois jusqu'à sacrifier une partie de sa vie familiale, quand il n'entraîne pas les siens dans son sillage.

S'il s'est avoué vaincu, c'est qu'il est toujours convaincu d'être le plus fort. Il fait à l'alcool le coup du mépris. Il n'est pas en position basse, il est, au contraire, en position haute. Au-dessus du produit, loin au-dessus. Parce qu'il s'en passe, il est très fort, plus fort que tout le monde, plus fort même que ces buveurs ordinaires que sont généralement les alcoologues.

Il accepte la sobriété pour les gens « normaux », mais ce n'est qu'une concession à cette pauvre humanité qui se délecte des plaisirs de l'ivresse auxquels il a su, lui, renoncer. Il ne peut plus s'enivrer, mais il peut se confesser. De cela il ne se prive pas. À tour de bras et pour la bonne cause, il va de réunions en rencontres pour exposer partout combien il était vil, méprisable et méchant lorsqu'il buvait. Il donne à voir ce qu'il est devenu grâce à sa volonté. Il a d'autant plus de mérite que le chemin a été plus long et plus accidenté jusqu'à l'abstinence. Chutes et rechutes, cures et recures, tout y passe dès qu'il rencontre quelqu'un à qui raconter l'histoire de ses turpitudes. Quelle jouissance d'être enfin présentable après un long parcours, quelle gloire d'avoir de la volonté, d'être de bonne volonté et d'avoir pu le démontrer. Pour couronner le tout, il reste la possibilité de dire modestement à l'ivrogne que l'on veut sauver : « Tu sais, j'étais comme toi » ; et, non moins modestement, à ceux qui boivent « normalement » : « Je sais que je peux toujours rechuter, un seul verre et, malgré mes années d'abstinence, ce serait la rechute. »

On ne peut reprocher au buveur excessif qui a su mettre un terme à ses libations d'avoir envie que cela se sache et, surtout s'il est convaincu du bien-fondé de sa démarche, de vouloir mettre au service des autres l'expérience qu'il a chèrement acquise. Les buveurs guéris font un travail certain auprès des patients alcooliques et sont indiscutablement à l'origine d'une meilleure prise en compte des problèmes de l'alcoolisation excessive dans notre pays. Leur fierté est légitime. Faut-il pour autant faire d'eux des modèles ?

Il faut être aveugle pour ne pas voir que ces abstinents volontaires sont encore dépendants de l'alcool, non plus tellement pour le boire, mais pour en parler. S'ils ont décroché du produit, ils ne peuvent raccrocher les gants pour cesser de se battre contre lui. Ils ont besoin de s'affirmer dépendants pour prouver leur indépendance. Ils ne boivent plus d'alcool mais ils n'ont que ce mot à la bouche.

Au silence de l'alcoolique qui boit de l'alcool et se cache s'oppose l'interminable confession de l'ancien alcoolique qui parle d'alcool et se montre abstinent. Dans cette opposition on mesure l'abîme qui sépare la dépendance biologique de la dépendance psychologique. La première n'est qu'une épine irritative sur laquelle se greffe la seconde, celle qui fait vraiment problème. Celle qui est liée aux jouissances que procure l'ivresse. Elle est cette nostalgie des sensations qui, au milieu d'un récit fait pour prôner l'abstinence en racontant les méfaits de l'alcool, transparaît fugitivement à l'évocation de telle ou telle fameuse cuite... inoubliable. Elle est cette tentation de connaître de nouveau, une fois, rien qu'une fois, cet état dans lequel tout paraît facile, tout paraît possible, tout paraît permis. Pour vivre ces moments-là, certains ont été prêts à donner non seulement leur chemise, mais aussi leur vie.

La dépendance, c'est évident, n'est pas que le résultat d'un manque biologique qui met mal à l'aise, elle est aussi liée au désir de boire trop pour dépasser les bornes. Cette envie de « s'éclater » est d'autant plus intense chez l'alcoolique que le corset de ses inhibitions est serré. Plus la peur et la honte lui sont habituelles, moins il est capable de se passer de l'artifice chimique. D'abord il boit pour aller vers les autres et échapper à sa solitude, ensuite il aime l'alcool plus que ses familiers et ses amis. Quand il se décide de ne plus boire, quand il veut apprendre à aimer de nouveau ses semblables plus que l'alcool, il retrouve une partie des problèmes qui l'ont amené à la boisson et qu'il lui faut maintenant affronter. Il garde également la nostalgie des bons moments passés grâce à l'alcool. On comprend facilement que le quotidien raisonnable de la sobriété, voire de l'abstinence, qui lui est proposé n'arrive pas à compenser tout de suite l'attrait d'un passé peut-être désastreux, mais aussi riche d'expériences jouissives. S'il n'y avait que le manque biologique, il suffirait à décourager de reboire, il n'y aurait guère de rechutes. De même, s'il n'y avait pas de plaisir à boire excessivement, assurément il n'y aurait pas beaucoup d'alcooliques.

Le militant qui se dévoue sans compter, renie le plaisir de boire trop et met seulement en avant l'incapacité de s'arrêter de boire. Il reste attaché à l'alcool. Il ne veut plus en consommer, mais il le garde au centre de sa vie dont il demeure la référence. C'est à lui qu'il se mesure en permanence. S'il ne boit pas, il vaut quelque chose, s'il arrache d'autres buveurs aux sortilèges de la boisson, il vaut davantage encore ; s'il rechute, il retombe et ne vaut plus rien.

En fait, la formule : « Le premier verre entraîne la rechute » est essentiellement autoprédictive. J'ai le souvenir d'un militant bien installé dans sa stabilisation, exemplaire pour les autres et dévoué à la cause de l'abstinence, qui manifestement avait trouvé dans une brève rechute l'occasion de raviver une foi qui commençait à vaciller. Il avait assez brusquement « replongé », mais rapidement refait surface pour se précipiter en centre de cure. Remis sur pied et réconforté, il expliquait avec une assurance renouvelée qu'il avait bien eu la preuve que le premier verre entraînait la rechute, sans réaliser qu'il avait été juge et partie dans son escapade hors abstinence.

La liberté de s'abstenir de boire

Le docteur J. Rainaut, qui a fondé l'un des premiers centres d'alcoologie en France, pointait finement la différence d'attitude intérieure entre l'ancien buveur disant : « Non, je ne bois plus » et celui affirmant : « Je ne bois pas. » Le premier regrette encore l'alcool perdu et la rechute le menace. Pour le second, les jeux sont faits, l'alcool ne fait pas partie de sa vie. Dans ce dernier cas, il n'y a plus de rivalité, plus de combat. La rechute n'est pas à l'ordre du jour. On ne boit pas, c'est tout. Dans l'intervalle entre les deux formules gît toute la différence entre conversion et guérison.

La vraie guérison, si le mot est réellement approprié, serait le fait de qui, ayant trop bu, tournerait le dos à l'usage de l'alcool moins comme breuvage que comme moyen de se faire apprécier – soit en buvant, soit en s'abstenant.

Il peut paraître chimérique et sans intérêt de viser un résultat qui, dans les faits, déboucherait le plus souvent sur la même abstinence que celle prônée par les adeptes de la formule : « Le premier verre entraîne la rechute. » Pourtant, ce projet thérapeutique idéal qui serait de protéger de la rechute tout en permettant l'usage « normal » des boissons alcoolisées, ce projet ne peut se concevoir sans ôter à l'alcool le rôle de baromètre de la honte et de la gloire qu'il conserve implicitement dans tous les schémas de soins proposés aux buveurs excessifs. Il est vrai que ces derniers, en faisant de l'art de boire la référence ultime de leur honneur perdu, entraînent facilement sur ce terrain douteux ceux qui veulent les aider. Boire ou empêcher de boire devient le mauvais enjeu qui perturbe les relations entre l'alcoolique et l'alcoologue et apporte à l'alcoolisme son pesant de chronicité.

Permettre au buveur de se situer par rapport à l'alcool et de repérer quels manques il vient combler dans sa vie, lui fournir l'aide nécessaire pour apaiser autant que possible sa souffrance et le soutenir dans ses efforts, tout cela est très utile. Mais le laisser maître de la décision de continuer ou non sur sa trajectoire mortifère est le préalable indispensable à qui projette une guérison qui ne soit pas qu'une stabilisation précaire.

En acceptant de reconnaître l'envie de trop boire, tout autant que celle de ne pas le faire chez celui qui, étant dans l'excès, essaie de s'arrêter, on lui laisse la possibilité de garder sa dignité de sujet. À lui, et à lui seul, revient le choix de décider de balancer dans un sens ou dans l'autre. Cette prise de position n'est pas démission, elle est la seule qui permette d'enlever à l'alcool sa valeur d'étalon de la... dignité, acquise clandestinement.

On le voit, les soignants doivent eux aussi sortir du piège du défi à la bouteille. Paradoxalement, ils ne peuvent aider efficacement les alcooliques que le jour où ils admettent qu'ils ne peuvent rien faire pour eux, c'est-à-dire à leur place.

D'une personne qui a été pendant des années sous l'emprise de l'alcool on peut parfaitement accepter que, échaudée par l'aventure, elle décide de prendre ses distances avec le produit qui lui semble la cause de tous ses malheurs. La décision est pleine de sagesse, elle doit être soutenue et, pour ma part, je considérerai comme tout à fait déplacé de suggérer à un ancien buveur devenu abstinent de se remettre à boire modérément. Je ne l'ai jamais fait.

Mais la question ne se pose pas de la même façon lorsqu'il s'agit d'établir un projet thérapeutique s'adressant à l'ensemble des personnes qui ont des problèmes avec l'alcool. L'abstinence définitive n'est sans doute pas toujours nécessaire, et surtout pas toujours acceptable : que l'on pense à certains jeunes, assez imprégnés pour justifier d'une cure de désintoxication. La perspective d'un demi-siècle d'abstinence au milieu de leurs amis buveurs leur est parfaitement intolérable. De plus, se contenter d'une mise au régime à l'eau comme objectif, c'est accepter de rester dans l'ignorance des raisons qui poussent quelqu'un à se vouer à l'alcool.

Dans une réflexion sur le « pourquoi » et le « comment » de la conduite d'alcoolisation excessive, on ne peut se contenter de faire porter à l'alcool toute la responsabilité. Il en est l'élément essentiel, il n'est pas la cause. Rester dans la perspective d'une atteinte qui se réduirait à une curieuse sorte d'allergie apparue à la longue, c'est décrire une maladie sans s'intéresser à l'incubation.

Sous l'influence de conseils pernicieux et poussé par de mauvaises habitudes, l'alcoolique présenterait petit à petit des transformations de son organisme qui s'équiperait d'espèces d'enzymes gloutons toujours assoiffées d'alcool. D'abord, elles créeraient la dépendance ; puis, si, par chance et avec courage, l'alcoolique s'arrêtait de boire, les petites bêtes chimiques resteraient à l'affût, des années peut-être, au fond des cellules. Qu'un seul verre d'alcool soit introduit dans l'organisme et aussitôt c'en serait fait de l'abstinence. Après avoir refonctionné plus ou moins longtemps à l'eau, le corps, satisfait de retrouver enfin le produit perdu, pousserait malgré lui son propriétaire à retourner dans les bistrots pour se saouler de nouveau.

La fable est intéressante et peut servir à certains pour rester sages et à d'autres pour les aider. Grâce à elle, l'alcoolisme n'est pas considéré comme une maladie génétique, ce qui rassure pour l'avenir de la descendance, mais comme une atteinte acquise, une sorte de maladie professionnelle des spécialistes de l'ivresse. Handicapés à vie, ils doivent définitivement refuser l'alcool et fuir les estaminets, chaque nouveau contact risquant de faire revenir les symptômes.

Cette fable, aussi intéressante soit-elle, n'est soutenue ni par des arguments biologiques probants ni par des illustrations cliniques incontestables. Certes, beaucoup d'alcooliques rechutent et tous recommencent par un premier verre (on voit mal comment ils pourraient faire autrement). On connaît aussi des alcooliques qui, s'étant arrêtés de boire trop, arrivent à consommer « normalement » après une période d'abstinence [8].

Cette fable, malgré son utilité provisoire, doit être sinon abandonnée, du moins dépassée. Plus personne aujourd'hui ne voudrait

8. Par exemple, étudiant le devenir de 664 malades alcooliques vus en 1981, avec un recul de sept à onze ans, le Dr C. Pansu en retrouve 25 % qui sont stabilisés : 75 sont abstinents et 91 tempérants. (Communication au 5e colloque des établissements d'aide et de soins aux alcooliques. Château Malvau, 22-25 septembre 1983. Compte rendu de A. Potier in *Actualités sociales hebdomadaires*, n° 1370, oct. 1983.)

d'une médecine qui fasse de la fièvre une cause de maladie. Même s'il faut « faire tomber » la fièvre, tous s'accordent pour trouver nécessaire d'en rechercher et d'en traiter les causes. En matière d'alcoologie la démarche doit être la même. S'il reste opportun de conseiller l'abstinence à qui a trop bu, il est plus important encore de ne pas faire une fixation sur ce problème et d'analyser avec le buveur pour quelles raisons il a tant besoin de se saouler qu'il consacre sa vie à cet exercice.

On le voit, il n'est pas question de contester sérieusement l'opportunité de l'abstinence, elle est un passage obligé, ne serait-ce que pour que l'alcoolique soit désintoxiqué, qu'il puisse arrêter de se dégrader et que sa personnalité soit enfin découverte en l'absence du masque de l'alcool. Elle ne doit pas être élevée à la dignité d'un dogme. Quant à sa durée, bien malin qui pourrait la fixer autrement que par un *oukase* qui la rende définitive, à moins, bien entendu, que des contre-indications médicales réelles (insuffisance hépatique, artérite, etc.) l'imposent comme un régime.

La solution de demander, dans un premier temps, un an d'abstinence est généralement bien acceptée. Elle prend moins la forme d'un interdit, générateur d'opposition de la part du buveur, que celle d'une mesure provisoire plus facilement acceptable. C'est une sorte de mise en repos qui a pour but la restauration de l'organisme et l'évaluation des dégâts liés à l'alcoolisation excessive. Cette année sabbatique en matière d'alcool est parallèlement mise à profit pour accomplir un travail psychothérapique, évaluer les difficultés rencontrées pour « tenir » l'abstinence, repérer l'apparition d'un état dépressif qu'il faut savoir soigner à temps. Si la gageure a été à peu près tenue pendant l'année considérée, il est rare que le buveur, très sensiblement amélioré sur le plan physique et psychique, ce qui lui permet des relations beaucoup plus satisfaisantes avec son entourage familial ou professionnel, ait très envie de se risquer de nouveau à essayer de boire « normalement », lorsque le conseil lui est donné de ne pas trop chercher à jouer avec le feu. Les bénéfices de l'abstinence lui paraissent généralement alors plus intéressants que les risques de se replonger dans l'alcool et de se faire rejeter par les siens. Certes, il y a des rechutes, aussi bien pendant la première année qu'éventuellement beaucoup plus tardivement. Mais l'avantage d'aborder le problème de cette façon est de ne pas braquer d'emblée le buveur sur un interdit qui le révulse alors qu'il n'a pas encore fait le tour du problème qui est le sien et qu'il a toujours la conviction qu'une vie sans alcool est plus ou moins invivable.

La liberté de boire

Toute la difficulté des soins comme de la prévention, et en particulier de la prévention des rechutes, vient du clivage institué entre les deux éléments de l'acte libre : le vouloir faire et le pouvoir faire. L'inacceptable d'une conduite pathologique volontaire oblige les soignants à innocenter les buveurs en les créditant d'une dépendance qui en fait des malades irresponsables de ce qui leur arrive et qu'ils subissent plus qu'ils ne le cherchent. Ce que les buveurs gagnent en innocence, ils le perdent en liberté, « la notion de perte de la liberté de s'abstenir de boire signant le déni d'une liberté de boire outre mesure » (37).

En faisant de la dépendance le noyau central de l'alcoolisation excessive, l'alcoologie cautionne l'aliénation supplémentaire contre laquelle se révoltent les alcooliques qui trouvent une nouvelle raison de boire dans cette atteinte à leur liberté et à leur dignité. Tous le disent : « Nous ne sommes pas fous, nous pouvons nous arrêter quand nous voulons. » Ce vouloir leur est trop contesté et ils deviennent plus alcooliques encore pour recouvrer la liberté... de boire trop et sauver leur dignité de sujets, au risque d'en crever et de fournir des arguments supplémentaires aux soignants, devenus leurs adversaires. Ces derniers auront beau jeu d'affirmer qu'ils sont dépendants.

Dans la rencontre entre l'alcoolique et l'alcoologue, malencontreusement transformée en affrontement autour du thème de la dépendance, la formule « la liberté ou la mort », ce noble cri de l'homme en quête de son indépendance, se trouve sinistrement galvaudée au point d'être arbitrée à grands coups de picrate dans un combat sans gloire et sans raison, si ce n'est la suffisance des protagonistes.

En réalité, hyperesthésique des relations humaines, sensible au jugement d'autrui et mobilisé par la honte, l'alcoolique boit pour se soigner. À la différence du névrosé, qui consulte assez spontanément pour être aidé à faire disparaître une angoisse et des symptômes face auxquels il se sent démuni (« c'est plus fort que moi », précise-t-il), l'alcoolique est peu enclin à demander du secours. Il a trouvé seul, et librement, la solution de ses problèmes.

Traitant sa honte avec une médication facile à se procurer sans ordonnance, il ne voit pas de raisons d'aller quérir un médecin, d'autant qu'autour de lui beaucoup agissent de la même façon et que toute une nation s'entend pour continuer à se masquer la réalité d'un usage pharmacothérapique de l'alcool, au nom de la tradition et du bon goût.

Médecin, soigne-toi toi-même ; l'alcoolique qui est son propre thérapeute applique cette prescription avec beaucoup de zèle. Au lieu de lui faire un procès d'intention, écoutons-le pour comprendre sa démarche et ne l'obligeons pas à se crisper sur sa boisson en le menaçant de la lui retirer. Ce charlatan n'a pas confiance en la médecine officielle, tout simplement parce que son cas ne relève généralement d'elle que lorsqu'il est trop tard et qu'elle ne peut plus grand-chose pour lui, si ce n'est le priver de ce qu'il aime le plus.

Il n'a pas raison de boire trop, mais il a des raisons de le faire, et elles ne sont pas médicales. Il a peut-être un peu perdu la liberté de s'abstenir de boire, mais il a conservé intacte et peut-être amplifiée la volonté de boire trop. C'est surtout de cette dernière qu'il faut tenir compte pour qu'il change éventuellement de comportement.

Un jour, il a trouvé la solution de son problème. Au nom de quoi aurait-il dû s'abstenir de l'ivresse qui non seulement soulageait sa peine, mais en plus lui apportait du plaisir ? Certes, il y avait des risques, il les connaissait comme tout le monde autour de lui, mais le goût du risque a donné un plus à la potion magique, au lieu de dissuader d'en prendre. Rares sont les médicaments qui ont autant de séduction que l'alcool. Ses différentes présentations donnent plus d'attrait au comptoir d'un bar qu'à la vitrine d'un pharmacien.

Pas plus que le « je bois comme tout le monde », le « je peux m'arrêter quand je veux » n'est un mensonge. L'alcoolique qui le prononce dit en même temps qu'il s'attend à ce qu'on lui demande de s'arrêter de boire et, naturellement, qu'on lui fournisse de bonnes raisons pour le faire. La décision de suivre le conseil lui appartient, comme sa vie appartient à lui seul. Il est possible qu'il se leurre en se croyant indépendant, mais il n'est pas exclu qu'il ait raison.

S'arrêter de boire, l'alcoolique le peut s'il le désire vraiment. On évoque souvent la question de la volonté ou, en termes plus psychologiques, la question des motivations. En fait, il n'y a pas de mystère, un alcoolique s'arrête toujours de boire quand il estime que les inconvénients des alcoolisations excessives ne sont pas compensés par leurs avantages. Souvent, cela est vrai, il surestime les avantages et sous-estime les inconvénients. Plus souvent encore, les inconvénients deviennent à leur tour des raisons de boire, de même que les reproches ou les mises en garde. Mais la décision, c'est lui qui la pèse, comme chacun de nous dans n'importe quel choix. Il ne faut pas lui supprimer son libre arbitre au nom de sa libération et en faire un esclave de l'alcool pour lui venir en aide.

Lui faire percevoir les motifs réels et secrets de son inconduite, l'éclairer sur les conséquences de ses actes, l'amener doucement à se voir tel qu'il est et à s'apprécier malgré ses limites, tels sont les objectifs que l'on peut se fixer. Le déclarer dépendant, c'est-à-dire irresponsable, alors qu'il « n'admet pas qu'on le prenne pour un fou », est une erreur qui se retourne contre lui, puisqu'elle le pousse à boire pour démontrer qu'il peut s'arrêter de le faire. Dans la démarche thérapeutique, nous ne devons pas confondre déculpabilisation et irresponsabilisation.

La déculpabilisation est nécessaire pour permettre au patient de se confier, de parler le plus librement possible, sans crainte d'être jugé. Ainsi il peut entrer sans trop de réticence dans le travail d'analyse de ses conduites. C'est à partir de cette recherche intime, rendue possible par la neutralité chaleureuse de l'accueil, qu'il décidera ou non de changer.

L'irresponsabilisation fait du buveur un aliéné auquel il est illogique de demander le moindre effort de changement, puisqu'il en est incapable du fait de sa dépendance. Malgré sa subtilité à rejeter sa responsabilité sur les autres ou sur l'alcool, malgré son art de pousser l'alcoologue à prendre totalement en main son destin, l'alcoolique doit toujours rester un sujet à part entière, c'est-à-dire libre de ses décisions, qu'elles soient bonnes ou mauvaises. Sinon il demeure dans l'univers morbide de la honte, de la jalousie et de la rivalité et stagne dans la dépendance qui lui reste chevillée au corps.

Elle perdure comme une ombre ineffaçable au tableau idyllique de l'abstinence définitive.

Vous avez dit : guérison ?

Si l'alcoolique soigne sa souffrance avec de l'éthanol, sa guérison n'est pas tant de se passer de boissons alcoolisées que de n'avoir plus de motifs de se soigner. C'est pour cela que nous devons apprendre de lui et avec lui les motifs de ses ivresses, motifs avouables et inavouables, motifs conscients et inconscients. Ils apparaîtront peu à peu au fil des entretiens.

Quand il a commencé à boire, il a eu des raisons de le faire. Quand il s'est arrêté de boire, il a eu aussi des raisons de le faire : peur de mourir, de perdre sa famille, son travail, etc., ou bien envie de faire plaisir, ou encore sentiment d'être aimé... De même, lorsqu'il prend le premier verre de la rechute, il y a encore des raisons qui le guident vers ce verre, ce n'est pas ce dernier qui saute dans sa main.

Adrien, un masseur, a rechuté de façon cataclysmique alors qu'il avait fait l'admiration de tous par son abstinence prolongée pendant de nombreuses années et par son dévouement auprès des autres alcooliques. Il a rechuté à l'occasion d'un verre offert par un de ses clients. Il n'est pas dupe : ce verre, il le voulait. Il y avait déjà tellement longtemps qu'il refusait la tournée de politesse, qu'il aurait parfaitement pu demander comme d'habitude un café à la place du vin. Son client ne se serait pas offusqué. Il ne l'a pas fait. « Il en avait marre », tout simplement, cela n'allait plus depuis quelque temps, alors il a rebu.

Ce qu'il n'était pas capable de repérer, ce qu'il n'a pas pu (ou voulu ?) comprendre (et qui pourtant, à l'entendre, était flagrant), c'est qu'à l'arrière-plan de sa « dépression » il y avait le départ imminent de sa fille unique pour aller poursuivre ses études à l'université, loin de son père. Elle, qui était toujours restée à la maison, le laissait tomber. Il allait se retrouver seul auprès d'une femme dominatrice, à laquelle il ne pouvait rien reprocher, mais qui ne l'attirait plus. Pouvait-il (s')avouer ces choses-là ? Il trouvait normal qu'une fille quitte son père, qu'elle fasse sa vie et qu'elle comble les espoirs de réussite qu'il avait fondés sur elle. Il se serait senti coupable de se séparer de la mère de sa fille, restée fidèlement sa compagne pendant qu'il buvait. Sans elle que deviendrait-il, où irait-il ? Adrien n'a pas la possibilité de se plaindre, alors il ne se plaint pas, il boit.

Nombreux sont les alcooliques stabilisés dont la rechute est moins liée à des événements circonstanciels et fortuits, tels un mariage ou les fêtes de fin d'année, qu'à des motifs plus secrets et inavouables. Parce que le malaise ne peut être défini, parce que ses causes ne peuvent être repérées, et surtout reconnues sans entraîner une remise en question pénible, l'alcool, qui fut le secours habituel dans la difficulté, redevient attractif. Le temps a passé, les souvenirs des durs lendemains de cuites se sont effacés, et la méfiance vis-à-vis du produit s'est estompée. Alors, il suffit d'une occasion : « Pour mon anniversaire, tu ne peux pas me le refuser... Un petit verre n'a jamais fait de mal à personne. » La rechute est là, et avec elle la jouissance de l'ivresse, mais aussi la honte d'avoir défailli.

Le regard de la femme, le mépris des enfants (« Il a remis le nez dedans, on ne peut pas lui faire confiance... Je l'avais bien prévu... Qui a bu boira »). La colère contre soi de n'avoir pu « tenir », la rage contre ceux qui ne comprennent pas, l'envie de tout oublier, de disparaître, de se venger : de soi, des autres, de la vie, de l'alcool... Tous les ingrédients sont là pour que la cuite ne reste pas unique, mais se renouvelle à en crever. Boire ou se suicider, boire pour se suicider ou, au contraire, pour éviter de le faire, boire parce qu'il n'y a plus que cela qui importe quand on a de nouveau l'impression de ne compter pour personne et de ne rien valoir. Boire à en mourir ou mourir de honte, comment choisir alors que le piège est déjà refermé.

Il arrive même que la guérison soit une occasion de rechute ! Ce n'est pas un paradoxe, mais l'arrêt de l'alcool entraîne inévitablement la prise de conscience de l'échec existentiel auquel son usage abusif a conduit et qu'il empêchait de voir. Le divorce, le chômage, les dettes ne sont plus perçues à travers les brumes de l'ivresse, et cela fait mal. La prise de conscience de sa propre responsabilité dans ce qui est arrivé, et qui aurait pu être évité s'il n'y avait pas eu l'alcool, est parfois accablante. Reconstruire sur des ruines n'est pas tâche facile quand on est encore fatigué et très seul. Même les bravos et les encouragements de quelques amis restés fidèles ou ceux des soignants, des travailleurs sociaux ou des bénévoles des associations caritatives qui ont été témoins de la descente avant la remontée peuvent être mal interprétés (« Qu'est-ce qu'ils devaient dire quand je buvais ! »). Bref, quand la lucidité revient et que le bilan est triste, ce n'est pas toujours la joie que de s'être arraché à l'alcool. Il suffit alors de bien peu de chose pour se retourner vers lui. Et la rechute motivée par une insupportable guérison risque d'être cataclysmique et durable. On ne l'y reprendra pas de sitôt...

Pour sortir du cycle infernal chute-rechute, etc., il faut s'armer de courage et de patience afin d'aller explorer avec le buveur ce monde dont lui-même n'a connaissance que d'une minime partie. Souvent, lorsque le voyage lui apporte quelque soulagement, il y prend goût plus qu'à l'alcool et trouve dans l'analyse de ses motivations à boire des ressources surprenantes pour ne plus avoir envie d'alcool. Parfois, il préfère rester à la lisière des secrets et se sert du soutien compréhensif de son thérapeute comme d'une béquille discrète qui lui permet de marcher dans la vie avec de l'eau, en boitillant, mais sans être obligé de tituber.

En matière de pronostic, tout se voit et surtout beaucoup de choses échappent à l'évaluation, ne serait-ce que parce que la plupart des études pèchent par leur imprécision sur les critères du diagnostic d'alcoolisme ou ceux d'évaluation de la qualité de la guérison. L'abstinence est un indicateur, mais il n'est pas très satisfaisant. La tempérance est difficile à apprécier. En outre, après les soins, qu'en est-il des modifications de la personnalité du buveur, de celles de l'ambiance familiale et de la qualité de l'insertion sociale ? Autant d'*items* importants, mais très subjectifs. Surtout, il y a trop de patients perdus de vue dans beaucoup de travaux, et la validité de ces derniers en devient contestable (24).

Si les statistiques laissent perplexe, il est également difficile de faire des pronostics à partir des observations individuelles. Elles confirment surtout que l'uniformité du symptôme alcoolisme cache des situations extrêmement diverses et des réactions individuelles multiples. Des guérisons stupéfiantes aux évolutions absolument catastrophiques, en passant par des stabilisations médiocres, tous les scénarios se voient. Certains cas paraissent relativement bénins et se terminent mal, d'autres, qui s'annoncent sans espoir, évoluent favorablement. S'il y a un domaine où il faut se garder des pronostics désespérés et désespérants, c'est bien celui-ci.

Il est, à mon avis, plus opératoire de poser comme règle que tout alcoolisme est potentiellement curable, quelle que soit sa gravité au moment où a lieu la première rencontre avec le buveur et quels que soient sa durée et le nombre des échecs thérapeutiques antérieurs. C'est accepter de reconnaître que les conduites d'alcoolisation excessive résultent d'une autothérapie de la part du patient... Il en guérira s'il n'a plus besoin de se soigner. Au-delà de la lapalissade, il y a cette vérité qu'à tout moment peuvent advenir aussi bien la possibilité de diminuer la souffrance du buveur que celle de lui offrir un autre moyen de la soulager.

Nous n'avons pas beaucoup de moyens pour empêcher de boire trop quelqu'un qui est bien décidé à le faire. Nous avons, par contre, beaucoup de possibilités pour l'aider à ne pas avoir envie de boire trop. Les séjours en milieu spécialisé, en particulier la cure, avec le sevrage, les apports vitaminiques, le soutien psychothérapique, l'ergothérapie, la postcure qui la prolonge restent des temps forts, utiles pour rompre avec la boisson [9].

Plusieurs années après sa visite, on m'a parlé de M. X. Je l'avais oublié. Il était devenu abstinent. La petite phrase qui avait fait « déclic » aurait été : « Vous valez mieux que ce que vous faites. »

Claudia a arrêté de boire dès la première séance d'une psychothérapie qui a duré deux ans à raison de deux à trois séances par mois et qui a été suivie de quelques entretiens sur trois autres années. Avec un recul de près de dix ans, on peut considérer qu'elle va bien et ne boit pas, alors que pendant sept ans l'alcool avait été un gros problème pour elle.

---

9. La cure de dégoût, un tantinet sadique, est obsolète : il n'est plus dans l'air du temps de faire vomir les alcooliques et de les laisser macérer dans leurs vomissures pour les détourner de l'alcool. Par contre, certains thérapeutes restent attachés à l'usage du disulfiram. Ce produit, en bloquant le métabolisme de l'alcool, crée des malaises chez celui qui boit si peu que ce soit d'alcool. Ayant pris son cachet, le patient se sent mieux armé pour refuser le verre tendu, car il sait qu'il sera malade s'il cède à la tentation.

Martine ne semble pas du tout sur le chemin de la guérison. Elle est pour la énième fois en postcure après avoir tâté à plusieurs reprises à différentes formes de traitement de l'alcoolisme chronique dans plusieurs centres spécialisés. Décatie, elle fait largement plus que sa quarantaine, même lorsque sevrage et désintoxication lui redonnent un peu d'allure. Il est vrai que depuis quelques années elle boit assez régulièrement une bouteille de whisky ou de pastis chaque jour qu'elle ne passe pas à l'hôpital ou dans un centre d'alcoologie. Dès qu'elle est hospitalisée, elle veut sortir; dès qu'elle sort, elle boit. Elle oppose à toute tentative de communication un mutisme à peu près complet qui est lié en partie à la peur de se livrer (l'angoisse qui lui noue la gorge est quasiment palpable), en partie à sa volonté de se taire afin de n'être redevable de rien à personne. À ce stade, la seule victoire qui semble l'intéresser, c'est celle qu'elle peut remporter sur les soignants. Changer de comportement impliquerait qu'elle se remette en cause, qu'elle voie ce qu'elle est devenue et qu'elle accepte d'y avoir été pour quelque chose. Manifestement, c'est au-dessus de ses forces. La blessure d'amour-propre risquerait d'être mortelle. Par contre, qu'on s'occupe d'elle et qu'on n'arrive pas à la faire céder, toute sa fierté se réfugie dans cette lutte à laquelle elle consacre l'essentiel de son énergie. Boire malgré les obstacles que l'angoisse des soignants et des militants, qui ont peur de la voir mourir, met entre elle et l'alcool, tel semble être son seul plaisir.

Les rares sourires qui éclairent fugitivement son visage au cours des entretiens n'apparaissent que lorsque l'impuissance du thérapeute s'exprime sans ambiguïté. Terrible situation, où ne pas la retenir de boire, c'est la condamner à mourir à cause de l'alcool (elle a déjà fait des hémorragies inquiétantes), et l'en empêcher, c'est la pousser à boire.

Par ailleurs, elle a peur de la rencontre. Son alcoolisme a débuté après l'échec cuisant de son mariage. Elle avait rêvé d'un amour qui rime avec toujours, et elle avait connu la rupture dans la violence et l'amertume. Au moment du divorce, Martine s'est brisée en même temps que son rêve devenait un cauchemar. Depuis, pour elle, la rencontre est toujours suspecte d'être une mauvaise rencontre qui tourne court en ne laissant derrière elle que la souffrance de la séparation.

Plus on lui court après, plus elle s'éloigne, n'ayant alors que l'alcool pour meubler sa solitude. Plus on se rapproche, plus elle boit, tant elle a peur d'établir une relation qui la fera nécessairement souffrir quand elle cessera. Pour l'aider, la marge de manœuvre est étroite.

Dans le cas de Martine, le pronostic est des plus inquiétants. On est en droit de parler d'une véritable forme maligne d'alcoolisme. Pourtant, après trois mois de séjour au centre, elle va mieux, soigne sa présentation et participe aux activités ; son médecin voit l'avenir avec un optimisme relatif.

Bruce a trente ans. Visage infiltré, mains moites, démarche instable du fait de la polynévrite, il ne peut cacher son imprégnation. Après une nouvelle cure de désintoxication, il est allé faire une postcure de trois mois. Apparemment le séjour s'est bien passé. Pendant son stage, il est revenu deux fois en permission chez lui sans boire. Le jour de sa sortie, après un trimestre d'abstinence, il achète une bouteille de whisky qu'il boit dans la journée, amorçant ainsi une rechute qui le ramène quelques jours plus tard à l'hôpital à l'occasion d'une complication digestive de son alcoolisme.

Il explique son comportement en disant qu'il voulait vérifier si, comme on le lui avait dit au centre, le premier verre entraînait réellement la rechute.

Il est surtout clair que Bruce, livré à lui-même, ne peut pas se débrouiller dans la vie sans recourir à l'alcool. Si pendant ses permissions il a pu ne pas boire, c'est qu'il était encadré et sécurisé. À la fin du traitement, lâché dans sa ville, il a été incapable de reprendre pied tout seul, incapable également de demander l'aide qui ne lui aurait pas été refusée, il le savait. La vie ordinaire est trop compliquée pour lui.

Il est étonnant, Bruce, quand il parle de ses « papiers ». À l'entendre, il y a chez lui un monceau de courrier, des dossiers à faire pâlir de jalousie un ministre. Il ne fait pas grand-chose de ses journées, sauf boire. Il a tout un bataillon d'infirmiers, médecins et travailleurs sociaux qui l'aident, mais toujours il est préoccupé de ses « papiers ». Il veut les rassembler, les trier, obtenir ceux qui manquent, etc. Certes, les exploits d'huissier, les lettres recommandées ou les formulaires pour les administrations ne manquent pas, d'autant qu'il tarde toujours à se mettre en règle, mais de là à se trouver devant une tâche insurmontable, il y a une solide marge, surtout qu'il pourrait se faire aider. Pour Bruce, les « papiers » représentent toute l'horreur des contraintes de la vie, ils sont aussi les témoins de son incapacité à se débrouiller. Sidéré par l'ampleur de la tâche de survivre dans la ville, il baisse les bras et lève le coude.

Ils sont nombreux, ceux qui, comme lui, se sentent tellement mal armés pour la vie qu'ils ont besoin de l'alcool pour se soutenir lorsqu'ils sont livrés à eux-mêmes. Dès qu'ils sont dans des institutions spécialisées, ils cessent de boire ; dès qu'ils en sortent, ils rechutent et ils retournent dans le même centre ou dans un autre, lorsque la lassitude des soignants s'en mêle. Ce n'est pas mauvaise volonté de leur part ; simplement, ils n'arrivent pas à subsister sans être tenus par la main. Ils font la tournée des centres d'alcoologie et des hôpitaux, passent parfois par la prison ou, pour les moins déshérités, vivent quelque temps aux crochets d'une bonne âme autoritaire en mal de compagnie et de dévouement. Clochards alcoolisés à la rue ou abstinents derrière des murs, ils passent en titubant d'un statut à l'autre dans une répétition que seule la mort interrompt. Elle vient généralement assez vite.

C'est vrai qu'il n'y a pas beaucoup d'espoir de voir Bruce sortir de sa galère. Pourtant, il rêve d'être comme tout le monde. Soutenu par toute une équipe de travailleurs sociaux, il a été mieux quelques semaines ; il fallait voir son plaisir à raconter que de nouveau on lui parlait. Dans la rue, une petite fille lui avait souri. Il n'en était pas revenu. Il était présentable ! Dans sa cité, le fourgon de la police ne venait plus pour le séparer de son frère, alcoolique comme lui ; mais pour d'autres locataires. Il était du côté des gens « bien ». Cela n'a pas duré [10]. Il est vrai que la vie est dure pour les alcooliques sans

---

10. Il y a six ans, lorsque je rapportais pour la première fois les histoires de Martine et de Bruce, j'étais franchement pessimiste. J'avais tort. Aujourd'hui, ils sont tous deux abstinents. Ils ont réorganisé leur vie affective et ils travaillent normalement. Comme quoi il ne faut jamais désespérer !

diplômes, sans forces et sans travail. Qui les embaucherait quand ils suent la misère humaine par tous les pores de leur peau ?

Barnabé est bien décidé, c'est la dernière fois. Une bonne cure, une bonne postcure, et il rentre dans le droit chemin. Il estime qu'à quarante-cinq ans il est temps de décrocher. Depuis son adolescence, la seule période pendant laquelle il se souvient de n'avoir pas bu correspond à un séjour de trois mois en pays musulman, sur un chantier. Mais quelle cuite au retour...

Blessé par le divorce de ses parents qui l'a conduit dans un pensionnat, où il a été malheureux de devoir tourner brutalement le dos à une enfance plutôt facile et d'être en butte aux brimades des plus anciens, il a été de nouveau marqué par une déception sentimentale, lors de son premier amour à dix-sept ans. Ayant pris conscience de la précarité des engagements humains, il a alors décidé de ne s'attacher à rien ni à personne. Depuis, il erre de ville en ville, d'emploi en emploi, de femme en femme. Son seul compagnon fidèle est l'alcool, qui l'aide à supporter la solitude et lui permet d'entrer en contact avec les autres, dont il se méfie.

Il prend conscience qu'il s'ennuie quand tout va bien et que c'est lui qui est à l'origine de ses chutes et rechutes dès qu'il sent qu'il pourrait être heureux dans des conditions normales. Être attaché à quelqu'un est trop dangereux pour lui, car cela le rend dépendant de l'autre. Plus que la bouteille, l'autre peut le faire souffrir, car il peut prendre l'initiative de la rupture. Mieux vaut dépendre de l'alcool que de quelqu'un. Au fond, admet-il, rien n'est moins sûr que son envie actuelle de cesser de s'adonner à l'alcool. D'abord il se refait une santé, ensuite il verra.

Toutes les évolutions sont possibles. Si l'alcoolisme est une conduite toujours complexe et toujours grave, il est toujours potentiellement curable.

Conclusion

Une question de dignité

L'alcoolisme est toujours grave, et ce n'est pas seulement en raison de ses conséquences physiques ou psychiques sur ceux qui en subissent les effets, ni du fait de son retentissement économique. Ce qui le rend redoutable est sa capacité à plonger dans l'abjection tous ceux qui, de près ou de loin, sont concernés par lui.

Le buveur excessif et son entourage (la famille et les amis, les professionnels de la santé et les bénévoles, les travailleurs sociaux et les forces de l'ordre) sont dans une zone de turbulence où jalousie, rivalité, honte et mépris règnent. Sous leurs effets conjugués, et généralement en toute « innocence », ils modifient imperceptiblement les attitudes.

Plus l'alcoolique s'abaisse, plus ceux qui l'approchent se haussent ; en même temps il s'efforce de les rabaisser pour les mettre à son niveau. Cette pression, qui leur fait peur, les incite à se rehausser plus encore. Si on essaie d'approcher l'alcoolique pour l'aider, il se dérobe et s'éloigne, dans la crainte d'être tourné en dérision si jamais il dévoilait ses problèmes.

Il n'y a rien à gagner à ces petits jeux de balançoire et de cache-cache, mais ils sont difficiles à enrayer, car, essentiellement inconscients, ils sont liés à notre condition d'humains peu désireux de s'avouer que la peur de se rencontrer est au moins aussi forte que le désir d'être ensemble. Perturbateur de la bienséance, l'alcoolique amène au grand jour ce que le groupe désirerait garder caché pour fonctionner sans trop de remous. C'est pourquoi on ne l'aime guère.

Sa honte excessive fait qu'il ne veut pas (ne peut pas) se reconnaître en lui-même. Séduit par un idéal de perfection auquel seule son imagination lui permet d'accéder, il se renie comme humain normal, méprise ce qu'il est et jalouse ceux qui autour de lui paraissent réaliser le standard auquel il estime ne pas parvenir.

Son reniement le met dans une situation inconfortable, puisque en lui doivent coexister un double imaginaire, révéré parce que grandiose et éternel, et une personne réelle, honnie parce que limitée et mortelle. Ce dilemme est universel, mais chez lui il prend des proportions exagérées. À l'origine, il a cru être rejeté par sa mère à cause de quelque malfaçon ; à moins qu'il ne construise cette légende pour projeter sur sa génitrice la responsabilité de son mal-être d'humain ordinaire. Le plus souvent, fantasme et réalité s'interpénètrent de façon indissociable, mais le résultat reste le même : une souffrance difficile à supporter au quotidien sans le secours de l'alcool.

En général, nous arrivons mieux que lui à faire la part des choses au prix de quelques aménagements et d'une certaine complaisance à notre égard. Nous fermons les yeux sur nos défauts et les écarquillons sur ceux des autres, ce qui nous permet d'être « pas si mal que cela » et de vivre sans trop de difficultés parmi nos semblables. Nous nous persuadons qu'ils ne valent pas mieux que nous (et souvent, à vrai dire, plutôt moins...).

L'alcoolique n'a pas cette indulgence pour lui. Au contraire, il se juge sans pitié. Doublure incarnée de son double qu'il admire, il accepte mal d'avoir pris corps, ce qui l'empêche d'être un bon vivant. Prisonnier de son rêve de grandeur, il est son propre geôlier, se révolte contre lui-même au nom de l'enfermement qu'il s'inflige, mais se refuse la liberté faute de se faire assez confiance. Enfermé dans sa cellule imaginaire, il jalouse ceux qui lui paraissent capables d'aller et venir au milieu de leurs semblables sans restriction de leur liberté de mouvement. Lui a trop peur, s'il sort de sa réserve, de ne pas savoir se comporter normalement, de ne pas être apprécié et qu'on se moque de lui.

Si un verre de vin (voire une simple feuille de vigne) permet de dissimuler la honte du commun des mortels, il faut beaucoup d'alcool pour que l'alcoolique se soulage de la sienne. Il en faut toujours trop. Pour ne pas être lui-même qu'il hait, pour être comme les autres qu'il envie, il doit boire tellement qu'il devient la honte de la famille humaine. Dès lors elle ne souhaite pas se reconnaître en lui et refuse de le voir comme un des siens. Elle le récuse comme parent.

Cette non-reconnaissance de l'alcoolique comme un semblable est responsable pour une bonne part de la chronicisation de sa pathologie, car il n'est pas seulement maintenu à distance, il est envoyé au diable. Sa place, même s'il n'est pas un errant sans domicile fixe, est reportée dans un *no man's land* désolé, au-delà du miroir de Narcisse qui borne notre appréhension de la réalité et dans lequel nous nous contemplons, nous nous reconnaissons, nous nous mesurons les uns aux autres, et nous nous aimons parfois.

Parfaitement visible avec les marques de son imprégnation, malodorant parfois et souvent broyant, l'alcoolique, ce personnage encombrant, arrive à faire passer inaperçu l'être humain qu'il est toujours malgré sa faillite. En fait, il est trop crûment humain pour être reçu en société. Comme il ne sait pas se tenir, il est ignoré et refoulé au-delà des limites de notre compréhension. Nous ne cherchons pas seulement à nous éloigner de lui, nous voulons nous en désolidariser jusqu'à n'avoir plus aucun point commun avec lui.

Il pense qu'il ne vaut rien, nous pensons qu'il ne vaut pas grand-chose ; de cette communauté de pensée émerge une pathologie complètement artificielle, fabriquée par l'homme et pour l'homme : l'alcoolisme. Parce que le rejet du buveur excessif par lui-même rejoint son rejet par les autres, on est en droit de mettre l'abjection au centre de ce processus pathogène, dont l'alcool apparaît dès lors plus comme un élément amplificateur que comme un agent causal.

Le désir nous pousse vers ce que nous aimons, le dégoût nous éloigne de ce qui est... repoussant. L'alcoolique, qui ne s'admire pas, n'est pas assez admirable à nos yeux pour que nous puissions le considérer comme l'un des nôtres. L'alcoolique, qui ne s'aime pas assez, ne se sent pas assez aimable pour se faire accepter par les autres qui, de fait, n'ont pas très envie de frayer avec lui. L'alcoolique, qui a vu sa mère se détourner de lui, ne se sent pas assez noble, il considère qu'il n'est pas bien né.

Tous ces refus réciproques de reconnaissance mutuelle passent dans les mots et les manières de chacun. Ils s'entrecroisent pour tisser entre l'alcoolique et les autres un filet aux mailles de plus en plus serrées au fur et à mesure que les années passent, que les rapports s'aigrissent, que le désespoir s'accentue et que l'alcool poursuit son ouvrage dévastateur. À force, il n'y a plus beaucoup d'espoir de voir le processus s'enrayer, et seule la mort y met un terme.

Il est pourtant possible de bloquer cette évolution catastrophique. Pour cela il faut impérativement arriver à considérer l'alcoolique avec respect et le reconnaître comme un semblable. Comme le dit la chanson à boire, « il est des nôtres ». Il est un être humain à part entière, même s'il en doute et nous en fait douter. Les soins médicaux, les approches psychothérapiques ou sociothérapiques, l'accompagnement par des anciens buveurs, les mesures sociales ou légales, etc., tout cela est utile, mais la seule chose strictement indispensable réside dans notre acceptation inconditionnelle et authentique d'une fraternité véritable avec l'alcoolique, sans recul et sans réserve. Compte tenu de sa soif d'amour et de reconnaissance, à la première rencontre il faudrait pouvoir le percevoir non seulement comme un frère, mais comme un jumeau. En effet, à cette occasion il déploie les antennes qui lui permettent de mesurer le moindre petit écart avec l'autre et de prendre la fuite s'il découvre une différence qu'il juge toujours néfaste pour lui. Autant dire qu'il n'est pas aisé d'établir le contact avec lui : il ne fait rien pour nous faciliter la tâche.

Même si par la suite il est possible, et surtout nécessaire, de reprendre quelque distance pour que chacun puisse rencontrer l'autre tout en gardant sa propre identité, ce rapprochement inaugural est indispensable. Il ne s'établit ni dans les mots ni dans le passage à l'acte ; il se joue dans un je-ne-sais-quoi situé entre un langage qui se réduit au silence et des regards qui en disent long. Là, fugitivement, deux sujets humains se rencontrent au-delà des mots qui séparent et des gestes qui rapprochent. Coup de foudre ? Non pas : ce n'est pas une histoire d'amour qui commence, c'est un traitement qui se met en place dans un contexte particulier et artificiel, celui de la rencontre médecin/malade, avec sa retenue spécifique et son respect du secret. Coup de cœur ? Peut-être : la raison guide le traitement, mais elle ne sait pas très bien ce qui la guide, à moins que ce ne soit une certaine idée de l'homme.

Deux êtres se font face, savoir et souffrance sont mis en commun. À cette occasion, leurs imaginaires en miroir fusionnent dans une intuition bouleversante de la ressemblance qui transcende les différences accumulées entre eux et rend temporairement sans objet les habituels jeux d'estime et de mésestime. Grâce à cette reconnaissance mutuelle, la rencontre cesse d'être un affrontement pour devenir une confrontation. Plus de honte, plus de mépris, la relation est égalitaire, et l'alcoolique sortant de l'univers de l'abject retrouve sa dignité perdue. Cette union est matricielle pour lui, dans la mesure où elle permet sa re-naissance. Sa réconciliation temporaire avec son double, médiatisée par le thérapeute, lui ouvre la voie d'une nouvelle vie dans laquelle les mots seront des instruments utiles à la rencontre et non des obstacles à celle-ci. Le besoin d'alcool se fera moins puissant et, ayant accepté d'être seulement un humain ordinaire, limité et mortel, soutenu par son imaginaire au lieu d'être écrasé par lui, l'alcoolique pourra guérir.

Les constructions théoriques sont incapables à elles seules de réunir des frères ennemis qui se font face et se toisent pour savoir qui est le meilleur, car la honte et le mépris, toujours présents dès qu'il y a de l'alcool entre deux humains, passent les mots et brouillent les idées pour mieux saboter le rapprochement qui se dessine sous l'effort mutuel de compréhension. Pire, le couple maudit honte/mépris est capable de subvertir la théorie et les pratiques qu'elle inspire pour les mettre au service de l'exclusion. Grain de sable dans les rouages de la bonne entente sociale, l'alcoolique est toujours en danger de se faire concasser par les systèmes de soins avant que la fécondité potentielle mais embarrassante de sa différence ne soit repérée.

Pour éviter ce danger, son droit à la parole doit être respecté. Ainsi l'envie de le soigner ne dissimulera pas celle de le faire taire.

Un préalable s'impose donc dans notre démarche vers lui, non seulement au niveau individuel, mais aussi au niveau social. Nous devons le réhabiliter comme sujet, aussi digne de vivre que les autres et avec lequel l'échange est non seulement possible, mais aussi enrichissant. La reconnaissance de l'être alcoolique passe avant le renflouement de l'épave alcoolique.

Inventé il y a un peu plus d'un siècle, le terme « alcoolique » a complètement dégénéré. Désignant à l'origine une pathologie, il en est venu à englober des individus dans leur ensemble et à les enfermer à part, comme dans un sac poubelle. Cette dérive est à la mesure du mépris que suscite l'alcoolisme.

Le débat lexical qui a conduit à faire préférer le terme « sidéen » au terme « sidaïque » pour désigner les victimes du sida a eu un grand mérite : il nous a obligés à réfléchir sur nos préjugés et à nous armer contre eux en pesant soigneusement nos mots. Je ne crois pas qu'il suffise de modifier le vocabulaire pour nous transformer, comme par enchantement, et nous rendre plus accueillants et fraternels. Néanmoins, si les gros mots peuvent blesser, utiliser des termes choisis peut être une preuve de délicatesse.

Passer des « alcooliques » aux « alcooléens » serait un (petit) moyen, en changeant de mots, de changer de regard. D'habitude, c'est le regard porté sur autrui qui, peu à peu, encrasse de son dédain les mots qui servent à le désigner, mais l'inverse reste possible. Alcooléen, le buveur excessif cesserait pour un temps au moins d'être une caricature d'être humain pour devenir un semblable souffrant.

Si le mépris n'existait pas, l'alcoolisme guérirait.

Bibliographie

1. ADÈS J., LEJOYEUX M., *Alcoolisme et psychiatrie (données actuelles et perspectives)*, Masson, Paris, 1997.
2. ANDRIEUX-LE GUIRRIEC J., LAOUABDIA S., MAISONDIEU J., « Filiations para-incestueuses », *Annales médico-psychologiques*, n° 7, 1981, p. 833-837.
3. AUDIBERT A., « Place et rôle de la femme dans la société bretonne », *Cahiers de l'institut culturel de Bretagne Skol-uhel ar vro*, n° 1, Rennes, 1983, p. 19-22.
4. BAGUENARD J., MAISONDIEU J., MÉTAYER L., *Les hommes politiques n'ont pas d'enfant*, PUF, Paris, 1983.
5. BATAILLE G., *L'érotisme*, Éditions de Minuit, Paris, 1957.
6. BATESON G., « The cybernetics of Self : A Theory of Alcoholism », *Psychiatry*, n° 34, 1971.
7. BODENEZ P., MAISONDIEU J., MIGOT A., « Cure ou pas cure : il faut choisir », in *Actes des premières journées nationales d'alcoologie des 21 et 22 mars 1985*, Ministère des Affaires sociales et de la solidarité nationale, Paris, 1985, p. 84-89.
8. BREKILIEN Y., *La mythologie celtique*, Picollec Marabout, Paris, 1981.

9. CARRER P., « L'Œdipe en Bretagne. À propos de mécanismes culturels de défense et de conséquences négatives de l'acculturation », *L'information psychiatrique*, vol. 58, n° 7, 1982, p. 879-888.
10. CLAVREUL J., « La parole de l'alcoolique », *La psychanalyse*, vol. 5, 1959, p. 257-280.
11. DELAISI DE PARSEVAL G., *La part du père*, Le Seuil, Paris, 1981.
12. DE MIJOLLA A., SHENTOURS S. A., *Pour une psychanalyse de l'alcoolisme*, Payot, Paris, 1973.
13. DESCOMBEY J.-P., *Alcoolique, mon frère, toi*, Privat, Toulouse, 1985.
14. FACY F., « L'épidémiologie clinique pour suivre des patients dépendants, alcooliques ou toxicomanes : des avancées difficiles », in *Addictions : quels soins ?* sous la direction de VÉNISSE J.-L. et BAILLY D., Masson, Paris, 1997, p. 85-94.
15. FINKIELKRAUT A., *La sagesse de l'amour*, Gallimard, Paris, 1984.
16. FLEM L., *Freud et ses patients*, Hachette, Paris, 1986.
17. FOUQUET P., « Réflexions cliniques et thérapeutiques sur l'alcoolisme », *Évolution psychiatrique*, vol. 11, 1951, p. 231-251.
18. FREUD S., *Essais de psychanalyse*, Petite bibliothèque, Payot, Paris, 1968.
19. GIRARD R., *La violence et le sacré*, Grasset, Paris, 1972.
20. GRASSET DR., in *Idées paramédicales et médicosociales*, p. 198-209, Plon-Nourrit, Paris, 1912.
21. GUÉRIN G., DEGALL L. (sous la coordination de), *La santé en France. Rapport général*, La Documentation française, Paris, 1994.
22. HASSOUN J., LABARTHE F., MAISONDIEU J., « Médecins et alcooliques : à propos d'une enquête », *Annales médico-psychologiques*, vol. 145, 1987, p. 794-798.
23. HÉLIAS P.-J., *Le cheval d'orgueil : mémoires d'un Breton du pays bigouden*, Plon, Paris, 1975.
24. KERISIT P., *Le suivi thérapeutique après une cure de désintoxication. Problèmes posés par les perdus de vue,* Thèse pour le doctorat d'État, Brest, 1988.

25. LABARTHE F., MAISONDIEU J., MIGOT A., « Le défi brestois 85 », *Annales médico-psychologiques*, vol. 144, n° 7, 1986, p. 725-731.

26. LACAN J., *Écrits 1*, Seuil, Paris, 1966.

27. LACAN J., *Écrits 2*, Seuil, Paris, 1971.

28. LEBIGOT F., LERET S., « Avatars de la honte chez l'alcoolique (milieu militaire) », *Alcoologie* (revue de la SFA) tome XII, n° 3, 1990, p. 109-113.

29. LECLERC-MIGOT A., *La bouteille-momie. À propos d'un type particulier de relation d'objet chez l'alcoolique*, thèse pour le doctorat d'État, Brest, 1985.

30. LEDERER W., *La peur des femmes*, Payot, Paris, 1980.

31. LEGRAND M., *Le sujet alcoolique (essai de psychologie dramatique)*, Desclée de Brouwer, Paris, 1997.

32. LE VOT-IFRAH C., MATHELIN M., NAHOUM-GRAPPE V., *De l'ivresse à l'alcoolisme. Études ethnopsychanalytiques*, Dunod, Paris, 1989.

33. LITTRÉ E., *Dictionnaire de la langue française*, Hachette, Paris, 1863.

34. MAISONDIEU J., « De la honte en Bretagne à la place de la mère dans l'imaginaire humain », *Cahiers de l'institut culturel de Bretagne Skol-uhel ar vro*, n° 1, p. 7-18, Rennes, 1983.

35. MAISONDIEU J., MÉTAYER L., *Les thérapies familiales*, PUF, Que sais-je ?, n° 2286, Paris, 1986.

36. MAISONDIEU J., HASSOUN J., MIGOT A., « Les alcooliques : des orphelins de mère. Le rôle et la place du désir de la mère chez le futur alcoolique », *Revue de médecine psychosomatique*, n° 11/12, 1987, p. 61-71.

37. MAISONDIEU J., « De la dépendance alcoolique, à propos du défi brestois », in *Conduites de dépendances pathologiques en Bretagne*, Institut culturel de Bretagne Skol-uhel ar vro, Rennes, 1989, p. 137-150.

38. MAISONDIEU J., *Le crépuscule de la raison*, Centurion, Paris, 1989.

39. MAISONDIEU J., « À propos de la relation mère-enfant : le syndrome du kangourou », in *Annales médico-psychologiques*, 1993, vol. 151, n° 2, p. 150-152.

40. MAISONDIEU J., *La fabrique des exclus*, Bayard Éditions, Paris, 1997.
41. MALKA R., FOUQUET P., VACHONFRANCE G., *Alcoologie*, Masson, Paris, 1983.
42. MANNONI P., *La peur*, PUF, Que sais-je ?, Paris, 1982.
43. PANKOW G., *Structure familiale et psychose*, Aubier, Montaigne, Paris, 1977.
44. PETER M., « L'alcoolisme chez les gens du monde », *Annales antialcooliques*, Paris, 1903.
45. REY J.-M., « Le signe aveugle », in « Bataille », *L'Arc*, n° 44, p. 54-63, Paris, 1971.
46. ROBERT P., *Le Petit Robert*, Dictionnaires Le Robert, Paris, 1985.
47. SAUVY A., « Sociologie de l'alcoolisme » in Les actes du congrès de Versailles contre l'alcoolisme, *Alcool ou santé*, revue du CNDCA, n° 5/6, 1969, p. 27-42.
48. SCHNEIDER M., *Freud et le plaisir*, Denoël, Paris, 1980.
49. WATZLAWICK P., BEAVIN J. H., DON D. JACKSON, *Une logique de la communication*, Seuil, Paris, 1981.
50. ZOLA E., *L'Assommoir*, Garnier-Flammarion, Paris, 1969.

Mes representations sont communes à l'alcoolique = (p. 28).

Table des matières

Introduction : *Au début, il y a la honte* 9

1. Première rencontre 21
2. Alcoolisme : diagnostic ou jugement ? 45
3. Alcool, alcoolisme et société 73
4. Être ou ne pas être l'enfant chéri de sa mère 123
5. Alcoolisme et famille 159
6. Qui a bu (ne) boira (plus) ? 217

Conclusion : *Une question de dignité* 245

Bibliographie 251

A été achevé d'imprimer
par Legoprint
en août 2005
pour le compte de Bayard Éditions

Composition – Mise en pages
DV Arts Graphiques à Chartres

3° tirage
Imprimé en Italie
Dépôt légal : septembre 2005
N° d'édition : 2878